U0943194

Yilin Classics

傅雷家书

傅雷 朱梅馥 傅聪 著

傅敏 编

译林出版社

图书在版编目（CIP）数据
傅雷家书 / 傅雷，朱梅馥，傅聪著；傅敏编.
—南京：译林出版社，2018.2（2019.2重印）
（经典译林）
ISBN 978-7-5447-7162-7

Ⅰ. ①傅… Ⅱ. ①傅… ②朱… ③傅… ④傅… Ⅲ.
①傅雷（1908-1966）—书信集 Ⅳ. ①K825.6

中国版本图书馆CIP数据核字（2017）第279084号

《傅雷家书》系傅雷家人来往家信摘编的书信体
自传作品，傅敏享有本书中文简体字版著作权，
授权译林出版社独家出版发行。

傅雷家书　傅敏／编

责任编辑　王　珏
特约编辑　胡晓平
装帧设计　陈天岷
责任印制　梁智华

出版发行　译林出版社
地　　址　南京市湖南路 1 号 A 楼
邮　　箱　yilin@yilin.com
网　　址　www.yilin.com
市场热线　025-86633278
排　　版　合肥锐达印务有限责任公司
印　　刷　安徽新华印刷股份有限公司
正文用纸　山东隆润纸业有限公司
开　　本　880 毫米 ×1230 毫米　1/32
印　　张　11.5
插　　页　5
版　　次　2018 年 2 月第 1 版　2019 年 2 月第 4 次印刷
书　　号　ISBN 978-7-5447-7162-7
定　　价　49.00 元

版权所有 · 侵权必究

译林版图书若有印装错误可向出版社调换，质量热线：025-83658316

出版说明

《傅雷家书》系傅雷夫妇与儿子傅聪的精神接触和思想交流实录，是家人之间性情中的文字，不经意的笔墨，因事而写，有感而发，并不是为发表而创作，由傅雷次子、傅聪胞弟傅敏选编，一九八一年初版面世，至今已三十六年。

《家书》贯穿了一九五四至一九六六年傅雷夫妇最后的生命历程，记录了傅聪由钢琴学童成为世界级钢琴家的学习过程，再现傅氏兄弟成长的家教背景。傅雷曾自信地告知傅聪："你别忘了：你从小到现在的家庭背景，不但在中国独一无二，便是在世界上也很少很少。"傅敏先生了解自己的父母兄长，熟悉自己的家庭氛围，他选编的《傅雷家书》更能展示傅家门风，再现自己的家教背景，还原其真实，非他人能代替。傅敏编《傅雷家书》，实际是他以父母与哥哥的往来家信为素材，删繁就简，精心选编的书信体自传作品，真实生动，好看感人。

历年刊行的《傅雷家书》均沿袭一九八一年初版风格，偏重有关文化艺术的长篇对谈和独白，内容的厚重难以引起当下年轻读者的阅读兴趣。

本版《家书》由傅敏特意为年轻人选编，以轻松风格反映家书精神，全面展示傅雷家风，再现傅聪成长的家教背景。选编内容偏重"人伦日用"，突出傅雷"真诚待人，认真做事"的生活准则，少了文化艺术的长篇论述，多了日常生活的短小故事。这份两代人双向交流的文字实录，严肃不失亲切，深刻不离日常，以小见大，乐在其中。它不仅反映了亲子交流的重要，也利于青年学子在阅读中理解父辈、增进沟通。穿插全书的傅雷家人照片与文字相辅相成，拉近了家书与读者的距离。我们又特意将傅雷致友人成家榴信一通附正文后，帮助读者理解《家书》中傅雷作为父亲所持的教育观。

关于家信的意义，傅雷作过一番推心置腹的谈论："好孩子，你忙。你提笔不如弹琴那么容易。好吧，我们不再要求你多写信。我也忙，可是我十分钟一刻钟就能给你写上一张纸。只要你不嫌繁琐，我可以常常跟你谈天，譬如听我独白。""孩子，你尽管忙，家信还是要多写，即使短短几行也可以；你不知道父母常常在心里惦念，沉默久了，就要怕你身体是否健康；我一星期就是精神很不安定，虽则忙着工作，肚里老是有个疙瘩；一定要收到了你的信，才'一块石头落地'!""你不是一个作家，从单纯的职业观点来看，故无须训练你的文笔。但你除了多写信之外，以你现在的环境，怎么能训练你的思想、你的理智、你的才智呢?"

本书由译林出版社独家出版，其平装本以新课标本《傅雷家书》名义同时发行。

《家书》代序"读家书，想傅雷"由楼适夷先生撰写，《家书》中外文译注和英法文信由金圣华先生中译，连同《家书》中全部傅聪家信的中文简体字版著作财产权，均已由权利人转让我公司，二〇一七年不随傅雷著作财产权进入公版。根据著作权法有关规定，傅雷夫妇家信的署名权、修改权、保护作品完整权，由傅敏保护；《傅雷家书》的汇编作品著作权为傅敏享有。二〇一七年，《傅雷家书》的完整著作权没有进入公版领域，仍受著作权法保护，任何人不得侵犯。

合肥三原图书出版服务有限公司

二〇一七年金秋

目录

父亲（一九六一年秋）

母亲（一九六一年秋）

父母为庆祝傅聪出生合影（一九三四年）

父母为庆祝傅敏出生合影（一九三七年）

母亲与傅聪傅敏（一九三九年）

父母与傅聪在书房（一九五六年夏）

母亲与傅聪（一九五三年）

母亲与傅敏（一九五三年）

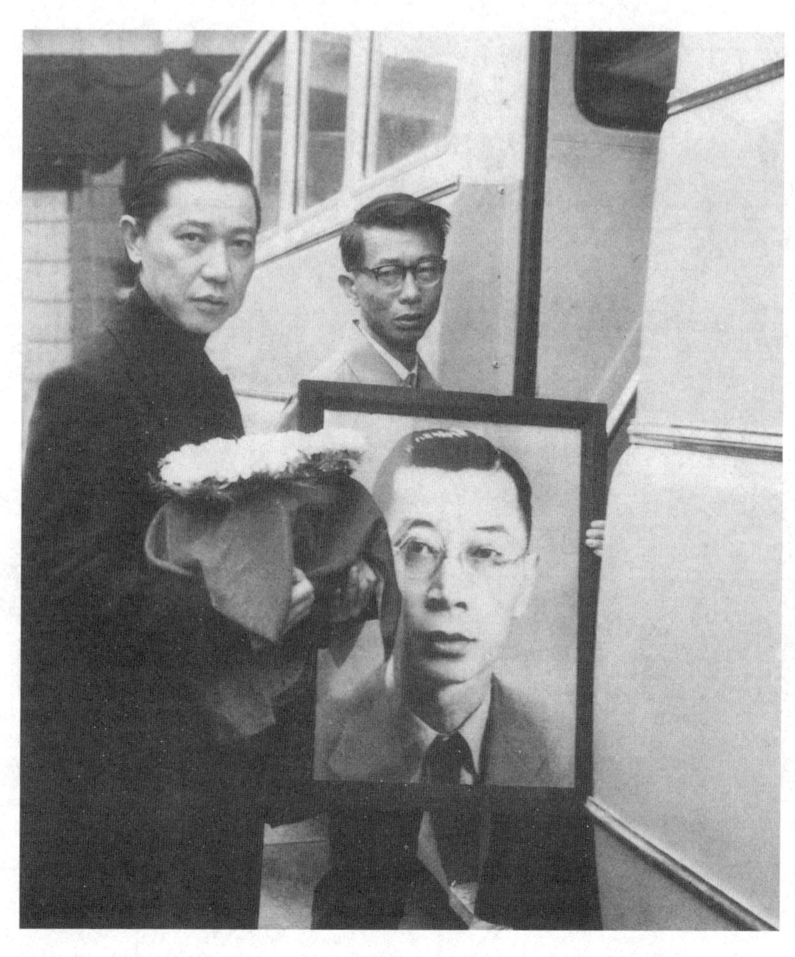

一九七九年四月二十六日傅雷夫妇平反昭雪追悼会后，
傅聪手抱骨灰盒，傅敏手捧遗像，前往龙华革命公墓

二〇一三年十月二十七日，傅雷夫妇骨灰安葬家乡上海浦东，墓碑正面镌刻傅雷家书名言“赤子孤独了，会创造一个世界”。

墓碑背面镌刻墓主人的生平简介，全文如下：

傅雷，字怒安，号怒庵，上海浦东人氏。早年留学法国，归国后投身文学翻译，卓然成家。赤子之心，刚正不阿。“文革”中与夫人朱梅馥双双悲怆离世。

朱梅馥，上海浦东人氏。早年毕业于晏摩氏教会女校。一九三二年与傅雷结为伉俪，相濡以沫三十四载。宽厚仁义，贤良淑德，与傅雷生则相伴，死亦相随。

代序 读家书，想傅雷

楼适夷

《傅雷家书》的出版，是一桩值得欣慰的好事。它告诉我们：一颗纯洁、正直、真诚、高尚的灵魂，尽管有时会遭受到意想不到的磨难、污辱、迫害，陷入到似乎不齿于人群的绝境，而最后真实的光不能永远湮灭，还是要为大家所认识，使它的光焰照彻人间，得到它应该得到的尊敬和爱。

读着这部新书，我想起傅雷父子的一些往事。

一九七九年四月下旬，我从北京专程去沪，参加由上海市文联主办为傅雷和他夫人朱梅馥同志平反昭雪的骨灰安葬仪式。我到达几小时后，他们的儿子，去国二十余年的傅聪，也从遥远的海外，只身归来，到达生身的父母之乡。五十年代中他去国的时候，还带着满脸天真的稚气，是一个刚过二十岁锦绣年华的小青年，现在却已经到老成持重，身心成熟的壮岁了。握手相见，心头无限激动，一下子想起音容宛在，而此生永远不能再见的亡友傅雷和他的夫人，想起傅聪傅敏兄弟童年调皮淘气玩乐的景象。在我眼前的这位长身玉立、气度昂藏的壮汉，使我好像见到了傅雷；而他的雍容静肃、端庄厚憨的姿影，又像见到了他的母亲梅馥。特别使我高兴的，我没有从他的身上看到常常能看到的，从海外来的那种世纪末的长发蓄须、艳装怪服的颓唐的所谓艺术家的俗不可耐的形象；他的态度非常沉着，服装整齐、朴素，好像二十多年海外岁月，和往来周游大半个地球的行旅生涯，并没有使他在身上受到多少感染。从形象的朴实，见到他精神世界的健壮。时移世迁，过去的岁月是一去而不可复返了，人生的正道，是在于不断地前进，而现实的一切，也确实在大踏步地向前迈进。我们回想过去，也正是要为今天和未来的前进，增添一分力量。

想念他万里归来，已再也见不到生命中最亲爱的父母，迎接他的不是双亲惊喜欢乐的笑容，而是萧然的两撮寒灰。在亲友们热烈的包围中，他心头的热浪奔腾，是可以想象的。直到在龙华革命公墓，举行了隆重的仪式之后，匆匆数日，恰巧同乘一班航机转道去京，途中，我才和他有相对叙旧的机会。他简单地谈了二十多年来在海外个人哀乐的经历，和今天重回祖国心头无限的激荡。他问我："那样的灾祸，以后是不是还会再来呢？"我不敢对他作任何保证，但我认为我们应该有勇气和信心，相信经过了这一场惨烈的教训，人们一定会有力量阻止它的重来。谈到他的父母，大家都不胜伤感，但逝者已矣，只有他们的精神、遗爱和一生劳作所留下来的业绩，则将是永远不朽的。傅雷不仅仅是一位优秀的文学翻译家，他的成就不只是留下了大量世界文学名著的译本，我知道他还写过不少文艺和社会的评论著作，以及优美的散文作品，数量可能不多，但在思想、理论、艺术上都是卓有特色，生前从未收集成册，今后不应任其散失，要设法收集、整理、编订起来，印行出版，也是一份献给人民的宝贵的财富。谈话中便谈到了他多少年来，给傅聪所写的万里而且往往是万言的家书。傅聪告诉我，那些信现在都好好地保存在海外的寓居里。

我想起那书信，因为在一九五七年的春末，我得到假期去南方旅行，路经上海，依然同解放前一样，留宿在傅雷家里，联床夜话，他给我谈到正在海外学习的儿子傅聪，并找出他寄来的家信给我看，同时也把自己已经写好，还未发出的一封长篇复书，叫我一读。在此不久之前，傅雷刚被邀去过北京，参加了中共中央宣传工作会议。他是第一次听到毛主席亲口所作的讲话，领会到党在当前形势下宣传工作上的全面的政策精神。显然这使他受到很大的激动，他全心倾注在会议的日程中，做了详尽的长篇记录，写下了自己的心得。他这次给傅聪的那封长信，就是传达了这一次会议的精神。傅雷一向不大习惯参加集体活动和政治生活，但近年来目睹党的社会主义建设成就的实际，切身体会到党全心全力为人民服务的基本精神，显然已在他思想上引起了重大的变化。

他指着傅聪报告自己艺术活动的来信对我说："你看，这孩子在艺术修养上确实已经成熟起来了，对这一点我是比较放心的。我担心的是他身居异国，对祖国实况有所隔阂，埋头艺术生活，最容易脱离实际，脱离政治，不要在政治上产生任何失误，受到任何挫折才好。"

我所见的只是这两封信，但他给我的印象是非常深刻的，这不仅我当时为傅雷爱子教子的精神所感动，特别是在此后不久，全国掀起了狂风大浪的"反右派运动"，竟把这位在政治上正在力求上进，在他平素热爱祖国的基础上，对党对社会主义的感情正在日益浓厚的傅雷，大笔一挥，错误地划成了"反党反社会主义的右派分子"。接着不久，消息传来，在波兰留学的傅聪，又突然自由出走，去了英国。由于对他父子的为人略有所知，这两件事可把我闹得昏头转向，不知人间何世了。

但应该感谢当时的某位领导同志，在傅雷错划为"右派"之后，仍能得到一些关顾，允许他和身在海外并同样身蒙恶名的儿子，保持经常的通讯关系。悠悠岁月，茫茫大海，这些长时期，在遥遥数万里的两地之间，把父子的心紧紧地联系在一起的，就是现在这部经过整理、编选、辑集起来的《傅雷家书》。

感谢三联书店的范用同志，当他知道傅雷有这样一批宝贵的遗书之后，便一口承诺，负起出版的任务，并一再加以催促，使它经过傅氏兄弟二人慎重编选之后，终于公开问世了。（我相信他们由于多方面慎重的考虑，这选编是非常严格的，它没有收入琐碎的家人生活琐事和当时的一些政治谈论，我上面提到的那封信，就没有收入在内。）

这是一部最好的艺术学徒修养读物，这也是一部充满着父爱的苦心孤诣、呕心沥血的教子篇。傅雷艺术造诣极为深厚，对无论古今中外的文学、绘画、音乐的各个领域，都有极渊博的知识。他青年时代在法国学习的专科是艺术理论，回国以来曾从事过美术考古和美术教学的工作，但时间都非常短促，总是与流俗的气氛格格不能相入，无法与人共事，每次都在半途中绝裾而去，不能展其所长，于是最后给自己选择了闭门译述的事业。在他的文学翻译工作中，大家虽都能处处见到他的才智与学养的光彩，但他曾经有志于美学及艺术史论的著述，却终于遗憾地不能实现。在他给傅聪的家书中，我们可以看出他在音乐方面的学养与深入的探索。他自己没有从事过音乐实践，但他对于一位音乐家在艺术生活中所遭到的心灵的历程，体会得多么细致，多么深刻。儿子在数万里之外，正准备一场重要的演奏，爸爸却好似对即将赴考的身边的孩子一般，殷切地注视着他的每一次心脏的律动，设身处地预想他在要走去的道路上会遇到的各种可能的情景，并替他设计应该如何对待。因此，在这儿所透露的，不仅仅是傅雷的对艺术的高深的造诣，而是一颗更崇高的父亲的心，和一位有所成就的艺术家，在走向成材的道路中，所受过的陶冶与教养，在他才智技艺中所积累的成因。

对于傅雷给孩子的施教，我是有许多记忆可以搜索的。四十年代初我在上海初识傅雷并很快成为他家常客的时候，他的两个孩子都还幼小，大孩子傅聪刚及学龄。在四周被日本侵略军包围的上海孤岛，连大气中都弥漫着一种罪恶的毒氛。他不让儿子去上外间的小学，甚至也反对孩子去街头游玩。他把孩子关在家里，而且很早发现在幼小的身心中，有培养成为音乐工作者的素质。便首先在家中由父母亲自担当起教育的责任，并在最基础的文化教育中，环绕着音乐教育这个中心。正如他在对己对人、对工作、对生活的各方面都要求认真、严肃、一丝不苟的精神一样，他对待幼小的孩子也是十分严格的。我很少看到他同孩子嬉戏逗乐，也不见他对孩子的调皮淘气行为表示过欣赏。他亲自编制教材，给孩子制定日课，一一以身作则，亲自督促，严格执行。孩子在父亲的面前，总是小心翼翼，不敢有所任性，只有当父亲出门的时候，才敢大声笑闹，恣情玩乐。他规定孩子应该怎样说话，怎样行动，做什么，吃什么，不能有所逾越。比方每天同桌进餐，他就注意孩子坐得是否端正，手肘靠在桌边的姿势，是否妨碍了同席的人，饭菜咀嚼，是否发出丧失礼貌的咀嚼声。甚至因傅聪不爱吃青菜，专拣肉食，又不听父亲的警告，就罚他只吃白饭，不许吃菜。孩子学习语文，父亲却只准他使用铅笔、蘸水钢笔和毛笔，不许用当时在小学生中已经流行的自来水金笔。我不知道傅雷有这样的禁例，有一次带了傅聪到豫园去玩，给他买了一支较好的儿童金笔，不料一回家被父亲发现没收，说小孩子怎么能用那样的好笔，害得孩子伤心地哭了一场。我事后才知道这场风波，心里觉得非常抱歉，对傅雷那样管束孩子的方法，却是很不以为然的。

同时傅聪也正是一个有特异气质的孩子，他对爱好的事物常常会把全神都贯注进去，忘却周围的一切。有一次他独自偷偷出门，在马路边蹓跶，观望熙熙攘攘的市景，快乐得忘了神，走着走着，竟和路边的电线杆子撞了一头，额角上鼓起了一个包，闹了一场小小的笑话。他按照父亲的规定，每天上午下午，几小时几小时的练习弹琴，有时弹得十分困倦，手指酸痛，也不敢松弛一下，只好勉勉强强地弹下去。但有时却弹出了神，心头不知到来了什么灵感，忽然离开琴谱，奏出自己的调子来。在楼上工作的父亲，从琴声中觉察异样，从楼梯上轻轻下来。傅聪见父亲来了，吓得什么似的，连忙又回到琴谱上去。但这一次傅雷并不是来制止的，他叫孩子重复弹奏原来的自度曲，听了一遍，又听一遍，并亲自用空白五线谱，把曲调记录下来。说这是一曲很好的创作，还特地给起了一个题目，叫做《春天》。这件事我记得很清楚，一直到那回傅聪首次回国时，还问过他多少年来除了演奏之外，是不是还自己作曲。

傅聪少年时代在国内就闹过一次流浪历险记。一九四九年上海解放后，傅雷全家从昆明迁回上海，把傅聪单独留在昆明继续学习。但傅聪非常想家，一心回沪继续学习音乐，竟然对父亲所委托的朋友不告而别，没有旅费，临行前由一些同学友人主动帮他开了一个演奏会，募了一些钱。这件事使上海家中和昆明两地闹了一场虚惊。傅雷后来告诉我说："你看，在家靠父母，出外靠朋友，把帽子脱下翻过来，大家帮帮忙，这孩子就是这样回上海来了。"

有的人对幼童的教育，主张任其自然而因势利导，像傅雷那样的严格施教，我总觉得是有些"残酷"。但是大器之成，有待雕琢，在傅聪的长大成材的道路上，我看到作为父亲的傅雷所灌注的心血。在身边的幼稚时代是这样，在身处两地，形同隔世的情势下，也还是这样。在这些书信中，我们不是看到傅雷为儿子呕心沥血所留下的斑斑血痕吗？

人的自爱其子，也是一种自然的规律。人的生命总是有局限的，而人的事业却永远无尽，通过亲生的儿女，延续自己的生命，也延续与发展一个人为社会、为祖国、为人类所能尽的力量。因此培育儿女也正是对社会、对祖国、对人类世界所应该尽的一项神圣的义务与责任。我们看傅雷怎样培育他的孩子，也正和傅雷的对待其他一切一般，可看出傅雷是怎样以高度负责的精神与心力，在对社会、祖国与人类世界尽自己的责任的。傅聪在异国飘流的生活中，从父亲的这些书信中吸取了多么丰富的精神养料，使他在海外孤儿似的处境里，好像父母仍在他的身边，时时给他指导、鼓励与鞭策，使他有勇气与力量，去战胜各式各样的魔障与阻力，踏上自己正当成长的道路。通过这些书信，不仅仅使傅聪与亲人之间，建立了牢固的纽带，也通过这一条纽带，使傅聪与远离的祖国牢牢地建立了心的结合。不管国内家庭所受到的残酷遭遇，不管他自己所蒙受的恶名，他始终没有背弃他的祖国，他不受祖国敌对者多方的威胁利诱，没有说过或做过有损祖国尊严的言行。甚至在他的艺术巡礼中，也始终一贯，对与祖国采取敌对态度的国家的邀请，一律拒绝接受。直到一九七九年初次回国，到了香港，还有人替他担心可能产生麻烦，劝他暂时不要回来，但他相信祖国，也相信祖国会原谅他青年时代的行动，而给他以信任。这种信赖祖国、热爱祖国的精神，与傅雷在数万里外给他殷切的爱国主义的教育，是不能分开的。

再看看这些书信的背景，傅雷是在怎样的政治处境中写出来的，更使人不能不去想那一次令人痛心的政治运动，二十多年来给数以万计的祖国优秀儿女所造成的惨运，是多么的惊人，而今天终于普遍得到改正、昭雪，又是一个多么得人心的政治措施。有许多人在那场灾祸中伤残了，但有许多人却由此受到特殊的、像钢铁受到烈火一样的锻炼，而更加显露出他刚毅锐利的英精。在我最熟悉的战友与好友中，有许多人是这样的，在党外的傅雷也是这样，虽然我今天已再也见不到他们了，但在他们的后代中，以及更广大的在十年浩劫中受过锻炼的坚强奋发的青年中，我看见了他们。

我叙述这些回忆和感想，谨郑重地向广大读者推荐这部好书。

一九八一年七月五日北京东郊

年届八旬的傅聪仍活跃在世界乐坛（二〇一三年）

母亲俯视父亲给孩子写信

父母在寓所小花园（一九五三年）

哥俩在寓所小花园（一九五三年）

1954 ~ 1966

傅雷家人之间来往家信

一百九十七通

一九五四年

一月十八日晚—十九日晚

聪：车一开动，大家都变了泪人儿，呆呆的直立在月台上，等到冗长的列车全部出了站方始回身。① 出站时沈伯伯②再三劝慰我。但回家的三轮车上，个个人都止不住流泪。敏一直抽抽噎噎。昨天一夜我们都没睡好，时时刻刻惊醒。今天睡午觉，刚刚朦胧阖眼，又是心惊肉跳的醒了。昨夜月台上的滋味，多少年来没尝到了，胸口抽痛，胃里难过，只有从前失恋的时候有过这经验。今儿一天好像大病之后，一点劲都没得。妈妈随时随地都想哭——眼睛已经肿得不像样了，干得发痛了，还是忍不住要哭。只说了句“一天到晚堆着笑脸”，她又呜咽不成声了。真的，孩子，你这一次真是“一天到晚堆着笑脸”，教人怎么舍得！老想到五三年正月的事，③ 我良心上的责

---

① 傅聪应波兰政府邀请，参加《第五届萧邦国际钢琴比赛》并留学波兰。一九五四年一月十七日全家到上海火车站送傅聪去北京准备出国。

② 沈知白，时任上海音乐学院作曲系主任。傅雷挚友，傅聪青少年时期的乐理老师，“文革”中迫害致死。

③ 一九五三年正月，就贝多芬小提琴奏鸣曲哪一首最重要的问题，傅聪与父亲争论激烈。傅聪根据自己的音乐感受，不同意父亲认为第九首《“克勒策”奏鸣曲》最为重要的观点，认为《第十小提琴奏鸣曲》最重要。双方争执不下。父亲认为傅聪太狂妄，“才看过多少书！”而当时国外音乐界一般都认同第九首最为重要。所以父亲坚持己见，导致双方严重冲突。在父亲勃然大怒的情况下，倔强的傅聪毅然离家出走，住在父亲好友毛楚恩家一月余。后因傅雷姑夫去世，父亲觉得人生在世何其短促，父子何必如此认真，感慨万千，遂让傅敏陪同母亲接傅聪回家，双方才和解。

备简直消释不了。孩子，我虐待了你，我永远对不起你，我永远补赎不了这种罪过！这些念头整整一天没离开过我的头脑，只是不敢向妈妈说。人生做错了一件事，良心就永久不得安宁！真的，巴尔扎克说得好：有些罪过只能补赎，不能洗刷！

十八日晚

昨夜一上床，又把你的童年温了一遍。可怜的孩子，怎么你的童年会跟我的那么相似呢？我也知道你从小受的挫折对于你今日的成就并非没有帮助；但我做爸爸的总是犯了很多很重大的错误。自问一生对朋友对社会没有做什么对不起的事，就是在家里，对你和你妈妈做了不少有亏良心的事[①]，这些都是近一年中常常想到的，不过这几天特别在脑海中盘旋不去，像噩梦一般。可怜过了四十五岁，父性才真正觉醒！

今儿一天精神仍未恢复。人生的关是过不完的，等到过得差不多的时候，又要离开世界了。分析这两天来精神的波动，大半是因为：我从来没爱你像现在这样爱得深切，而正在这爱的最深切的关头，偏偏来了离别！这一关对我，对你妈妈都是从未有过的考验。别忘了妈妈之于你不仅仅是一般的母爱，而尤其因为她为了你花的心血最多，为你受的委屈——当然是我的过失——最多而且最深最痛苦。园丁以血泪灌溉出来的花果迟早得送到人间去让别人享受，可是在离别的关头怎么免得了割舍不得的情绪呢？

跟着你痛苦的童年一起过去的，是我不懂做爸爸的艺术的壮年。幸亏你得天独厚，任凭如何打击都摧毁不了你，因而减少了我一部分

---

① 父亲教子极严，有时几乎不近人情，母亲也因此往往在精神上受折磨。

罪过。可是结果是一回事，当年的事实又是一回事：尽管我埋葬了自己的过去，却始终埋葬不了自己的错误。孩子，孩子，孩子，我要怎样的拥抱你才能表示我的悔恨与热爱呢！

十九日晚

一月三十日晚

亲爱的孩子：你走后第二天，就想写信，怕你嫌烦，也就罢了。可是没一天不想着你，每天清早六七点就醒，翻来覆去睡不着，也说不出为什么。好像克利斯朵夫[①]的母亲独自守在家里，想起孩子童年一幕幕的形象一样；我和你妈妈老是想着你二三岁到六七岁间的小故事——这一类的话我们不知有多少可以和你说，可是不敢说，你这个年纪是一切向前的，不愿意回顾的；我们啰里啰嗦的抖出你尿布时代与一把鼻涕一把眼泪时代的往事，会引起你的憎厌。孩子，这些我都很懂得，妈妈也懂得。只是你的一切终身会印在我们脑海中，随时随地会浮起来，像一幅幅的小品图画，使我们又快乐又惆怅。

真的，你这次在家一个半月[②]，是我们一生最愉快的时期；这幸福不知应当向谁感谢，即使我没宗教信仰，至此也不由得要谢谢上帝了！我高兴的是我又多了一个朋友；儿子变了朋友，世界上有什么事可以和这种幸福相比的！尽管将来你我之间离多别少，但我精神上至少是温暖的，不孤独的。我相信我一定会做到不太落伍，不太冬烘，

---

① 傅雷译罗曼·罗兰长篇小说《约翰·克利斯朵夫》中的主人翁。

② 傅聪于一九五三年八月初赴罗马尼亚参加“第四届世界青年联欢节”钢琴比赛后，随中国艺术代表团赴波兰和东德访问演出，十月底返京，十二月初回上海，在家待了一个半月，又离家赴京学习，准备赴波留学。

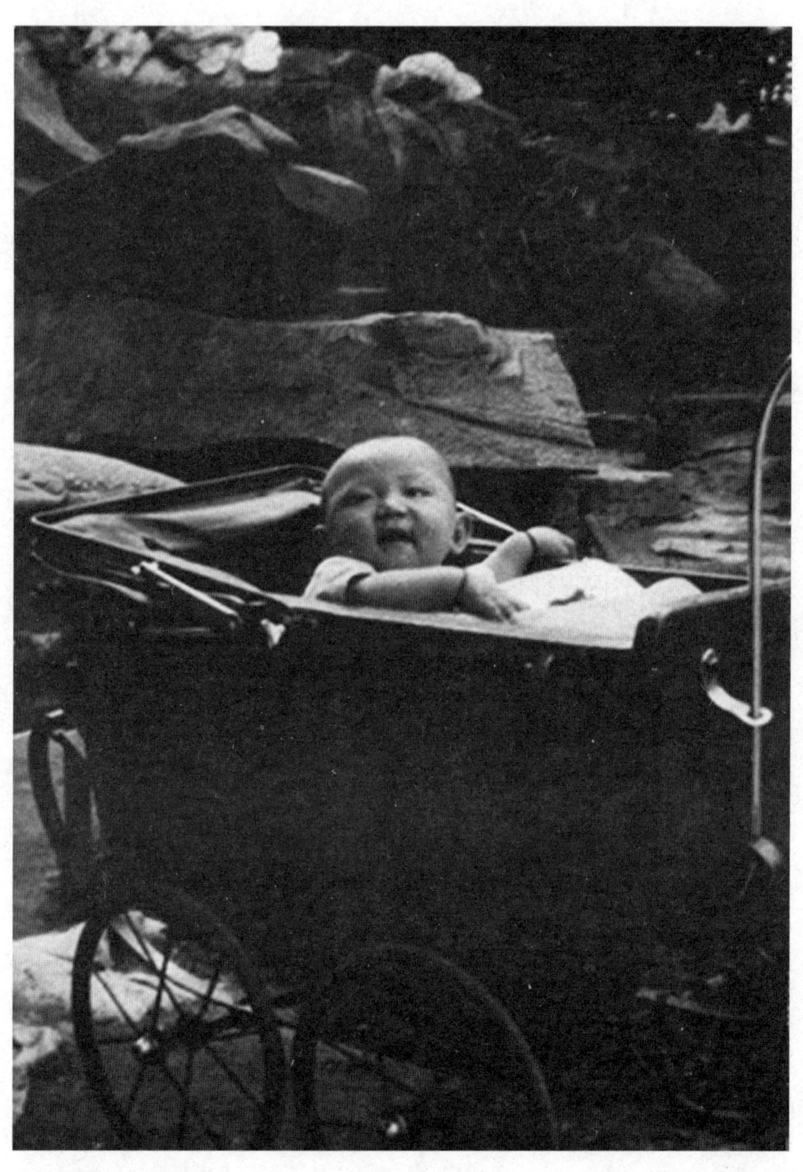

傅聪半岁

不至于惹你厌烦。也希望你不要以为我在高峰的顶尖上所想的，所见到的，比你们的不真实。年纪大的人终是往更远的前途看，许多事你们一时觉得我看得不对，日子久了，现实却给你证明我并没大错。

孩子，我从你身上得到的教训，恐怕不比你从我得到的少。尤其是近三年来，你不知使我对人生多增了几许深刻的体验，我从与你相处的过程中学到了忍耐，学到了说话的技巧，学到了把感情升华！

你走后第二天，妈妈哭了，眼睛肿了两天：这叫做悲喜交集的眼泪。我们可以不用怕羞的这样告诉你，也可以不担心你憎厌而这样告诉你。人毕竟是感情的动物，偶然流露也不是可耻的事。何况母亲的眼泪永远是圣洁的，慈爱的！

一月三十日晚＊

此信系母亲所写。以下标有“＊”号的，均母亲信，不一一注明。

亲爱的孩子：自昨天起我们开始等你的信了，算起日子来，也该有信来了。你真不知道为娘的牵肠挂肚，放怀不开。你走后，忙着为你搬运钢琴的事，今天中午已由旅行社车去，等车皮有空就可装运。接着阴历年底快要到了，我又忙着家务，整天都是些琐碎事儿，可是等到空下来，或是深夜，就老是想着你，同爸爸两人谈你，过去的，现在的，抱着快乐而带点惆怅的心情，忍不住要流下泪来，不能自已。你这次回来的一个半月，真是值得纪念的，因为是我一生中最愉快、最兴奋、最幸福的一个时期。看到你们父子之间的融洽，互相倾诉，毫无顾忌，以前我常常要为之担心的恐惧扫除一空，我只有抱着欢乐静听你们的谈论，我觉得多幸福、多安慰，由痛苦换来的欢乐才是永恒的。虽是我们将来在一起的时候不会多，但是凭了回忆，宝贵的回忆，我也会破涕而笑了。我们之间，除了“爱”之外，没有可说的了。我对你的希望和前途是乐观的，就是有这么一点母子之情割舍不得。只要常常写信来，只要看见你写着“亲爱的爸爸妈妈”，我已满足了。

二月二日大除夕

勃隆斯丹夫人①有信来，附给你。看过了，仍望寄回。昨晚七时一刻至八时五十分电台广播你在“市三”弹的四曲 Chopin［萧邦］，外加 encore［加奏］的一支 *Polonaise*［《波洛奈兹》］，效果甚好，就是低音部分模糊得很；琴声太扬，像我第一天晚上到小礼堂空屋子里去听的情形。以演奏而论，我觉得大体很好，一气呵成，精神饱满，细腻的地方非常细腻，tone colour［音色］变化的确很多。我们听了都很高兴，很感动。好孩子，我真该夸奖你几句才好。回想五一年四月刚从昆明回沪的时期，你真是从低洼中到了半山腰了。希望你从此注意整个的修养，将来一定能攀登峰顶。从你的录音中清清楚楚感觉到你一切都成熟多了，尤其是我盼望了多少年的——你的意志，终于抬头了。我真高兴，这一点我看得比什么都重。你能掌握整个的乐曲，就是对艺术加增深度，也就是你的艺术灵魂更坚强更广阔，也就是你整个的人格和心胸扩大了。孩子，我要重复 Bronstein［勃隆斯丹］信中的一句话，就是我为了你而感到骄傲！

今天是除夕了，想到你在远方用功，努力，我心里说不尽的欢

---

① 上海音乐学院钢琴系苏联籍教师，一九五一年傅聪自昆明返沪后，曾正式教过傅聪一年，一九五二年移居加拿大，从事演奏与教学。

喜。别了，孩子，我在心里拥抱你！

二月十日

上海这两天忽然奇暖，东南风加沙土，很像昆明的春天。阿敏和恩德[①]一起跟我念诗，敏说你常常背“朝回日日典春衣，每日江头尽醉归”二句，现在他也背得了。我正在预备一样小小的礼物，将来给你带出国的，预料你一定很喜欢。再过一星期是你妈妈的生日，再过一个月是你生日，想到此不由得悲喜交集。

二月十日

这几日开始看服尔德[②]的作品，他的故事性不强，全靠文章内若有若无的讽喻。我看了真是栗栗危惧，觉得没能力表达出来。那种风格最好要必姨、钱伯母[③]那一套。我的文字太死板，太“实”，不够俏皮，不够轻灵。

二月二十四日 *

亲爱的聪：你的信今天终于收到了，很快慰。你走后，我们心里的矛盾真是无法形容，当然为你的前途，我们应该庆幸，你有那么好

---

① 牛恩德，傅聪青年时期的琴友，傅聪出国后，常去探望傅雷夫妇，后被傅雷夫妇认作干女儿。一九五六年后赴英国和美国学琴，最后定居于美国。退休前一直是一位钢琴教授，二〇一二年病逝。

② Voltaire 傅雷译为服尔德，现通译伏尔泰。

③ 必姨即杨必，英国萨克雷名著《名利场》的译者。钱伯母即钱锺书夫人杨绛，杨必之姐。

的机会，再幸运也没有了；可是一想到那么长的别离，总有些不舒服，但愿你努力学习，保重身体，我相信你决不会辜负国家对你的期望，我们的一番苦心。你在国外，千万多些家信，把什么都告诉我们，不论琐碎的重大的，我们都乐意知道，有机会拍了照片，也不时寄来。你的信我们看得多宝贵，我们虽然分离了，可是心永久在一起，这是你给我们的唯一的安慰。

在京洗的衣服成绩怎么样？希望你慢慢的仔仔细细整理东西，妈妈不能代你理东西，真是件遗憾的事。今天冒雨为你添印了一打派司[①]照片，现在附上，希望你收到后就放在黑包内，以备将来派用场。维他命B一定要吃，以后生活一定要有规律，你现在懂事了，我也不再操心了。不过空下来老念着你，很高兴会常常梦见你，孩子，妈妈多疼你，只愿你多多来信，我们才感谢不尽呢！不多谈了，要说的话，爸爸已写了许多，望你多多保重！祝快乐！

妈妈 二月二十四日

三月十九日

亲爱的孩子：上回刚想写信给你，不料病倒了。病好了不及两天，又发烧，前后八九天，至今还没恢复。今天初到阳台上一望，柳枝上一星星的已经有了绿意，想起“蕉草如碧丝，秦桑低绿枝”两句，不知北地春光是否已有消息？

我病的时候，恩德差不多每天来陪我。初期是热度高，昏沉的厉害；后来是眼睛昏花（到现在还没好），看校样每二三行就像一片云

---

① 上海话“身份证件”之意，来自英文的Pass［通行证件］。

雾在眼前飘过，书也不能看，只能躺躺坐坐，整日呆着；幸亏恩德来给我说说笑笑，还拿我打趣，逗我上当，解了不少寂寞。

你近来忙得如何？乐理开始没有？希望你把练琴时间抽一部分出来研究理论。琴的问题一时急不来，而且技巧根本要改。乐理却是可以趁早赶一赶，无论如何要有个初步概念。否则到国外去，加上文字的困难，念乐理比较更慢了。此点务要注意。

三月十九日

川戏中的《秋江》，艄公是做得好，可惜戏本身没有把陈妙常急于追赶的心理同时并重。其余则以《五台会兄》中的杨五郎为最妙，有声有色，有感情，唱做俱好。因为川戏中的“生”这次角色都差，唱正派的尤其不行，既无嗓子，又乏训练；倒是反派角色的“生”好些。大抵川戏与中国一切的戏都相同，长处是做功特别细腻，短处是音乐太幼稚，且编剧也不够好；全靠艺人自己凭天才去咂摸出来，没有经作家仔细安排。而且 tempo［节奏］松弛，不必要的闲戏总嫌太多。

三月二十四日上午

在公共团体中，赶任务而妨碍正常学习是免不了的，这一点我早料到。一切只有你自己用坚定的意志和立场，向领导婉转而有力的去争取。否则出国的准备又能做到多少呢？特别是乐理方面，我一直放心不下。从今以后，处处都要靠你个人的毅力、信念与意志——实践的意志。我不再和你说教条式的话，去年那三封长信把我所想的话都说尽了；你也已经长大成人，用不着我一再叮嘱。但若你缺少勇气的时候，尽管来信告诉我，我可以替你打气。倘若你心绪不好，也老老实实和我谈谈，我可以安慰安慰你，代你解决一些或大或小的烦恼。关于××的事，你早已跟我表明态度，相信你一定会实际做到。你年事尚少，出国在即；眼光、嗜好、趣味，都还要经过许多变化；即使一切条件都极美满，也不能担保你最近三四年中，双方的观点不会改变，从而也没法保证双方的感情不变。最好能让时间来考验。我二十岁出国，出国前后和你妈妈已经订婚，但出国四年中间，对她的看法三番四次的改变，动摇得很厉害。这个实在的例子很可以作你的参考，使你做事可以比我谨慎，少些痛苦——尤其为了你的学习，你的艺术前途！

另外一点我可以告诉你：就是我一生任何时期，闹恋爱最热烈的时候，也没有忘却对学问的忠诚。学问第一，艺术第一，真理第一，爱情第二，这是我至此为止没有变过的原则。你的情形与我不同：少年得志，更要想到“盛名之下，其实难副”，更要战战兢兢，不负国人对你的期望。你对政府的感激，只有用行动来表现才算是真正的感激！我想你心目中的上帝一定也是 Bach［巴赫］、Beethoven［贝多芬］、Chopin［萧邦］等等第一，爱人第二。既然如此，你目前所能支配的精力与时间，只能贡献给你第一个偶像，还轮不到第二个神明。你说是不是？可惜你没有早学好写作的技术，否则过剩的感情就可用写作（乐曲）来发泄，一个艺术家必须能把自己的感情“升华”，才能于人有益。我绝不是看了来信，夸张你的苦闷，因而着急；但我知道你多少是有苦闷的，我随便和你谈谈，也许能帮助你廓清一些心情。

三月二十九日

感情问题能自己想通，我们听了都很安慰。你还该想到，目前你一切都已“如愿以偿”，全中国学音乐的青年，没有一个人有你那么好的条件。你冬天回沪前所担心的事都迎刃而解，顺利出乎你的意料之外。你也该满足了。满足以后更当在别方面多多克制。人生没有一桩幸福是不要付代价的。东边占了便宜，西边就得吃亏些。何况如我前信所云，这也不是吃亏的事，而是“明哲”的举动。好孩子，安心用功吧，保重身体，医生非“常看”不可，吃药不能有一顿没一顿。再见了，孩子！

三月三十一日＊

聪！我心里有一件事，已经放在肚里嘀咕了好久，一直想跟你谈谈。牛恩德这次开刀，吃了很多苦，开刀时的痛苦，比去年加了十倍，去年开刀你是知道的，而且你常常陪着她，念书给她听，解了她不少病中的苦闷。这次医生说她眼睛的肌肉非常弱，恢复的时期会更长，要她耐心静养，真要极大的克制功夫及努力，要三四个月不能弹琴，想她这样的性格，真是相当苦闷的，而且后果如何，谁也不知道。我们只有安慰她，鼓励她，叫她耐心等待。你与她一度感情非常深，为了友谊，你也应该给她写封信，至少站在朋友的立场上，也应该给她一些精神上的帮助。（……）① 这孩子，心地厚道，天真，坦

① 此省略号为编者删节所加，故加括号与原信省略号区别，每封信开头和结尾的删节则不加“（……）”，以免冗赘，下同。

白，我很同情她。她对你非常关心，从无怨言。这次在医院里住了九天，出院的前一天，牛伯母突然眼睛发炎，很厉害，不能去接她出院，于是由我们去接她出的院。（……）聪！你们既然是很好的朋友，你在百忙中终得写封信给她，安慰安慰她，鼓励鼓励她！给她一些勇气。现在她们母女两人，都是瞎眼睛，此情此景，也够可怜的了！她常常跟我们谈起你，你这次回来，给她不少启发，她很需要你在音乐方面的帮助。可怜她眼睛将来就是复原，我想受了伤，终要打折扣，这是她天生的缺陷，谁也没有办法。她记忆力很好，爸爸教了她六十几首诗歌，她都能背诵，闭着眼睛想想诗歌，想想音乐，就这样过日子。这几天可以听听唱片了，否则日子的确很不容易过。好了，谈得很多了，抽空给她一封信，不一定要长信，给她一些精神上的安慰够了！

四月七日

聪儿：记得我从十三岁到十五岁，念过三年法文；老师教的方法既有问题，我也念得很不用功，成绩很糟（十分之九已忘了）。从十六岁到二十岁在大同改念英文，也没念好，只是比法文成绩好一些。二十岁出国时，对法文的知识只会比你现在的俄文程度差。到了法国，半年之间，请私人教师与房东太太双管齐下补习法文，教师管读本与文法，房东太太管会话与发音，整天的改正，不用上课方式，而是随时在谈话中纠正。半年以后，我在法国的知识分子家庭中过生活，已经一切无问题。十个月以后开始能听几门不太难的功课。可见国外学语文，以随时随地应用的关系，比国内的进度不啻一与五六倍之比。这一点你在莫斯科遇到李德伦时也听他谈过。我特意跟你提，为的是要你别把俄文学习弄成“突击式”。一个半月之间念完文法，这是强记，决不能消化，而且过了一晌大半会忘了的。我认为目前主要是抓住俄文的要点，学得慢一些，但所学的必须牢记，这样才能基础扎实。贪多务得是没用的，反而影响钢琴业务，甚至使你身心困顿，一空下来即昏昏欲睡。这问题希望你自己细细想一想，想通了，就得下决心更改方法，与俄文老师细细商量。一切学问没有速成的，尤其是语言。倘若你目前停止上新课，把已学的从头温一遍，我敢断言，你会发觉有许多已经完全忘了。

你出国去所遭遇的最大困难，大概和我二十六年前的情形差不多，就是对所在国的语言程度太浅。过去我再三再四强调你在京赶学理论，便是为了这个缘故。倘若你对理论有了一个基本概念，那么日后在国外念的时候，不至于语言的困难加上乐理的困难，使你对乐理格外觉得难学。换句话说：理论上先略有门径之后，在国外念起来可以比较方便些。可是你自始至终没有和我提过在京学习理论的情形，连是否已开始亦未提过。我只知道你初到时因罗君患病而搁置，以后如何，虽经我屡次在信中问你，你也没复过一个字。——现在我再和你说一遍：我的意思最好把俄文学习的时间分出一部分，移作学习乐理之用。

提早出国，我很赞成。你以前觉得俄文程度太差，应多多准备后再走。其实像你这样学俄文，即使用最大的努力，再学一年也未必能说准备充分——除非你在北京不与中国人来往，而整天生活在俄国人堆里。—— 但领导方面究竟如何决定，最好请周广仁或别的比较能参与机密的朋友时时探听，让我们早些知道，早些准备。

恩德那里无论如何忙也得写封信去。自己责备自己而没有行动表现，我是最不赞成的。这是做人的基本作风，不仅对某人某事而已，我以前常和你说的，只有事实才能证明你的心意，只有行动才能表明你的心迹。待朋友不能如此马虎。生性并非“薄情”的人，在行动上做得跟“薄情”一样，是最冤枉的，犯不着的。正如一个并不调皮的人要调皮而结果反吃亏，一个道理。

德伏夏克谱二册收到没有？尽管忙，写信时也得提一提“来信及谱二册均已收到”，不能光提“来信都收到”。

一切做人的道理，你心里无不明白，吃亏的是没有事实表现；希望你从今以后，一辈子记住这一点。大小事都要对人家有交代！

四月二十一日

孩子：接十七日信，很高兴你又过了一关。人生的苦难，theme［主题］不过是这几个，其余只是 variations［变奏曲］而已。爱情的苦汁早尝，壮年中年时代可以比较冷静。古语说得好，塞翁失马，未始非福。你比一般青年经历人事都更早，所以成熟也早。这一回痛苦的经验，大概又使你灵智的长成进了一步。你对艺术的领会又可深入一步。我祝贺你有跟自己斗争的勇气。一个又一个的筋斗栽过去，只要爬得起来，一定会逐渐攀上高峰，超脱在小我之上。辛酸的眼泪是培养你心灵的酒浆。不经历尖锐的痛苦的人，不会有深厚博大的同情心。所以孩子，我很高兴你这种蜕变的过程，但愿你将来比我对人生有更深切的了解，对人类有更热烈的爱，对艺术有更诚挚的信心！孩子，我相信你一定不会辜负我的期望。

六月二十四日下午

亲爱的孩子：终于你的信到了！联络局没早告诉你出国的时间，固然可惜，但你迟早要离开我们，大家感情上也迟早要受一番考验；送君千里终须一别，人生不是都要靠隐忍来撑过去吗？你初到的那天，我心里很想要你二十以后再走，但始终守法和未雨绸缪的脾气把我的念头压下去了，在此等待期间，你应当把所有留京的琴谱整理一个彻底，用英文写两份目录，一份寄家里来存查。这种工作也可以帮助你消磨时间，省却烦恼。孩子，你此去前程远大，这几天更应当仔仔细细把过去种种作一个总结，未来种种作一个安排；在心理上精神上多作准备，多多锻炼意志，预备忍受四五年中的寂寞和感情的波动。这才是你目前应做的事。孩子，别烦恼。我前信把心里的话和你说了，精神上如释重负。一个人发泄是要求心理健康，不是使自己越来越苦闷。多听听贝多芬的第五[①]，多念念克利斯朵夫里几段艰苦的事迹（第一册末了，第四册第九卷末了），可以增加你的勇气，使你更镇静。好孩子，安安静静的准备出国罢。一切零星小事都要想周到，别怕天热，贪懒，一切事情都要做得妥帖。行前必须把带去的衣服什物记在"小手册"上，把留京及寄沪的东西写一清账。想念我们的时候，看看照相簿。为什么写信如此简单呢？要是我，一定把到京时罗君来接及到团以后的情形描写一番，即使借此练练文字也是好的。

近来你很多地方像你妈妈，使我很高兴。但是办事认真一点，却望你像我。最要紧，不能怕烦！

---

① 系指《第五"命运"交响曲》。

七月四日晨

也许这是你出国以前接到的最后一信了，也许连这封信也来不及收到，思之怆然。要嘱咐你的话是说不完的，只怕你听得起腻了。可是关于感情问题，我还是要郑重告诫：无论如何要克制，以前途为重，以健康为重。在外好好利用时间，不但要利用时间来工作，还要利用时间来休息、写信。别忘了杜甫那句诗："家书抵万金！"

孩子，别了，我们没一天不想念你，没一天不祝福你，在精神上拥抱你！

七月十五日＊

亲爱的聪儿：你临走前七日发的信，到十日下午才收到，那几天我们左等右等老不见你来信，焦急万分，究竟怎么回事？走了没有？终于信来了，一块石头落了地。原来你是一个人走的，旅途的寂寞，这种滋味我也想象得出来。到了苏联、波兰，是否都有人来接你，我们只有等你的消息了。

关于你感情的事，我看了后感到无限惶惑不安。对这个问题我总觉得你太冲动，不够沉着。这次发生的，有些出乎人情之常，虽然这也是对你多一次教训，但是你应该深深的自己检讨一番，对自己应该加以严厉的责备。我也不愿对你多所埋怨，不过我觉得你有些滥用感情，太不自爱了，这是不必要的痛苦。（……）得到这次教训后，千万要提高警惕，不能重蹈覆辙。你的感情太多了，对你终身是个累。所以你要大彻大悟，交朋友的时候，一定要事先考虑周详，而且也不能五分钟热度，凭一时冲动，冒冒失失的做了。我有句话，久已在心里嘀咕：我觉得你的爱情不专，一个接着一个，在你现在的年龄上，不算少了。我是一个女子，对这方面很了解女人的心理，要是碰到你这样善变，见了真有些寒心。你这次出国数年，除了努力学习以外，再也不要出乱子，这事出入重大，除了你，对爸爸的前途也有影响的。望你把全部精力放在研究学问上，多用理智，少用感情，当然，那是要靠你坚强的信心，克制一切的烦恼，不是件容易的事，但是非克服不可。对于你的感情问题，我向来不参加任何意见，觉得你各方面都在进步，你是聪明人，自会觉悟的。我既是你妈妈，我们是休戚相关的骨肉，不得不要唠叨几句，加以规劝。

回想我跟你爸爸结婚以来，二十余年感情始终如一，我十四岁上，你爸爸就爱上了我（他跟你一样早熟），十五岁就订婚，当年冬天爸爸就出国了。在他出国的四年中，虽然不免也有波动，可是他主意老，觉悟得快，所以回国后就结婚。婚后因为他脾气急躁，大大小小的折磨总是难免的，不过我们感情还是那么融洽，那么牢固，到现在年龄大了，火气也退了，爸爸对我更体贴了，更爱护我了。我虽不智，天性懦弱，可是靠了我的耐性，对他无形中或大或小多少有些帮助，这是我觉得可以骄傲的，可以安慰的。我们现在真是终身伴侣，缺一不可的。现在你也长大成人，父母对儿女的终身问题，也常在心中牵挂，不过你年纪还轻，不要操之过急。以你这些才具，将来不难找到一个满意的对象。好了，唠唠叨叨写得太多，你要头痛了。

七月二十七日深夜—二十八日午夜

你车上的信写得很有趣，可见只要有实情、实事，不会写不好信。你说到李、杜的分别，的确如此。写实正如其他的宗派一样，有长处也有短处。短处就是雕琢太甚，缺少天然和灵动的韵致。但杜也有极浑成的诗，例如“风急天高猿啸哀，渚清沙白鸟飞回。无边落木萧萧下，不尽长江滚滚来……”那首胸襟意境都与李白相仿佛。还有《梦李白》《天末怀李白》几首，也是缠绵悱恻，至情至性，非常动人的。但比起苏、李的离别诗来，似乎还缺少一些浑厚古朴。这是时代使然，无法可想的。汉魏人的胸怀比较更近原始，味道浓，苍茫一片，千古之下，犹令人缅想不已。杜甫有许多田园诗，虽然受渊明影响，但比较之下，似乎也“隔”（王国维语）了一层。回过来说：写实可学，浪漫底克不可学；故杜可学，李不可学；国人谈诗的尊杜的多于尊李的，也是这个缘故。而且究竟像太白那样的天纵之才不多，共鸣的人也少。所谓曲高和寡也。同时，积雪的高峰也令人有“琼楼玉宇，高处不胜寒”之感，平常人也不敢随便瞻仰。

词人中苏、辛确是宋代两大家，也是我最喜欢的。苏的词颇有些咏田园的，那就比杜的田园诗洒脱自然了。此外，欧阳永叔的温厚蕴藉也极可喜，五代的冯延巳也极多佳句，但因人品关系，我不免对他有些成见。

你现在住哪里？食宿是否受招待？零用钱是怎样的？将来倘住定一处，讲定多少钱一个月包定伙食，那么有一点需要注意（也是我从前的经验），就是事先可以协商，倘隔天通知下一天少吃一顿或两顿（早餐当然不算），房东可以不准备饭菜，因此可少算一顿或两顿饭钱。预料你将来不时有人请吃饭，请吃饭也得送些小礼，便是半打花也行，那就得花钱；把平时包饭地方少算的饭钱移作此用，恰好cover［弥补］。否则很容易闹亏空。尤其你现在的情形，无处在经济上讨救兵，故我特别要嘱咐你。

應似園中桃李樹花落隨風子在枝新人新人聽我語洛陽無限紅樓女
但願将軍重立功更有新人勝於汝

長恨歌

漢皇重色思傾國御宇多年求不得楊家有女初長成養在深閨人未識天生麗
質難自棄一朝選在君王側迴眸一笑百媚生六宮粉黛無顏色春寒賜浴華
清池溫泉水滑洗凝脂侍兒扶起嬌無力始是新承恩澤時雲鬢花顏金步
搖芙蓉帳暖度春宵春宵苦短日高起從此君王不早朝承歡侍宴無閑暇
春從春遊夜專夜後宮佳麗三千人三千寵愛在一身金屋妝成嬌侍夜玉
樓宴罷醉和春姊妹弟兄皆列土可憐光彩生門戶遂令天下父母心不重生

三十八

父亲为傅聪编辑并手抄的古诗词读本书影之一

在外倘有任何精神苦闷，也切勿隐瞒，别怕受埋怨。一个人有个大二十几岁的人代出主意，决不会坏事。你务必信任我，也不要怕我说话太严，我平时对老朋友讲话也无顾忌，那是你素知的。并且有些心理波动或是郁闷，写了出来等于有了发泄，自己可痛快些，或许还可免做许多傻事。孩子，我真恨不得天天在你旁边，做个监护的好天使，随时勉励你，安慰你，劝告你，帮你铺平将来的路，准备将来的学业和人格。

七月二十七日深夜

上星期我替恩德讲《长恨歌》与《琵琶行》，觉得大有妙处。白居易对音节与情绪的关系悟得很深。凡是转到伤感的地方，必定改用仄声韵。《琵琶行》中“大弦嘈嘈”“小弦切切”一段，好比 staccato［断音］，像琵琶的声音极切；而“此时无声胜有声”的几句，等于一个长的 pause［休止］；“银瓶……水浆迸”两句，又是突然的 attack［明确起音］，声势雄壮。至于《长恨歌》，那气息的超脱，写情的不落凡俗，处处不脱帝皇的 nobleness［雍容气派］，更是千古奇笔。

看的时候可以有几种不同的方法：一是分出段落看叙事的起伏转折；二是看情绪的忽悲忽喜，忽而沉潜，忽而飘逸；三是体会全诗音节与韵的变化。再从总的方面看，把悲剧送到仙界上去，更显得那段罗曼史的奇丽清新，而仍富于人间味（如太真对道士说的一番话）。还有白居易写动作的手腕也是了不起：“侍儿扶起娇无力”，“君王掩面救不得”，“九华帐里梦魂惊”几段，都是何等生动！“九重城阙烟尘生，千乘万骑西南行”，写帝王逃难自有帝王气概。“翠华摇摇行复止”，又是多鲜明的图画！最后还有一点妙处：全诗写得如此婉转细腻，却仍不失其雍容华贵，没有半点纤巧之病（细腻与纤巧大不同)！明明是悲剧，而写得不过分的哭哭啼啼，多么中庸有度，这是浪漫底克兼有古典美的绝妙典型。

二十八日午夜

八月一日聪信摘录（波2）

我来这里以后，很奇怪我的技巧进步很大，我自己简直认不得了。昨天弹了二个《练习曲》，一个《玛祖卡》，一个《即兴曲》，一个《叙事曲》，和那个人人必弹的《前奏曲》（作品四十五号），成绩相当不错，比我从前的成绩好多了。这儿从教授到学生，全都很赏识我，教授说我弹的《前奏曲》是全体中最好的：除了一些技巧上不够放松，以及音质太硬，和一些小小的风格上的问题需要纠正外，没有什么大毛病。他们都非常惊异于我对萧邦的理解。我很奇怪，来到这里以后，跟我在国内弹的萧邦完全不同，改变得快极了。这儿一切气氛都是萧邦味的，我很快就感染了这气氛。我的《玛祖卡》也受到很多称赞。我真有点厌烦于给你们报告这些，老是自吹自擂的，真麻烦。的确我来此以后，很用功了一番。

来到波兰以前，他们原定把我派给霍夫曼教授；到波兰后，七月三十一日，第一次在海滨弹给萧邦委员会的教授们听，审定我参加萧邦比赛的资格，并决定由萧邦委员会主席杰维茨基①教授教我。

星期二我将上第一课了。我现在还不知道究竟以后将如何学习，看样子，我的技巧并不需要完全改过；原因是我的手现在比从前放松多了。

---

① 杰维茨基，波兰著名钢琴教授，傅聪留学时钢琴业师。

这里（奥尔托沃－格丁尼亚）集中了九个经过几次选拔出来的波兰最好的年轻钢琴家。技巧没问题，都非常好，对萧邦的理解也没问题，是道地的萧邦。有几个特别好，比我上次听到过的 Chopinist①高明多了。他们并不冷冰冰，也不很热情，却没有一个有特殊的个性气质。②

八月十一日午前

好孩子：八月一日的信收到了，今天是十一日，就是说一共只有十天功夫。(……)

你的生活我想象得出，好比一九二九年我在瑞士。但你更幸运，有良师益友为伴，有你的音乐做你崇拜的对象。我二十一岁在瑞士正患着青春期的、浪漫底克的忧郁病：悲观、厌世、徬徨、烦闷、无聊：我在《贝多芬传》译序中说的就是指那个时期。孩子，你比我成熟多了，所有青春期的苦闷，都提前几年，早在国内度过；所以你现在更能够定下心神，发愤为学；不至于像我当年蹉跎岁月，到如今后悔无及。

---

① 此词极难译成中文，意思是不仅是演奏萧邦作品的能手，而且演奏家具有萧邦的个性及诗人的气质。

② 傅聪自一九五四年七月下旬赴波兰学习到一九五八年底离开波兰期间，曾给父母写了家信约四十余封，但经过“文革”的野蛮抄家，这批信函几乎荡然无存。值得庆幸的是，一九五四年八月至一九五七年五月期间，由父母就傅聪家信摘编的《聪儿家信摘录》得以保留，内分“学习经过”和“音乐讨论”两部分。现征得傅聪的同意，发表部分家信摘录，与父母同时期家信排列在一起。为方便读者对照阅读，傅聪家信一般排到父母回信前。回答具体问题的傅聪家信，排在父母信后。

你的弹琴成绩，叫我们非常高兴。对自己父母，不用怕“自吹自捧”的嫌疑，只要同时分析一下弱点，把别人没说出而自己感觉到的短处也一起告诉我们。把人家的赞美报告我们，是你对我们最大的安慰；但同时必须深深的检讨自己的缺陷。这样，你写的信就不会显得过火；而且这种自我批判的功夫也好比一面镜子，对你有很大帮助。把自己的思想写下来（不管在信中或是用别的方式），比着光在脑中空想是大不同的。写下来需要正确精密的思想，所以写在纸上的自我检讨，格外深刻，对自己也印象深刻。你觉得我这段话对不对？

我对你这次来信还有一个很深的感想，便是你的感觉性极强、极快。这是你的特长，也是你的缺点。你去年一到波兰，弹 Chopin［萧邦］的 style［风格］立刻变了；回国后却保持不住；这一回一到波兰又变了。这证明你的感受力极快。但是天下事有利必有弊，有长必有短，往往感受快的，不能沉浸得深，不能保持得久。去年时期短促，固然不足为定论。但你至少得承认，你的不容易“牢固执著”是事实。我现在特别提醒你，希望你时时警惕，对于你新感受的东西不要让它浮在感受的表面；而要仔细分析，究竟新感受的东西和你原来的观念、情绪、表达方式有何不同。这是需要冷静而强有力的智力，才能分析清楚的。希望你常常用这个步骤来“巩固”你很快得来的新东西（不管是技术是表达）。长此做去，不但你的演奏风格可以趋于稳定、成熟（当然所谓稳定不是刻板化、公式化）；而且你一般的智力也可大大提高，受到锻炼。孩子，记住这些！深深的记住！还要实地做去！这些话我相信只有我能告诉你。

还要补充几句：弹琴不能徒恃 sensation［感觉］，sensibility［情感］。那些心理作用太容易变。从这两方面得来的，必要经过理性的整理、归纳，才能深深的化入自己的心灵，成为你个性的一部分，人格的一部分。当然，你在波兰几年住下来，熏陶的结果，多少也（自然而然的）会把握住精华。但倘若你事前有了思想准备，特别在智力方面多下功夫，那么你将来的收获一定更大更丰富，基础也更稳固。再说得明白些：艺术家天生敏感，换一个地方，换一批群众，换一种精神气氛，不知不觉会改变自己的气质与表达方式。但主要的是你心灵中最优秀最特出的部分，从人家那儿学来的精华，都要紧紧抓住，深深的种在自己性格里，无论何时何地这一部分始终不变。这样你才能把独有的特点培养得厚实。

关于这个问题，我想你听了必有所感。不妨跟我多谈谈。

其次，我不得不再提醒你一句：尽量控制你的感情，把它移到艺术中去。你周围美好的天使太多了，我怕你又要把持不住。你别忘了，你自誓要做几年清教徒的，在男女之爱方面要过几年僧侣生活，禁欲生活的！这一点千万要提醒自己！时时刻刻提防自己！一切都要醒悟得早，收篷收得早；不要让自己的热情升高之后再去压制，那时痛苦更多，而且收效也少。亲爱的孩子，无论如何你要在这方面听从我的忠告！爸爸妈妈最不放心的不过是这些。

你上课以后，老师如何批评？那时他一定有更切实更具体的指摘，不会光是夸奖了。我们都急于要知道。你对 Chopin［萧邦］的了解，他们认为的长处短处，都望详细报告。technic［技巧］问题也是我最关心的。老师的意见怎样？是否需要从头来起？还是目前只改些小地方，待比赛以后再彻底修改？这些你也不妨请问老师。

罗忠镕和李凌都有回信来，你的行李因大水为灾，货车停开，故耽误了。你不必再去信向他们提。我认为你也应该写信给李凌，报告一些情形，当然口气要缓和。人家说你好的时候，你不妨先写上“承蒙他们谬许”“承他们夸奖”一类的套语。李是团体的负责人①，你每隔一个月或一个半月都应该写信；信末还应该附一笔，“请代向周团长致敬”。这是你的责任，切不能马虎。信不妨写得简略，但要多报告一些事实。切不可二三月不写信给李凌——你不能忘了团体对你的好意与帮助，要表示你不忘记，除了不时写信没有第二个办法。

你记住一句话：青年人最容易给人一个“忘恩负义”的印象。其实他是眼睛望着前面，饥渴一般的忙着吸收新东西，并不一定是“忘恩负义”；但懂得这心理的人很少；你千万不要让人误会。

八月十六日晚

孩子：我忙得很，只能和你谈几桩重要的事。

你素来有两个习惯：一是到别人家里，进了屋子，脱了大衣，却留着丝围巾；二是常常把手插在上衣口袋里，或是裤袋里。这两件都不合西洋的礼貌。围巾必须和大衣一同脱在衣帽间，不穿大衣时，也要除去围巾。手插在上衣袋里比插在裤袋里更无礼貌，切忌切忌！何况还要使衣服走样，你所来往的圈子特别是有教养的圈子，一举一动务须特别留意。对客气的人，或是师长，或是老年人，说话时手要垂直，人要立直。你这种规矩成了习惯，一辈子都有好处。

在饭桌上，两手不拿刀叉时，也要平放在桌面上，不能放在桌下，搁在自己腿上或膝盖上。你只要留心别的有教养的青年就可知道。刀叉尤其不要掉在盘下，叮叮当当的！

出台行礼或谢幕，面部表情要温和，切勿像过去那样太严肃。这

---

① 李凌，时任中央乐团团长。

与群众情绪大有关系，应及时注意。只要不急，心里放平静些，表情自然会和缓。

你的老师有多少年纪了？是哪个音乐学院的教授？过去经历如何？面貌怎样的？不妨告诉我们听听。别忘了爸爸有时也像你们一样，喜欢听故事呢。

总而言之，你要学习的不仅仅在音乐，还要在举动、态度、礼貌各方面吸收别人的长处。这些，我在留学的时代是极注意的；否则，我对你们也不会从小就管这管那，在各种 manners［礼节，仪态］方面跟你们烦了。但望你不要嫌我繁琐，而要想到一切都是要使你更完满、更受人欢喜！

八月十三日聪信摘录（波3）

杰维茨基教授是波兰最好的教授，年轻的最好的波兰钢琴家差不多全出于他的门下。他的音乐修养真令人折服。经他一说，好像每一个作品都有无穷尽的内容似的。他今年七十四岁，精神还很好，上课时喜欢站着，有时走来走去，有时靠在琴上，激动得不得了，遇到音乐慷慨激昂的时候，会大声的吼叫起来、唱着。他有那么强的感染力，上课的时候，我会不自觉的整个投入音乐中去。

《革命练习曲》要弹得热情澎湃，弹得庄严雄伟，不能火爆；节奏要非常稳，像海浪一般汹涌，但是有股威武的意志的力量控制着。

《玛祖卡》若不到波兰，真是学不好。那种微妙的节奏，只可以心领神会，无法用任何规律来把它肯定的。既要完全弹得像一首诗一般，又要处处显出节奏来，真是难！而这个难在它不是靠苦练练出来的，只有心中有了那境界才行。这不但是音乐的问题，而是跟波兰的气候、风土、人情，整个波兰的气息有关。

我也知道了什么叫音质的好坏，那完全在于技巧的方法。所谓放松，是一切力量都是自然的，不用外加的力。弹最强音的时候，用全身的力量加上去，而不是拿手腕来用力压；这样出来的音质才是丰满的；手臂要完全放松。演奏时，手臂要放松到可以随意摆动，而不妨碍手指的活动。我的老师说：在一切情况下，只有做到完全自然而舒服就对，并没有死板的方法，各人的感觉可能不同。还有处处要懂得节省精力，凡是不需要浪费精力的地方，一定不要浪费。我从前的练琴真是浪费太多了，但这一切非得好教授指导才行，空口说是不成的。

教授谈到萧邦时，说他的作品跟波兰的气候一样，变幻不定，忽而阴忽而晴，忽而风风雨雨，忽而又阳光灿烂，萧邦的音乐是极其细致微妙的，譬如《我们的时代》这首《玛祖卡》，在一个小节中间，有时即有悲有喜，从明亮到阴暗，或是从阴暗到明亮，变化无穷。理解萧邦，一定要真正体会到这些。

我一直在紧张的练琴，每两天就上一次课。教授的脾气可不小，我上课真有些害怕，但学到的东西真多。这回我才知道天高地厚了，才知道好教授是怎么回事了。现在练的是《幻想曲》《诙谐曲》《夜曲》《练习曲》《玛祖卡》，自以为已经练得很仔细，但经老师一说，总有很多很多新东西发现：像《幻想曲》，他分析它的结构，前后布局，如何显出对比，还有节奏上的毛病。当然有一部分和我的理解不同，但大部分都是我所折服的。《诙谐曲》的节奏，我从前完全没有把握；他说了之后，我才发现为什么我老弹不好的原因。《革命练习曲》我现在才弹得真像样了。

我每天练一些很简单的放松练习，进步很大，练任何乐曲都随时注意放松。音质加大了，我所费的精力却反而减少。《波洛奈兹》自从知道了练的方法以后，那段原来使我觉得很困难的八度，显然有了进步，还有双全音符。当然不能马上练到和他们的钢琴家那么好，但我相信不会很慢。我每天练八小时以上，他们每人不过五小时。我来得太晚，准备得太晚，技巧根基又差，不拼命是绝对不行的。

他们对我期望非常高，我决不能辜负他们，而且也是自己和国家的体面，因此我得加倍用功。

八月三十一日

孩子：八月十三日自波发的第三信已经于二十三日收到。我们十六日发的（波5）一信，想你亦可收到。这时期全家都特别忙，故半个月不能给你写信。

我译的服尔德到昨夜终算完成，寄到北京去。从初译以后，至寄出为止，已改过六道，仍嫌不够古雅，十八世纪风格传达不出。

妈妈忙着杂务，搬书房、书橱，打扫，理衣服，零碎事儿简直做不完。阿敏今天已去缴费，明儿就上课了。整个暑假我没有休息，星期日上午要教恩德、阿敏国文等等，下午又有许多客人。

我今夏身心极感疲劳，腰酸得很，从椅上站起来，一下子伛着背，挺不直。比往年差多了。精神也不及从前那么不知疲倦。除了十小时半以外的经常工作，再要看书，不但时间不够，头脑也吃不消了。

你的学习情形令人大为兴奋。两天上一课，就是每周三课。别的学生是否也是如此？我猜你是因为技巧落后，他们对你特别加紧，不知是否？来信说又要表演给委员会听，别人也是的；结果如何？别人的进步与你比起来又如何？

八月二十四日聪信摘录（波4）

二十日下午我参加了演奏会，那天共有三人。我的节目很大，二个《前奏曲》，以及《练习曲》《夜曲》《诙谐曲》《玛祖卡》《摇篮曲》和《幻想曲》。除了《波洛奈兹》以外，差不多比赛的初复赛节目都全了。我的成绩，自己非常不满意，但我得到了轰动全场的成功。这种音乐会，本来是不鼓掌的；但我弹完以后，所有的听众，连教授在内，全都鼓掌。许多人要我签名，许多人吻我，一个老头儿的胡子刮得我怪疼的。“好啊！真棒！了不起的艺术家！……”霍夫曼教授和我说，“在你心里有萧邦的灵魂，而波兰的钢琴家们却没有。音乐第一重要，技巧是其次的。你不是波兰人，而你的《玛祖卡》却是最好的。”我自己很不满意，因为那天我很紧张，原因是一方面好久没有上台了，尤其在这种严肃得可怕的场合；另一方面，事先我没有试一下钢琴，那是一个九尺的斯丹威，音质很好，琴键的触摸却很不平稳，踏板也很难控制。我平时练的是布吕特讷①，音质非常轻，而且总是关着琴盖练的；那天一上台，我就吓了一跳，声音大得不得了，我以为自己的触键太硬了，踏板也糊涂；我越来越慌，脚也发抖，手也发麻，感觉到血管里的血流得特别快，弹了很多夹音，许多地方也没有把我平时了解的表现出来。我的教授事后和我谈了些。他是个非常严厉的老师，总是注意到每一小节的毛病，我那天所有的毛病都未能逃过他的耳朵。他当然是鼓励我的，说我最重要的问题是

① 与斯丹威均钢琴品牌名称。

踏板，还要克服紧张，要多多上台。那天虽然紧张，我的音乐还很好，《玛祖卡》最好，我自己的结论是弹得很动人，但不完整。

还有一点我要告诉你们，就是全体都认为我有迷人的音质，最轻的时候还是很结实而富于歌唱性，最响的时候连房子都震动而一点不硬，这都是使我惊异的。

现在我觉得，萧邦在我与其说需要学，不如说需要把我心中所有的萧邦尽量发掘，尽量加以人工的琢磨。所以风格问题，我在波兰不必说四五年，就是一年，我相信可以把握得很牢固了。最主要的原因是我心中的萧邦是真的萧邦，不需要改变本质，只是加工的问题。现在我对于萧邦或一切浪漫派音乐都不担心，倒想在比赛以后，好好的学学贝多芬、巴赫、莫扎特和现代音乐。

我的教授其实是一个非常冷漠的人，并不热心，但却是最好的教授，绝无艺术家气质。他的耳朵和眼睛，有锐敏的观察力，对于学生演奏的一点一滴，都注意得清清楚楚。他对于我所以特别适合，因为他很少有热情的时候，很少欣赏到别人演奏中的气质、精神，总是注意小地方和曲子的结构、比例等等。他是完完全全的理智，而不是热情。我有足够的热情，不需要一个太热情的教授来把我捧得忘乎所以，却需要一个教授时时刻刻来加强我的理智。

我现在整个的心、灵魂都在音乐里。他们（同学）有时竟把我从琴上拖下来。真是，只有音乐使我感到无上的幸福，一种创造的幸福。我一个人清静的工作时，才是最愉快的时候。我怕任何人来扰乱我。我需要清静，需要静静的想。音乐的环境培养了我的内心生活，而内心生活又培养了我的音乐。

九月四日

聪，亲爱的孩子：多高兴，收到你波兰第四信和许多照片，邮程只有九日，比以前更快了一天。看照片，你并不胖，是否太用功，睡眠不足？还是室内拍的照，光暗对比之下显得瘦？又是谁替你拍的？在什么地方拍的，怎么室内有两架琴？又有些背后有竞赛会的广告，是怎么回事呢？通常总该在照片反面写印日期、地方，以便他日查考。

你的“鬆”字始终写别字，记住：上面是“髟”，下面是“松”，“松”便是“鬆”字的读音，记了这点就不会写错了。要写行书，可以如此写：鬆。高字的草书是高。

还有一件要紧的小事情：信封上的字别太大，把整个封面都占满了；两次来信，一封是路名被邮票掩去一部分，一封是我的姓名被贴去一只角。因为信封上实在没有地方可贴邮票了。你看看我给你的信封上的字，就可知道怎样才合适。

你的批评精神越来越强，没有被人捧得“忘其所以”，我真快活！你说的脑与心的话，尤其使我安慰。你有这样的了解，才显出你真正的进步。一到波兰，遇到一个如此严格、冷静、着重小节和分析曲体的老师，真是太幸运了。经过他的锻炼，你除了热情澎湃以外，更有个钢铁般的骨骼，使人觉得又热烈又庄严，又有感情又有理智，给人家的力量更深更强！我祝贺你，孩子，我相信你早晚会走到这条路上：过了几年，你的修养一定能够使你的 brain［理智］与 heart［感情］保持平衡。你的性灵越发掘越深厚、越丰富，你的技巧越磨越细，两样凑在一处，必有更广大的听众与批评家会欣赏你。孩子，我真替你快活。

你此次上台紧张，据我分析，还不在于场面太严肃——去年在罗京比赛不是一样严肃得可怕吗？主要是没先试琴，一上去听见 tone［声音］大，已自吓了一跳；touch［触键］不平均，又吓了一跳；pedal［踏板］不好，再吓了一跳。这三个刺激是你二十日上台紧张的最大原因。你说是不是？所以今后你切须牢记，除非是上台比赛，谁也不能先去摸琴，否则无论在私人家或在同学演奏会中，都得先试试 touch［触键］与 pedal［踏板］。我相信下一回你决不会再 nervous［紧张］的。

大家对你的欣赏，妈妈一边念信一边直淌眼泪。你瞧，孩子，你的成功给我们多大的欢乐！而你的自我批评更使我们喜悦得无可形容。

要是你看我的信，总觉得有教训意味，仿佛父亲老做牧师似的；或者我的一套言论，你从小听得太熟，耳朵起了茧；那么希望你从感情出发，体会我的苦心；同时更要想到：只要是真理，是真切的教训，不管出之于父母或朋友之口，出之于熟人生人，都得接受。别因为是听腻了的，无动于衷，当做耳边风！你别忘了：你从小到现在的家庭背景，不但在中国独一无二，便是在世界上也很少很少。哪个人教育一个年轻的艺术学生，除了艺术以外，再加上这么多的道德的？我完全信任你，我多少年来播的种子，必有一日在你身上开花结果——我指的是一个德艺俱备、人格卓越的艺术家！

你的随和脾气多少得改掉一些。对外国人比较容易，有时不妨直说：我有事，或者：我要写家信。艺术家特别需要冥思默想。老在人堆里（你自己已经心烦了），会缺少反省的机会；思想、感觉、感情也不能好好的整理、归纳。

Krakow［克拉可夫］是一个古城，古色古香的街道，教堂，桥，都是耐人寻味的。清早，黄昏，深夜，在这种地方徘徊必另有一番感触，足以做你诗情画意的材料。我从前住在法国内地一个古城里，叫做 Peitier［博济哀］，十三世纪的古城，那种古文化的气息至今不忘，而且常常梦见在那儿踯躅。北欧哥特式（Gothique）建筑，Krakow 一定不少，也是有特殊风格的。我恨不得飞到你身畔，和你一同赏玩呢！倘有什么风景片（那到处都有卖，很便宜的），不妨写上地名，作明信片寄来。

还有，你现在练新曲子，是否开始仍旧很慢的练？如 *Fantansy*［《幻想曲》］，是否仍每天慢练几遍？这是为了恩德作参考，同时也为了要知道手放松后，technic［技巧］的保持是否仍须常常慢练才行？这次的 *Scherzo*［《诙谐曲》］你写的是 Op. 36［作品三十六号］，大概是作品三十九号之误吧？应该是第二支 *Scherzo* 吧？*Polonaise*［《波洛奈兹》］是否尚未练熟？以后的 *Concerto*［《协奏曲》］预备练那一支早先练过的，还是另外一支？

以后听到别的同学弹奏，希望能来信告诉你的意见和感想。我对音乐上的事太感兴趣了。

九月十二日聪信摘录（波 5）

来信问的慢练问题，其实也很难说，因为钢琴家的学派太多了。我现在仍旧是慢练的，但要注意慢而放松。事实上要求得精确的技巧，非慢练是不行的。我感触最深的，是每一个难题都要有特殊的方法去练习；许多技巧问题无法解决，是由于不知如何练习，所以好教授实在太重要了。谈到音乐，更不用说了，不碰到大教授，是不知道天高地厚的。国内的水准，真是从何谈起。

最近我主要是在练协奏曲，真不容易。萧邦的协奏曲看看容易，越练越难，最难的是难在精确，尤其是某些极快的段落，技巧的放松不过是解决了基本问题，照样得下功夫苦练。

九月二十一日晨

十二日信上所写的是你在国外的第一个低潮。这些味道我都尝过。孩子，耐着性子，消沉的时间，无论谁都不时要遇到，但很快会过去的。游子思乡的味道你以后常常会有呢。

你说起讲英文的人少，不知你跟教授 Drzewiecki［杰维茨基］是讲什么话的？还有这 DRZ 三个开头的字母念成什么音？整个字应如何读，望告知。来信只说学校没开学，却没说起什么时候开学？住在音乐院，吃得如何？病了有人来问没有？看医生没有？平时饮食寒暖务必小心，我们不在你身边，你得多管管自己才好！加衣进食等等，切不能偷懒马虎！我们的心老挂在你身上，每隔十天总等着信了。这一回就是天天等来信，唯恐我们的信才寄就收到来信，错过了头；所以直耽到今日才提笔。其实从十日起就想写了。

(……)

昨天还有一件事，使我去开了一次会：华东美协为黄宾虹办了一个个人展览会，昨日下午举行开幕式，兼带座谈。我去了，画是非常好。一百多件近作，虽然色调浓黑，但是浑厚深沉得很，而且好些作品远看很细致，近看则笔头仍很粗。这种技术才是上品！我被赖少其（美协主席）逼得没法，座谈会上也讲了话。大概是：（1）西画与中画，近代已发展到同一条路上；（2）中画家的技术根基应向西画家学，如写生、写石膏等等；（3）中西画家应互相观摩、学习；

黄宾虹题赠傅雷画作（一九五四年十一月）

（4）任何部门的艺术家都应对旁的艺术感到兴趣。发言的人一大半是颂扬作者，我觉得这不是座谈的意义。颂扬话太多了，听来真讨厌。

开会之前，昨天上午八点半，黄老先生就来我家。昨天在会场中遇见许多国画界的老朋友，如贺天健、刘海粟等，他们都说：黄先生常常向他们提到我，认为我是他平生一大知己。

因为你好久没接到我们的信，所以先把此信急急收场，寄出去。

这几日我又重伤风，不舒服得很。新开始的“巴尔扎克”，一天只能译二三页，真是蜗牛爬山！你别把“比赛”太放在心上。得失成败尽量置之度外，只求竭尽所能，无愧于心；效果反而好，精神上平日也可减少负担，上台也不至紧张。千万千万！

另外一点，你的手，特别是左手常常有“塌”下去的倾向，教授纠正没有？他是否特别注意手的姿势好看不好看？你 tone［音质］的问题是否十之八九业已解决？这是恩德打听的。因夏先生极重视手的好看问题，以为弹琴的手应如跳舞的姿势一样。我个人是不赞成此说。所以要得到一些你的学校经验作参考。

另外，夏先生一定要学生的大拇指不用时屈在掌心下，要用到时再伸出来。我觉得这也极不自然。你以为如何？

十月十二日聪信摘录

关于来信述及某先生极注意手的好看问题。我在这儿还从来没听说过。大拇指必须屈在掌心下，我也觉得甚为荒谬。据我到目前为止的经验，技巧没有什么必定的规则，只要是自然的、放松的都行。技巧不是为技巧，技巧是服从音乐内容的，内容对了，就对了，每一个人都有他不同的心理、心理状态，怎么可能千篇一律的死定出任何规律呢？每个人都该寻找对于他最自然、最放松、最舒服的方法。先生只是帮助他寻找而已。至少我现在的先生是这样的。

我上课大半是上音乐的课，只是碰到技巧难题时，才教我练习的方法，并没有专门练练习曲。但音乐的课，决非一个一个小节的教，那简直是荒谬，除非学生真是废料；若是需要一个一个小节教的学生，还是趁早停学的好。音乐永远是个整体，而非一个一个的音符。这个轻些，那个响些，这样教出来的音乐，是数学，是死的公式，真正所谓“形式主义”。当然仔细是应该非常仔细的。

我每一次上课总学到很多东西，但都不是死东西。另一方面，说句老实话，冤枉气有时难免得受一些；有时两次课他会教你两种截然不同的弹法，弄得你莫名其妙。其实这也很容易想通，因为教授也是人，不免有时过分一些（尤其是为了纠正过去的错误），到下回又发现学生跑得太过了，又要拉你回来。他常常记不起上次的事，你要辩也无从辩起。说到脾气，我不得不说，杰维茨基教授的脾气实在算是大的了，但是我们做学生的却从来没有因此而抱怨。做学生的，应该尽量了解先生。谦虚是很重要的，要学习非谦虚不可，谦虚才是聪明人。

真正的艺术家必须是有创造性的艺术家，真正的演奏家也必须是有创造性的演奏家。

九月二十一日*

亲爱的聪：我差不多无时无刻不在念着你！这次的信隔了二十天才收到。知道你病了几天，做妈妈的更心痛了，我不能照顾你，真有些难受。望你自己格外保重，为了我们，也要特别当心。只身在外，言语隔膜，相当孤寂，那是一定的，好在你有音乐陶醉，尤其还有那个艰难的任务，需要你努力，需要你完成。不过练琴也要有个节制、计算，第一不要妨碍你的健康为上。

想到自己的儿子，我也想到年老白发的母亲，最近阿敏搬三楼，我已把你外婆接来了，她老态龙钟，知觉迟钝，很是可怜。

九月二十一日

烦闷时，可独自上街走走，看看古教堂、古建筑，或是到郊外散散步。多接近大自然，精神即会松动。

九月二十二日聪信摘录（波6）

前一星期听到一个音乐会，是苏联来的指挥拉什利纳及小提琴家瓦尔曼，演奏巴赫《帕萨利亚》、李斯特《塔索的悲伤和胜利》和柴可夫斯基的《小提琴协奏曲》。演奏的真是令人心醉。乐队是克拉可夫的交响乐队。最精彩的是指挥拉什利纳；在我听到的指挥中，他是最使我感动的：那么细致，那么沉着，气魄那么雄伟。巴赫的演奏尤其精彩，是真正高贵的巴赫。小提琴家瓦尔曼是继科冈以后的一次布鲁塞尔比赛的第一名，音质、技巧、音乐不消说都是第一流的。

教授已从山上回来，我已经上过一课了。他们的上课都是不定期的，每次在隔天用电话通知，每三天四天二天不等。我每两天上一次课，倒也不是特殊情况，他们都是这样的，其实我也不是固定的，也是随时变动的。

十月二日

聪，亲爱的孩子：收到九月二十二日晚发的第六信，很高兴。我们并没为你前信感到什么烦恼或是不安。我在第八信中还对你预告，这种精神消沉的情形，以后还是会有的。我是过来人，决不至于大惊小怪。你也不必为此担心，更不必硬压在肚里不告诉我们。心中的苦闷不在家信中发泄，又哪里去发泄呢？孩子不向父母诉苦向谁诉呢？我们不来安慰你，又该谁来安慰你呢？人一辈子都在高潮低潮中浮沉，唯有庸碌的人，生活才如死水一般；或者要有极高的修养，方能廓然无累，真正的解脱。只要高潮不过分使你紧张，低潮不过分使你颓废，就好了。太阳太强烈，会把五谷晒焦；雨水太猛，也会淹死庄稼。我们只求心理相当平衡，不至于受伤而已。你也不是栽了筋斗爬不起来的人。我预料国外这几年，对你整个的人也有很大的帮助。这次来信所说的痛苦，我都理会得；我很同情，我愿意尽量安慰你、鼓励你。克利斯朵夫不是经过多少回这种情形吗？他不是一切艺术家的缩影与结晶吗？慢慢的你会养成另外一种心情对付过去的事：就是能够想到而不再惊心动魄，能够从客观的立场分析前因后果，做将来的借鉴，以免重蹈覆辙。一个人唯有敢于正视现实，正视错误，用理智分析，彻底感悟，终不至于被回忆侵蚀。我相信你逐渐会学会这一套，越来越坚强的。我以前在信中和你提过感情的 ruin［创伤，覆灭］，就是要你把这些事当做心灵的灰烬看，看的时候当然不免感触万端，但不要刻骨铭心的伤害自己，而要像对着古战场一般的存着凭吊的心怀。倘若你认为这些话是对的，对你有些启发作用，那么将来在遇到因回忆而痛苦的时候（那一定免不了会再来的），拿出这封信来重读几遍。

说到音乐的内容，非大家指导见不到高天厚地的话，我也有另外的感触，就是学生本人先要具备条件：心中没有的人，再经名师指点也是枉然的。

十月十二日聪信摘录（波 7）

我近来心情平静，就是总有点急，技巧究竟赶不上音乐。目前我的技巧，在国内也许不算差了，但在这儿，周围全是第一流的技巧，怎么不使我自惭形秽呢！

二十日下午我参加了演奏会，一共三人。第一个安杰伊·恰伊科夫斯基，是一个犹太人，一个天才作曲家兼钢琴家，今年只有十八岁，是拉扎尔·莱维的学生。（听说莱维是法国最好的教授，霍洛维茨，迪努·利帕尔蒂——罗马尼亚最好的钢琴家，很年轻就死了，——都是他的学生。）他是一个天生的现代音乐演奏家，弹普罗科菲耶夫和拉威尔真是绝妙。但他是属于冷漠、理智一型的钢琴家，他弹的萧邦并不好，气质太沉闷。他是波兰钢琴家中的最大天才。

第二个是利迪娅·格蕾赫托芙拉（她是去年来中国的），也算是这儿比较好的，有极好的技巧，属于大天才而无大艺术家心灵的一型。

这儿有比杰维茨基教授艺术家得多的教授，但好钢琴家却不是好教授，如什皮纳尔斯基（帕德雷夫斯基的学生。第一次萧邦竞赛的第二名；第一名是奥勃林），查索罗夫人（埃贡·彼得里的学生）等，都是很好的钢琴家，但以教授而论，却不如杰维茨基多了。就是有一点，和杰维茨基在一起，很少感到人情味；而他们却是那么可爱，另有一种鼓舞学生的力量。

十月二十二日晨

从胡尚宗家回来，就看到你的信与照片，今晨又收到大照片二张。

(……)

你的比赛问题固然是重负，但无论如何要做一番思想准备。只要尽量以得失置之度外，就能心平气和，精神肉体完全放松，只有如此才能希望有好成绩。这种修养趁现在做起还来得及，倘若能常常想到“文章千古事，得失寸心知”的名句，你一定会精神上放松得多。惟如此才能避免过度的劳顿与疲乏的感觉。最磨折人的不是脑力劳动，也不是体力劳动（那种疲乏很容易消除，休息一下就能恢复精力），而是操心（worry）！孩子，千万听我的话。

下功夫叫自己心理上松动，包管你有好成绩。紧张对什么事都有弊无利。从现在起，到比赛，还有三个多月，只要凭“愚公移山”的意志，存着“我尽我心”的观念；一紧张就马上叫自己宽弛，对付你的精神要像对付你的手与指一样，时时刻刻注意放松，我保证你明年会成功。这个心理卫生的功夫对你比练琴更重要，因为练琴的成绩以心理的状态为基础，为主要条件！你要我们少为你操心，也只有尽量叫你放松。这些话你听了一定赞成，也一定早想到的，但要紧的是实地做去，而且也要跟自己斗争；斗争的方式当然不是紧张，而是冲淡，而是多想想人生问题，宇宙问题，把个人看得渺小一些，那么自然会减少患得患失之心，结果身心反而舒泰，工作反而顺利！下次信来，希望你报告我们，在这方面努力的结果如何。

(……)

我跟妈妈常梦见你回来，清清楚楚知道你只回来一两天，有一次我梦中还问你，能不能把萧邦的 *Fantasy*［《幻想曲》］弹一遍给我听，“一定大不相同”，我说。

十月二十二日晨

你来信鼓励敏立即停学。我的意思是问题不简单。第一，在家不能单学小提琴，他的语文根底太差。我自己太忙，不能兼顾；要请好教员，大家又忙得要命，再无时间精力出来教课。其他如文史常识也缺乏适当的人教。第二，他自此为止在提琴方面的表现只能说中等；在家专学二三年后是否有发展可能毫无把握。第三，倘要为将来学乐理作准备，则更需要学钢琴，而照我们的学理论的标准，此方面的程度也要和顾圣婴、李名强差不多。此事更难，他年龄已大，目前又有新旧方法两派，既知道了新的，再从旧方法开场，心里有些不乐意。学新方法只有一个夏国琼能教，而这样一个初学的人是否值得去麻烦她呢？敏的看谱能力不强，夜长梦多，对钢琴，更渺茫。第四，截止目前为止，敏根底最好的还是自然科学与数学，至少这是在学校里有系统的训练的；不比语文、文史的教学毫无方法。倘等高中毕业以后再酌量情形决定，则进退自如。倘目前即辍学，假如过了两年，提琴无甚希望，再要回头重读正规学校，困难就多了。我对现在的学校教育当然有很多地方不满，但别无更好的方案可以代替学校教育。你学了二三个月琴，就有显著的特点，所以雷伯伯①，李阿姨②也热心。而且你的时代还能请到好教员补英文国文。敏本身的资质不及你，环境也不及你的好，而且年龄也大了，我不能对他如法炮制。不知你看

---

① 雷垣，傅雷上海大同附中的同学，傅聪钢琴启蒙老师。

② 李惠芳，著名男低音歌唱家斯义桂的夫人，傅聪的第二位钢琴老师。傅聪忆及自己儿时学琴的老师，称李惠芳自由开放的教学方式对他影响最大。

了我这些分析觉得怎样？

即使我们的目的并不在于训练一个演奏人才，但到乐队去当一个普通的小提琴手，也不是容易的事。

又及

十一月十七日午

从十月二十一日接到你波兰第七信到现在，已有二十七天，算是隔得最长久的一次得不到你消息。所担心的是你身体怎样，无论如何忙，总不至于四星期不写信吧？你到波以后常常提到精神极度疲乏，除了工作的"时间"以外，更重要的恐怕还是工作时"消耗精力"的问题。倘使练琴时能多抑制情感，多着重于技巧，多用理智，我相信一定可以减少疲劳。比赛距今尚有三个多月，长时期的心理紧张与感情高昂，足以影响你的成绩；千万小心，自己警惕，尽量冷静为要！我十几年前译书，有时也一边译一边感情冲动得很，后来慢慢改好了。

(……)

星期一（十五日）晚上到音乐院去听苏联钢琴专家（目前在上海教课）的个人演奏（……）从头至尾呆板，诗意极少，没有细腻柔婉之美，没有光芒四射的华彩，也没有大刀阔斧的豪气。他年纪不过三十岁，人看来温文尔雅，颇有学者风度。大概教书不会坏的。但他上课，不但第一次就要学生把曲子背出（比如今天他指定你弹三个曲子，三天后上课，就要把那三支全部背；否则他根本不给你上课），而且改正时不许看谱（当场把谱从琴上拿掉的），只许你一边背，一边改正。这种教授法，你认为怎样？我觉得不合理。（一）背谱的快慢，人各不同，与音乐才具的高低无关；背不出即不上第一课，太机械化；（二）改正不许看谱，也大可商榷；因为这种改法不够发挥 intellectual［理智的］的力量，学生必须在理智上认识错的原因与改正的道理，才谈得上“消化”“吸收”。我很想听听你的意见。

(……)

孩子，你尽管忙，家信还是要多写，即使短短几行也可以；你不知父母常常在心里惦念，沉默久了，就要怕你身体是否健康；我这一星期就是精神很不安定，虽则忙着工作，肚里老是有个疙瘩；一定要收到了你的信，才“一块石头落地”！

练琴一定要节制感情，你既然自知责任重大，就应当竭力爱惜精神。好比一个参加世运的选手，比赛以前的几个月，一定要把身心的健康保护得非常好，才能有充沛的精力出场竞赛。俗语说“养兵千日”，“养”这个字极有道理。

你收发家信也要记账，平日可以查查，有多少天不写信了。最近你是十月十二日写的信，你自己可记得吗？多少对你的爱，对你的友谊，不知如何在笔底下传达给你！孩子，我精神上永远和你在一起！

十二月十五日聪信摘录

关于苏联专家要学生第一次上课就背的问题，我问杰维茨基教授，他说吉泽金也是这样的，因为这一学派，强调训练头脑。吉泽金自己经过常年的训练，把任何复杂的怪音乐（勋伯格，斯特拉文斯基）看一遍，即能全部背出。他们认为头脑训练到极快之后，技巧的难题往往就消失了。教授告诉我说苏联极多的钢琴家都从来不练手指练习的（练习曲还是练的），都有第一流的技巧。我不敢说这究竟对不对，但我自己最近很久没有练任何练习了，而技巧却一天比一天进步。可能这种说法还是有点道理的，但重要的一定得有好先生教，随时看着，更重要的是放松！我想那位苏联专家虽然自己弹得不怎么样，教一定不会坏，苏联的学派总是很好的，弹和教本是两回事，杰维茨基教授弹起来才可怕呢！

你们要能听到我现在的音质就好了，真是太不相同了，现在的最强音和最弱音的极端也大大加强了。说萧邦不可以太强，完全是错的，说萧邦决不可以硬是对的，但强音必须圆润、洪亮。

十一月十四日聪信摘录（波8）

昨天我听到了苏联最好的钢琴家李赫特的演奏，我无法形容我心中的激动。他是一个真正的巨人，他的最强音是十二分的最强音，最弱音则是十二分的最弱音；而音质是那么的美，乐句是那么的深刻，使人感到一种不可名状的力量。而技巧，了不起的技巧！简直是鬼神的技巧！每一个音符像珍珠一般，八度音的段落像海潮一般。总而言之，我终生至此为止，包括所有的唱片和实在的人在内，从没听过这样出神入化的演奏。他弹的是柴可夫斯基的《协奏曲》。我一向不喜欢柴可夫斯基，但昨天我认识了一个新的柴可夫斯基：所有的慢奏部分是那么安详，没有一点肤浅的感伤，柴可夫斯基的《协奏曲》成了一支如此光辉灿烂的协奏曲，而那种戏剧化的力量，那开头的和弦和华彩段，真像天要垮下来一般。尤其重要的是他的音质，只使人感到巨大的力量，从无粗暴的感觉。加奏弹了一个萧邦的《第二诙谐曲》和一个李斯特的《练习曲》，也是妙极。还有一个特点，就是他的演奏有那种个性。他所有的演奏都是真正的创造，一个伟大灵魂的创造，演奏的表情也真像鬼神一般：激情的时候，他浑身都给人以激情的感觉；温柔的时候，也是浑身温柔。

今天埃娃来找我和李赫特一起去散步、喝咖啡、午餐等。我认为他不但是一个伟大的艺术家，也是一个伟大的人。

他和我谈了许多关于技巧、音乐等问题。我也开始了解为什么他能够到这种地步。他说音乐是最主要的，技巧必须从音乐里去练。他自己从开始学琴起，从没练过手指练习、音阶练习等。他说所有的困难是在于脑子：一旦你心中有了那种你所需要的效果，技巧就来了。技巧绝对不能孤立起来的，也绝对没有一定的方法，每个人都应该寻找自己的方法；你所感觉的困难，都是因为没有找到正确的方法。一切都要用脑子想，而且要非常自然、放松，切忌练习时有任何紧张和不愉快。而且练习时随时随地要浸在音乐里面，切忌单纯的练习技巧。弹最强音时，浑身都要不光是手，坐也要坐得更重，脚也要踩得更重，心里更充满了火一般的感情：这就是他的最强音显得那么雄壮宏伟的原因。最弱音也是如此，必须从头到脚都是最弱音的感觉，切忌小心翼翼，眼睛盯着手指去求最弱音。这些都是最主要的，还有许多我一时简直理不清。我回来后和波兰同学一起研究，发现他说的一切都是真理，我真快乐得疯了。

关于对音乐的诠释，他竭力主张每个人都必须弹出他真挚的感受。关于萧邦，他的见解尤其妙，说萧邦是一个特殊的作曲家，和任何作曲家不同；弹萧邦必须每次不同；每次演奏必须让灵感告诉你如何演奏。萧邦的作品是以一颗深邃的心即兴写就的。

另一方面，我也是被他的个性、人格所感动。他那么朴实、纯洁、和蔼，笑得像孩子一般，像莫扎特的音乐，对于世界、人生，有一种热望。我感到他这种内在的热望，他对什么都有兴趣，仔细的欣赏那些古建筑，看得那么出神。他爱花，他明朗得像最澄清的天空。和他在一起，我真的把什么都忘了。他有一股热力，感化周围的人。噢，一股热情，来自一颗最真挚心的热情，来自一个宁静的灵魂的热情。我真是从来没有遇见这样感动我的人。我好久没有这样激动过了。我觉得自己今天又变了，变了一个新人，认识了一个新的世界。昨天我一夜不能睡，今天大概也要如此。人的心灵竟有如此神秘莫测的力量。

十一月二十三日夜

聪，亲爱的孩子：多少天的不安，好几夜三四点醒来睡不着觉，到今日才告一段落。你的第八信和第七信相隔整整一个月零三天。我常对你妈说："只要是孩子工作忙而没写信或者是信在路上丢了，倒也罢了。我只怕他用功过度，身体不舒服，或是病倒了。"谢天谢地！你果然是为了太忙而少写信。别笑我们，尤其别笑你爸爸这么容易着急。这不是我能够克制的。天性所在，有什么办法？以后若是太忙，只要寥寥几行也可以，让我们知道你平安就好了。等到稍空时，再写长信，谈谈一切音乐和艺术的问题。

你为了俄国钢琴家①兴奋得一晚睡不着觉；我们也常常为了些特殊的事而睡不着觉。神经锐敏的血统，都是一样的；所以我常常劝你尽量节制。那钢琴家是和你同一种气质的，有些话只能加增你的偏向。比如说每次练琴都要让整个人的感情激动。我承认在某些 romantic［浪漫底克］性格，这是无可避免的；但"无可避免"并不一定

① 指苏联著名钢琴家李赫特。

就是艺术方面的理想；相反，有时反而是一个大累！为了艺术的修养，在heart［感情］过多的人还需要尽量自制。中国哲学的理想，佛教的理想，都是要能控制感情，而不是让感情控制。假如你能掀动听众的感情，使他们如醉如狂，哭笑无常，而你自己屹如泰山，像调度千军万马的大将军一样不动声色，那才是你最大的成功，才是到了艺术与人生的最高境界。你该记得贝多芬的故事，有一回他弹完了琴，看见听的人都流着泪，他哈哈大笑道："嘿！你们都是傻子。"艺术是火，艺术家是不哭的。这当然不能一蹴即成，尤其是你，但不能不把这境界作为你终生努力的目标。罗曼·罗兰心目中的大艺术家，也是这一派。

关于这一点，最近几信我常与你提到，你认为怎样？

我前晌对恩德说："音乐主要是用你的脑子，把你朦朦胧胧的感情（对每一个乐曲，每一章，每一段的感情）分辨清楚，弄明白你的感觉究竟是怎么一回事；等到你弄明白了，你的境界十分明确了，然后你的technic［技巧］自会跟踪而来的。"你听听，这话不是和Richter［李赫特］说的一模一样吗？我很高兴，我从一般艺术上了解的音乐问题，居然与专门音乐家的了解并无分别。

技巧与音乐的宾主关系，你我都是早已肯定了的；本无须逢人请教，再在你我之间讨论不完，只因为你的技巧落后，存了一个自卑感，我连带也为你操心；再加近两年来国内为什么school［学派］，什么派别，闹得惶惶然无所适从，所以不知不觉对这个问题特别重视起来。现在我深信这是一个魔障，凡是一天到晚闹技巧的，就是艺术工匠而不是艺术家。一个人跳不出这一关，一辈子也休想梦见艺术！艺术是目的，技巧是手段：老是只注意手段的人，必然会忘了他的目的。甚至一些有名的virtuoso［演奏家，演奏能手］也犯的这个毛病，不过程度高一些而已。

你到处的音乐会，据我推想，大概是各地的音乐团体或是交响乐队来邀请的，因为十一月至明年四五月是欧洲各地的音乐节。你是个中国人，能在 Chopin［萧邦］的故国弹好 Chopin，所以他们更想要你去表演。你说我猜得对不对？

昨晚陪你妈妈去看了昆剧：比从前差多了。好几出戏都被“戏改会”改得俗滥，带着绍兴戏的浅薄的感伤味儿和骗人眼目的花花绿绿的行头。还有是太卖弄技巧（武生）。陈西禾也大为感慨，说这个才是“纯技术观点”。其实这种古董只是音乐博物馆与戏剧博物馆里的东西，非但不能改，而且不需要改。它只能给后人作参考，本身已没有前途，改它干吗？改得好也没意思，何况是改得“点金成铁”！

爸爸 十一月二十三日夜

孩子，接到你的信，兴奋非凡，那种激动，是无法形容的，我甚至滚下泪来，你的进步，就是我们的光荣！我在这里默祷你的身心康健，但愿你多写信来，让我们同乐！

妈妈 附笔

十二月十五日聪信摘录（波9）

最近我真是用功，但着实有成绩，你们现在要能听到我的话，一定会高兴。我的《玛祖卡》，波兰人简直认为不可置信，说我的萧邦比所有波兰钢琴家（准备比赛的）更波兰。真的，我有了极大的进步，技巧方面也是如此，最强音和最弱音的极端大大加强了。

我现在能弹许多从前不敢碰的东西，这几天正在练贝多芬的《第四钢琴协奏曲》，只练了一天就上课，而且是三个乐章，连同华彩段，技巧从头到尾已经很像样了。杰维茨基教授大为惊异，他说我一定可以把这个协奏曲弹得极好。以目前我的技巧，这一支协奏曲已经比从前弹的《第五“皇帝”钢琴协奏曲》好得多了。

萧邦大部分都已没有问题了，现在我正大量的练《玛祖卡》，准备比赛时弹最难的。已经弹了几支最难的，如作品五十九号之一、之二、之三，作品五十六号之二、之三，作品五十号之三等。

我的踩踏板技巧好多了，甚至有几次音乐会后，某些钢琴家特别称赞我的踩踏板技巧以及我的音色变化。

我练习的东西都是很难的，《波洛奈兹－幻想曲》《练习曲》《夜曲》（作品四十八号，这是《夜曲》中音乐上最难的一支）。《练习曲》正练作品十号之二、之三、之十、之十一。其中许多技巧，都是我从前不敢想的，现在却能驾驭自如，譬如作品十号之二、之十和之十一，技巧都是非常别扭的，而我现在却能弹急板的速度。

近来我非常快乐，虽然工作是那么忙累，因为自己眼看到一天比一天进步。开音乐会的日子，我总是从九点到下午三点练琴，然后中饭，睡两小时，七点或七点半音乐会，大概十点结束，再练琴两小时，到十二点回旅馆吃晚饭，然后睡觉。我上台绝对不紧张了，越是盛大的音乐会，情绪越好，没有听众我是不能演奏的（正和大部分的钢琴家相反），他们说我是天生的音乐会演奏家。

这几天正在练许多贝多芬、斯卡拉蒂等，这对于萧邦有很好的影响，在风格、技巧各方面都有帮助。我身体甚佳，精神也好，原因很简单，我越弹越好。

我每次音乐会平均收入九百兹罗提①（等于波兰一个中学教师的一月收入），旅馆饮食花去三百元左右（最好的房间，最好的饭），我现在是富翁了，他们说将来比赛以后，我将成为一个大资本家。我把大使馆给我的钱都还了。我现在能讲一点波兰话了。开音乐会时常飞来飞去的，又便宜，又舒适。

每天我吃饭时总带一本书看，王国维的《人间词话》太好了，文艺欣赏能写得如此动人，许多话真使人豁然开朗，好像认识了一个新的世界，而每次重读，仍然是新鲜而动人心魄的，它给了我多少启发和灵感。

诗词常在手边，我越读越爱它们，也越爱自己的祖国，自己的民族，中国的文明。那种境界，我没法在其他欧洲的艺术里面找到。中国人的浪漫，如李白、苏东坡、辛弃疾那种洒脱、飘逸，后主、纳兰那种真诚沉痛，秦观、欧阳的柔媚、含蓄、婉转等等。

我说应该让学艺术的人都熟读《人间词话》，那里面深刻的教训，高超的见解太多了。读这样一本文艺批评，就像是受了一次深刻的艺术家的修养和人格的教育。

我看到很多欧洲的大建筑，总觉得它们是神秘而可怕的，或者是美丽的，但从来没有像我回想到北京的伟大、美丽的时候那种感情，那种“大”的感觉，使我以作为一个中国人而骄傲。

很多波兰人说我非常爱国，当然有些实际的事情无形中使他们有了深刻的印象。他们说：假如中国人每人都像你一样爱国的话，那中国这民族太伟大了，真是不可战胜的了。

波兰文化部长听了我的音乐会，对我们的大使说：“你们中国人

---

① 当时的波兰货币名称。

将来在任何一方面都要占先的。”

十二月二十七日

亲爱的孩子：十八日收到节目单、招贴、照片及杰老师的信，昨天（二十六日）又收到你的长信（这是你第九封），好消息太多了，简直来不及，不知欢喜了哪一样好！妈妈老说：“想起了小团，心里就快活！”好孩子，你太使人兴奋了。

一天练出一个 concerto［协奏曲］的三个乐章带 cadenza［华彩段］，你的 technic［技巧］和了解，真可以说是惊人。你上台的日子还要练足八小时以上的琴，也叫人佩服你的毅力。孩子，你真有这个劲儿，大家说还是像我，我听了好不 flattered［受宠若惊］！不过身体还得保重，别为了多争半小时一小时，而弄得筋疲力尽。从现在起，你尤其要保养得好，不能太累，休息要充分，常常保持 fresh［饱满］的精神。好比参加世运的选手，离上场的日期愈近，身心愈要调养得健康，精神饱满比什么都重要。所谓 The first prize is always “luck”［第一名总是“碰运气的”］这句话，一部分也是这个道理。目前你的比赛节目既然差不多了，technic［技巧］，pedal［踏板］也解决了，那更不必过分拖累身子！再加一个半月的琢磨，自然还会百尺竿头，更进一步；你不用急，不但你有信心，老师也有信心，我们大家都有信心：主要仍在于心理修养，精神修养，存了“得失置之度外”、“胜败兵家之常”那样无挂无碍的心，包你没有问题的。第一，饮食寒暖要极小心，一点儿差池不得。比赛以前，连小伤风都不让它有，那就行了。

到波兰五个月，有这样的进步，恐怕你自己也有些出乎意外吧。

李先生今年一月初说你：gains come with maturity［因日渐成熟而有所进步］，真对。勃隆斯丹过去那样赏识你，也大有先见之明。还是我做父亲的比谁都保留，其实我也是 expect the worst，hope for the best［作最坏的打算，抱最高的希望］。我是你的舵工，责任最重大；从你小时候起，我都怕好话把你宠坏了。现在你到了这地步，样样自己都把握得住，我当然不再顾忌，要跟你说：我真高兴，真骄傲！中国人气质，中国人灵魂，在你身上和我一样强，我也大为高兴。

还要打听你一件事：上次匈牙利小提琴家（音乐院院长）演奏，从头至尾都是拿出谱来拉的；我从前在欧洲从未见过，便是学生登台也没有这样的事；不知你在波兰见过这等例子吗？不妨问问人家。我个人总觉得“差些劲”。周伯伯前晌谈到朗读诗歌，说有人看了原文念，那是念不好的；一定要背，感情才浑成。我觉得这话很有见地。诗歌朗诵尚且如此，何况弹琴、拉琴！我自己教恩德念诗，也有这经验。凡是空口背而念的，比看着原作念的，精神更一贯，情绪更丰富。

(……)

你现在手头没有散文的书（指古文），《世说新语》大可一读。日本人几百年来都把它当做枕中秘宝。我常常缅怀两晋六朝的文采风流，认为是中国文化的一个高峰。

《人间词话》，青年们读得懂的太少了；肚里要不是先有上百首诗，几十首词，读此书也就无用。再说，目前的看法，王国维是“唯心”的；在此俞平伯“大吃生活”[①] 之际，王国维也是受批判的对象。其实，唯心唯物不过是一物之两面，何必这样死拘！我个人认为

---

① 上海话“大吃生活”即受大批判之意。

中国有史以来，《人间词话》是最好的文学批评。开发性灵，此书等于一把金钥匙。一个人没有性灵，光谈理论，其不成为现代学究、当世腐儒、八股专家也鲜矣！为学最重要的是“通”，通才能不拘泥，不迂腐，不酸，不八股；“通”才能培养气节、胸襟、目光；“通”才能成为“大”，不大不博，便有坐井观天的危险。我始终认为弄学问也好，弄艺术也好，顶要紧是humain①，要把一个“人”尽量发展，没成为某某家某某家以前，先要学做人；否则那种某某家无论如何高明也不会对人类有多大贡献。这套话你从小听腻了，再听一遍恐怕更觉得烦了。

(……)

妈妈说你的信好像满纸都是sparkling［光芒四射，耀眼生辉］。当然你浑身都是青春的火花，青春的鲜艳，青春的生命、才华，自然写出来的有那么大的吸引力了。我和妈妈常说，这是你一生之中的黄金时代，希望你好好的享受、体验，给你一辈子做个最精彩的回忆的底子！眼看自己一天天的长大成熟，进步，了解的东西一天天的加多，精神领域一天天的加阔，胸襟一天天的宽大，感情一天天的丰满深刻：这不是人生最美满的幸福是什么！这不是最隽永最迷人的诗歌是什么！孩子，你好福气！

---

① 法文字，即英文的human，意为“人”。

杰维茨基指导傅聪练琴

傅聪在波兰华沙为比赛做准备（一九五四年）

一九五五年一月十六日聪信摘录

演奏室内乐，据我所见所知，是看谱的，因为钢琴和小提琴并重。但若是钢琴伴奏，小提琴独奏，那么，拉提琴的是不看谱的。我还听说室内乐不看谱是不对的呢。我想，要就是钢琴和小提琴都背谱，否则还是双方都看谱；不应该让人感到一个是独奏，一个是伴奏，而应该让人感到是两人合奏。

十二月三十一日晚

寄你的书里，《古诗源选》《唐五代宋词选》《元明散曲选》前面都有序文，写得不坏；你可仔细看，而且要多看几遍；隔些日子温温，无形中可以增加文学史及文学体裁的学识，和外国朋友谈天，也多些材料。谈词、谈曲的序文中都提到中国固有音乐在隋唐时已衰敝，宫廷盛行外来音乐；故真正古乐府（指魏晋两汉的）如何唱法在唐时已不可知。这一点不但是历史知识，而且与我们将来创作音乐也有关系。换句话说，非但现时不知唐宋人如何唱诗、唱词，即使知道了也不能说那便是中国本土的唱法。至于龙沐勋氏在序中说“唐宋人唱诗唱词，中间常加‘泛音’，这是不应该的”（大意如此）；我认为正是相反；加泛音的唱才有音乐可言。后人把泛音填上实字，反而是音乐的大阻碍。昆曲之所以如此费力、做作，中国音乐被文字束缚到如此地步，都是因为古人太重文字，不大懂音乐；懂音乐的人又不是士大夫，士大夫视音乐为工匠之事，所以弄来弄去，发展不出。汉魏之时有《相和歌》，明明是 duet［二重唱］的雏形，倘能照此路演进，必然早有 polyphonic［复调］的音乐。不料《相和歌》辞不久即失传，故非但无 polyphony ［复调音乐］，连 harmony ［和声］ 也产生不出。真是太可惜了。

一九五五年

一月九日深夜

开音乐会的日子，你仍维持八小时工作；你的毅力、精神、意志，固然是惊人，值得佩服，但我们毕竟为你操心。孩子，听我们的话，不要在已经觉得疲倦的时候再 force ［勉强］ 自己。多留一分元气，在长里看还是占便宜的。尤其在比赛以前半个月，工作时间要减少一些，最要紧的是保养身心的新鲜，元气充沛，那么你的演奏也一定会更丰满，更 fresh ［清新］！

一月二十二日夜 *

亲爱的聪：差不多快一个月了。没接到你的信，天天希望有你的信，真是望眼欲穿了。最近为了爸爸跌伤了右腿，又正逢过年，里里外外把我忙得不可开交，因此也不能静下来给你写信。上星期日（十七日）中午有位老先生，是黄宾虹的老朋友，请爸爸和周伯伯（煦良）在锦江饭店吃午饭。不幸得很，他一进门（是侧门），不知里面有四五级石阶，就往下走的，眼睛忙着看什么厅什么厅的一间间餐室，脚下却不留意，以为是平地，就这么踩空了，一跤摔下去，地下是水门汀，所以一跌下去就不能动，许多人把他扶起来，痛得厉害，勉强吃了一点东西。一方面周伯伯打电话回来告诉我，把我急死了，就通知林医生[1]，等周伯伯送爸爸回来，经林医生诊断结果，真是不幸中之万幸，骨头没有跌断，伤了神经，可是也够痛苦的，自己一些也不能动弹，什么事都要人家帮忙，后来又找了一个伤科医生，诊断也是如此，贴了伤膏药，同时吃林医生给的止痛药，总算一天好似一天，到今天为止，在床上躺了一星期，痛是好多了，可是还不能行动，只能偶尔坐坐。今年天气特别冷，我就陪着他睡在书房内，开头几天，痛得不能安睡，自己又不能翻身，我一夜要起来几次，幸而有炉子，就是睡眠不足而已。现在好得多了，我也安心些了。你知道爸爸还有腰酸背痛的病，这次的到底跌得太重了，所以又引起了腰酸的病，这几天倒是腰酸重于腿痛。希望能早日恢复，否则更要心焦。

一月十六日聪信摘录（波10）

从十二月十九日克拉可夫的第一次音乐会以后，我已经又开了三次音乐会——一月八日、九日、十三日。明天到另一个城市琴斯托霍瓦去，有两个交响音乐会，我弹萧邦的协奏曲；十九日再往比斯措举行独奏会。二十日去华沙，逗留两星期，那是波兰方面最后一次集体学习，所有的波兰选手与教授都在那里，我也参加。

克拉可夫的第一次音乐会非常成功，听众热烈得如醉若狂。雷吉娜·斯曼齐安卡说："萧邦这个协奏曲在波兰是听得烂熟的了，已经引不起人们的兴趣；但是在你的演奏中，差不多每一个小节都显露出新的面貌，那么有个性而又那么萧邦。总而言之，我重新认识了一个新的萧邦《协奏曲》。"

---

① 林俊卿，傅雷夫妇挚友，著名内科大夫，声乐教育家。

克拉可夫音乐院院长鲁特科夫斯基说我的演奏和李赫特极相似，音乐像水，像江河之水，只觉得滔滔不绝的流出来，完全是自然的，而且像是没有终结的。

一位八十岁的老太太，曾经是萧邦的学生的学生，帕德雷夫斯基的好朋友，激动的跑来和我说，她多少年来以为真正的萧邦已经不为人所了解了，已经没有像她的老师和帕德雷夫斯基所表现的那种萧邦了，现在却从一个中国人身上重新感到了真正的萧邦。她说我的音质就像帕德雷夫斯基，那是不可解释的，因为每一个音符的音质里面都包含着一颗伟大的心。

真的，那么多而那么过分的称赞，使我脸红；但你们听了会高兴，所以我才写。还有很多呢，等我慢慢的想，慢慢的写。

从十二月十九日那次音乐会以后，就是圣诞节，在波兰是大节日，到处放假，我却反而郁闷。因为今天这儿，明天那儿，到处请我作客，对我真是一种磨难，又是推辞不了的。差不多两星期没有练琴，心里却着急，你们的来信使我更着急。因为其实我并没有真正进步到那个地步。我还是常有矛盾，今天发现技巧好多了，明天又是失望；当然音乐大致不会有很大的下落，但技巧，我现在真弄不明白，前些时候弹好了的，最近又不行了。

一月八日、九日两场音乐会，在克拉可夫的“文化宫”举行，节目单没有印，都是独奏会。八日成绩不甚佳，钢琴是贝希斯泰因，又小又旧。第二天换了一架斯丹威，虽不甚好，比第一次的强多了。两次音乐会，听众都非常热烈。从音乐来讲，九日成绩颇佳。

十三日的音乐会在音乐学院的音乐厅举行。那是一系列的音乐会。十日、十一日、十二日、十三日，由杰维茨基的四个学生演出。钢琴是彼德罗夫，又紧又重，音质也不好，加柔音踏板与不加柔音踏板距离极远，音乐控制极难。我对这次演出并不完全满意，但那天真是巨大的成功，因为当时的听众几乎都是“音乐家”，而且他们一连听了四天的演奏。我每一曲完了，大家都喊“再来一个”；而那种寂静也是我从来没有经历过的。音乐会完了以后，听众真是疯狂了，像潮水一般涌进来，拥抱我，吻我，让他们的泪水沾满了我的脸；许多人声音都哑了、变了，说他们一生从来没有如此感动过，甚至说：“为什么你不是一个波兰人呢?”

什托姆卡教授说：“所有的波兰钢琴家都不懂萧邦，唯有你这个中国人感受到了萧邦。”

上届萧邦竞赛的第一奖斯坦番斯卡说，若是上回比赛有我参加，她就根本不参加了。她说《诙谐曲》《摇篮曲》《玛祖卡》从来没听到这样动人的演奏：“……对我来讲，你是一个远比李赫特更为了不起的钢琴家。”又说：“……你比所有参赛的波兰钢琴家在音乐上要年长三十岁……你的技巧并非了不起，但是你坚强的意志使得所有超越你技巧的部分照样顺利而过。”她说我的音色变化是一种不可学的天赋，萧邦所特有的，那种忽明忽暗，那种细腻到极点的心理变化。她觉得我的《夜曲》的结尾真像一个最纯洁最温柔的笑容；而 a 小调《玛祖卡》（作品五十九号）却又是多么凄凉的笑容。这些话使我非常感动，表示她多么真切的了解我；至少没有一个人曾经像她这样，对我用言语来说出我心中最微妙的感受。她说：“这种天赋很难说来自何方，多半是来自心灵的纯洁；唯有这样纯洁到像明镜般的心灵才会给艺术家这种情感，这种激情。”

这儿，她的话不正是王国维的话吗：“词人者，不失其赤子之心者也。”

关于成功，我不愿再写了，真是太多了，若是一个自己不了解自己的人，那是够危险的；但我很明白自己，总感到悲哀，因为没有做到十全十美的地步；也许我永远不可能十全十美。李赫特曾经和我说，真正的艺术家永远不会完美，完美永远不是艺术；这话有些道理。

对于比赛，我只抱着竭尽所能的心。我的确有非常特殊的长处，但可能并不适宜于比赛。比赛要求的是完美，比赛往往造就的是钢琴家，而不是艺术家。

不管这些罢，我是又矛盾又快乐的。最近的音乐会格外使我感动，看到自己竟有那么大的力量使人们如醉如痴，而且都是“音乐家”，都是波兰人！我感到的是一种真正的欢乐，也许一个作曲家创作的时候，感到的也是这种欢乐吧！

我现在还看到听众的泪水，发亮的眼睛，涨红的脸，听到他们的喘息，急促的心跳，嘶哽的声音，感觉到他们滚烫的手和脸颊；在他们拥抱我的一刹那，我的心顿时和他们的心交融了！

从波兹南寄来一个女孩子写的信，说：“以前我从来不大想起中国的，中国是太远太远了，跟我有什么关系呢？但听到了你的独奏会以后，你和中国成了我整天思念的题目了。从你的对萧邦深刻而非凡的理解，我感到有一个伟大的，有着古老文明的民族在你的心灵里。”能够使人家对我最爱的祖国产生这种景仰之情，我真觉得幸福。

一月二十六日

亲爱的孩子：元旦一手扶杖，一手搭在妈妈肩上，试了半步，勉强可走，这两日也就半坐半卧。但和残废一样，事事要人服侍，单独还是一步行不得。大概再要养息一星期方能照常。

早预算新年中必可接到你的信，我们都当做等待什么礼物一般的等着。果然昨天早上收到你（波10）来信，而且是多少可喜的消息。孩子！要是我们在会场上，一定会禁不住涕泗横流的。世界上最高的最纯洁的欢乐，莫过于欣赏艺术，更莫过于欣赏自己的孩子的手和心传达出来的艺术！其次，我们也因为你替祖国增光而快乐！更因为你能借音乐而使多少人欢笑而快乐！想到你将来一定有更大的成就，没有止境的进步，为更多的人更广大的群众服务，鼓舞他们的心情，抚慰他们的创痛，我们真是心都要跳出来了！能够把不朽的大师的不朽的作品发扬光大，传布到地球上每一个角落去，真是多神圣、多光荣的使命！孩子，你太幸福了，天待你太厚了。我更高兴的更安慰的是：多少过分的谀词与夸奖，都没有使你丧失自知之明，众人的掌声、拥抱，名流的赞美，都没有减少你对艺术的谦卑！总算我的教育没有白费，你二十年的折磨没有白受！你能坚强（不为胜利冲昏了头脑是坚强的最好的证据），只要你能坚强，我就一辈子放了心！成就的大小、高低，是不在我们掌握之内的，一半靠人力，一半靠天赋，但只要坚强，就不怕失败，不怕挫折，不怕打击——不管是人事上的，生活上的，技术上的，学习上的——打击；从此以后你可以孤军奋斗了。何况事实上有多少良师益友在周围帮助你，扶掖你。还加上古今的名著，时时刻刻给你精神上的养料！孩子，从今以后，你永远不会孤独的了，即使孤独也不怕的了！

赤子之心这句话，我也一直记住的。赤子便是不知道孤独的。赤子孤独了，会创造一个世界，创造许多心灵的朋友！永远保持赤子之心，到老也不会落伍，永远能够与普天下的赤子之心相接相契相抱！你那位朋友说得不错，艺术表现的动人，一定是从心灵的纯洁来的！不是纯洁到像明镜一般，怎能体会到前人的心灵？怎能打动听众的心灵？

斯曼齐安卡说的萧邦协奏曲的话，使我想起前二信你说 Richter［李赫特］弹柴可夫斯基的协奏曲的话。一切真实的成就，必有人真正的赏识。

音乐院院长说你的演奏像流水、像河；更令我想到克利斯朵夫的象征。天舅舅说你小时候常以克利斯朵夫自命；而你的个性居然和罗曼·罗兰的理想有些相像了。河，莱茵，江声浩荡……钟声复起，天已黎明……中国正到了“复旦”的黎明时期，但愿你做中国的——新中国的——钟声，响遍世界，响遍每个人的心！滔滔不竭的流水，流到每个人的心坎里去，把大家都带着，跟你一块到无边无岸的音响的海洋中去吧！名闻世界的扬子江与黄河，比莱茵的气势还要大呢！……黄河之水天上来，奔流到海不复回！……无边落木萧萧下，不尽长江滚滚来！……有这种诗人灵魂的传统的民族，应该有气吞牛斗的表现才对。

你说常在矛盾与快乐之中，但我相信艺术家没有矛盾不会进步，不会演变，不会深入。有矛盾正是生机蓬勃的明证。眼前你感到的还不过是技巧与理想的矛盾，将来你还有反复不已更大的矛盾呢：形式与内容的枘凿，自己内心的许许多多不可预料的矛盾，都在前途等着你。别担心，解决一个矛盾，便是前进一步！矛盾是解决不完的，所以艺术没有止境，没有 perfect［完美，十全十美］的一天，人生也没有 perfect 的一天！惟其如此，才需要我们日以继夜，终生的追求、苦练；要不然大家做了羲皇上人，垂手而天下治，做人也太腻了！

三月六日 *

亲爱的聪：一天不接到你的信，我们一天不得安心。在比赛期间，我们也跟着紧张；比赛以后，太兴奋了，也是不定心。于是天天伸长头颈等你的信。我们预算月底月初一定会有你的信，可是到了今天已经是六日了，还是杳无音讯。我们满怀着愉快的心情写的前后八九封信，好像石沉大海，你竟只字不回。我们做了种种，以为比赛过后你太忙了，也许紧张了一个月，身体支持不住而病了。这到底是怎么回事呢？实在弄不明白。至少马思聪先生①离开华沙的时候，你是好好的，因为他来信没有说你有什么病的情况。你是知道我们日夜关心你，尤其是爸爸，忍耐着。左等右等，等急了，只是叹气。这个不必要的给我们的磨难，真是太突兀了。爸爸说，工作对他是一种麻醉剂，可是一有空就会想到你。晚上翻来覆去的睡不着，也是想到你。因为弄不明白其中的原因而感到痛苦。孩子，你明明知道你是我们的安慰，为什么轻而易举的事，这样吝啬起来呢！我们之间是无话不谈的，你有什么意见，尽可来信商量，爸爸会深思熟虑的帮你解决问题，因为他可以冷静的客观的分析问题，对你有很大的帮助。不论在哪方面，尤其在人情上来讲。你比赛后，一定急急的要告诉我们前后的经过，这是天经地义没有问题的。怎么你会令人不解到如此地步呢！因为没有你的信，我们做什么事都没有情绪，真是说不出的忧虑！

三月二十日上午

聪，亲爱的孩子：期待了一个月的结果终于揭晓了，多少夜没有

---

① 马思聪，中国著名小提琴家、作曲家，中央音乐学院首任院长，本届萧邦钢琴比赛唯一中国评委。

好睡，十九日晚更是神思恍惚，昨（二十日）夜为了喜讯过于兴奋，我们仍没睡着。先是昨晚五点多钟，马太太从北京来长途电话；接着八时许无线电报告（仅至第五名为止），今晨报上又披露了十名的名单。难为你，亲爱的孩子！你没有辜负大家的期望，没有辜负祖国的寄托，没有辜负老师的苦心指导，同时也没辜负波兰师友及广大群众这几个月来对你的鼓励！

也许你觉得应该名次再前一些才好，告诉我，你是不是有“美中不足”之感？可是别忘了，孩子，以你离国前的根基而论，你七个月中已经作了最大的努力，这次比赛也已经 do your best [尽力而为]。不但如此，这七个月的成绩已经近乎奇迹。想不到你有这么些才华，想不到你的春天来得这么快，花开得这么美，开到世界的乐坛上放出你的异香。东方升起了一颗星，这么光明，这么纯净，这么深邃；替新中国创造了一个辉煌的世界纪录！我做父亲的一向低估了你，你把我的错误用你的才具与苦功给点破了，我真高兴，我真骄傲，能够有这么一个儿子把我错误的估计全部推翻！妈妈是对的，母性的伟大不在于理智，而在于那种直觉的感情；多少年来，她嘴上不说，心里是一向认为我低估你的能力的；如今她统统向我说明了。我承认自己的错误，但是用多么愉快的心情承认错误：这也算是一个奇迹吧？

回想到一九五三年十二月你从北京回来，我同意你去波学习，但不鼓励你参加比赛，还写信给周巍峙[1]要求不让你参加。虽说我一向低估你，但以你那个时期的学力，我的看法也并不全错。你自己也觉得即使参加，未必有什么把握。想你初到海滨时，也不见得有多大信

---

① 周巍峙，时任文化部艺术局局长。

心吧？可见这七个月的学习，上台的经验，对你的帮助简直无法形容，非但出于我们意料之外，便是你以目前和七个月以前的成绩相比，你自己也要觉得出乎意料之外，是不是？

今天清早柯子岐打电话来，代表他父亲母亲向我们道贺。子岐说：与其你光得第二，宁可你得第三，加上一个玛祖卡奖。这句话把我们心里的意思完全说中了。你自己有没有这个感想呢？

再想到一九四九年第四届比赛的时期，你流浪在昆明，那时你的生活，你的苦闷，你的渺茫的前途，跟今日之下相比，不像是做梦吧？谁想得到，一九五一年回上海时只弹“*Pathetique*” *Sonata*［《“悲怆”奏鸣曲》］还没弹好的人，五年以后会在国际乐坛的竞赛中名列第三？多少迂回的路，多少痛苦，多少失意，多少挫折，换来你今日的成功！可见为了获得更大的成功，只有加倍努力，同时也得期待别的迂回，别的挫折。我时时刻刻要提醒你，想着过去的艰难，让你以后遇到困难的时候更有勇气去克服，不至于失掉信心！人生本是没穷尽没终点的马拉松赛跑，你的路程还长得很呢：这不过是一个光辉的开场。

回过来说：我过去对你的低估，在某些方面对你也许有不良的影响，但有一点至少是对你有极大的帮助的。惟其我对你要求严格，终不至于骄纵你——你该记得罗马尼亚三奖初宣布时你的愤懑心理，可见年轻人往往容易估高自己的力量。我多少年来把你紧紧拉着，至少养成了你对艺术的严肃的观念，即使偶尔忘形，也极易拉回来。我提这些话，不是要为我过去的做法辩护，而是要趁你成功的时候特别让你提高警惕，绝对不让自满和骄傲的情绪抬头。我知道这也用不着多嘱咐，今日之下，你已经过了这一道骄傲自满的关，但我始终是中国儒家的门徒，遇到极盛的事，必定要有“如临深渊，如履薄冰”的格外郑重、危惧、戒备的感觉。

现在再谈谈实际问题：

据我们猜测，你这一回还是吃亏在 technic［技巧］，而不在于 music［音乐］；根据你技巧的根底，根据马先生到波兰后的家信，大概你在这方面还不能达到极有把握的程度。当然难怪你，过去你受的什么训练呢？七个月能有这成绩已是奇迹，如何再能苛求？你几次来信，和在节目单上的批语，常常提到“佳，但不完整”。从这句话里，我们能看出你没有列入第一二名的最大关键。大概马先生到波以后的几天，你在技巧方面又进了一步，要不然，眼前这个名次恐怕还不易保持。在你以后的法、苏、波几位竞争者，他们的技巧也许还胜过你呢？假若比赛是一九五四年夏季举行，可能你是会名落孙山的；假若你过去二三年中就受着杰维茨基教授指导，大概这一回稳是第一；即使再跟他多学半年吧，第二也该不成问题了。

告诉我，孩子，你自己有没有这种感想？

说到“不完整”，我对自己的翻译也有这样的自我批评。无论译哪一本书，总觉得不能从头至尾都好；可见任何艺术最难的是“完整”！你提到 perfection［完美］，其实 perfection 根本不存在的，整个人生、世界、宇宙，都谈不上 perfection。要就是存在于哲学家的理想和政治家的理想之中。我们一辈子的追求，有史以来多少世代的人的追求，无非是 perfection，但永远是追求不到的，因为人的理想、幻想，永无止境，所以 perfection 像水中月、镜中花，始终可望而不可即。但能在某一个阶段求得总体的“完整”或是比较的“完整”，已经很不差了。

三月二十七日夜

聪：为你参考起见，我特意从一本专论莫扎特的书里译出一段给你。另外还有罗曼·罗兰论莫扎特的文字，来不及译。不知你什么时候学莫扎特？萧邦在写作的 taste［品味，鉴赏力］方面，极注意而且极感染莫扎特的风格。刚弹完萧邦，接着研究莫扎特，我觉得精神血缘上比较相近。不妨和杰老师商量一下，你是否可在贝多芬第四弹好以后，接着上手莫扎特？等你快要动手时，先期来信，我再寄罗曼·罗兰的文字给你。

从我这次给你的译文中，我特别体会到，莫扎特的那种温柔妩媚，所以与浪漫派的温柔妩媚不同，就是在于他像天使一样的纯洁，毫无世俗的感伤或是靡靡的 sweetness［甜腻］。神明的温柔，当然与凡人的不同，就是达·芬奇与拉斐尔的圣母，那种妩媚的笑容决非尘世间所有的。能够把握到什么叫做脱尽人间烟火的温馨甘美，什么叫做天真无邪的爱娇，没有一点儿拽心，没有一点儿情欲的骚乱，那么我想表达莫扎特可以"虽不中，不远矣"。你觉得如何？往往十四五岁到十六七岁的少年，特别适应莫扎特，也是因为他们童心没有受过沾染。

将来你预备弹什么近代作家，望早些安排，早些来信；我也可以供给材料。在精神气氛方面，我还有些地方能帮你忙。

我再要和你说一遍：平日来信多谈谈音乐问题。你必有许多感想和心得，还有老师和别的教授们的意见。这儿的小朋友们一个一个都在觉醒，苦于没材料。他们常来看我，和我谈天；我当然要尽量帮助他们。你身在国外，见闻既广，自己不断的在那里进步，定有不少东西可以告诉我们。同时一个人的思想是一边写一边谈出来的，借此可以刺激头脑的敏捷性，也可以训练写作的能力与速度。此外，也有一个道义的责任，使你要尽量的把国外的思潮向我们报道。一个人对人民的服务不一定要站在大会上演讲或是做什么惊天动地的大事业，随时随地，点点滴滴的把自己知道的、想到的告诉人家，无形中就是替国家播种、施肥、垦植！孩子，你千万记住这些话，多多提笔！

四月一日晚—三日

聪：我们天天计算，假定二十二日你发信，昨天就该收到；假定二十三日发，今天也应到了。奇怪，怎么二十日给奖，你二十三日还没寄家信呢？迟迟无消息，我又要担心你不要紧张过度，身体不舒服吧？自从一月二十五日收到你第十信（你是一月十六日发的）以后，两个月零一星期，没有你只字片纸，我们却给了你七封信。(……)

我知道你忙，可是你也知道我未尝不忙，至少也和你一样忙。我近七八个月身体大衰，跌跤后已有两个半月，腿力尚未恢复，腰部酸痛更是厉害。但我仍硬撑着工作，写信，替你译莫扎特等都是拿休息时间，忍着腰痛来做的。孩子，你为什么老叫人牵肠挂肚呢？预算你的信该到的时期，一天不到，我们精神上就一天不得安定。

我们又猜想，也许马思聪先生回来，可能带信来，但他究竟何时离开华沙？假定二十五日以后离波，难道你也要到那时才给我们写信吗？照片及其他文件剪报等等，因为厚重，交马先生带当然很好，省却许多航空邮费。但报告比赛详情的信总不会那么迟才动笔吧？要说音乐会，至早也得与比赛相隔一个星期，那你也不至于比赛完了，又忙得无暇写信。那又究竟是什么道理呢？难道两个多月不写家信这件事，对你不是一件精神负担吗？难道你真的身子不舒服吗？

我们历来问你讨家信，就像讨情一般。你该了解你爸爸的脾气，别为了写信的事叫他多受屈辱，好不好？

四月一日晚

今日接马先生（三十日）来信，说你要转往苏联学习，又说已与文化部谈妥，让你先回国演奏几场；最后又提到预备叫你参加明年二月德国的Schumann［舒曼］比赛。

我认为回国一行，连同演奏，至少要花两个月；而你还要等波兰的零星音乐会结束以后方能动身。这样，前前后后要费掉三个多月。这在你学习上是极大的浪费。尤其你技巧方面还要加工，倘若再想参加明年的Schumann［舒曼］比赛，他的技巧比萧邦的更麻烦，你更需要急起直追。与其让政府花了一笔来回旅费而耽误你几个月学习，不如叫你在波兰灌好唱片（像我前信所说）寄回国内，大家都可以听到，而且是永久性的；同时也不妨碍你的学业。我们做父母的，在感情上极希望见见你，听到你这样成功的演奏，但为了你的学业，我们宁可牺牲这个福气。我已将此意写信告诉马先生，请他与文化部从长考虑。我想你对这个问题也不会不同意吧？

其次，转往苏联学习一节，你从来没和我们谈过。你去波以后我给你二十九封信，信中表现我的态度难道还使你不敢相信，什么事都可以和我细谈、细商吗？你对我一字不提，而托马先生直接向中央提出，老实说，我是很有自卑感的，因为这反映你对我还是不放心。大概我对你从小的不得当、不合理的教育，后果还没有完全消灭。你比赛以后一直没信来，大概心里又有什么疙瘩吧！马先生回来，你也没托带什么信，因此我精神上的确非常难过，觉得自己功不补过。现在谁都认为（连马先生在内）你今日的成功是我在你小时候打的基础，但事实上，谁都不再对你当前的问题再来征求我一分半分意见；是的，我承认老朽了，不能再帮助你了。

可是我还有几分自大的毛病，自以为看事情还能比你们青年看得远一些，清楚一些。同时我还有过分强的责任感，这个责任感使我忘记了自己的老朽，忘记了自己帮不了你忙而硬要帮你忙。

所以倘使下面的话使你听了不愉快，使你觉得我不了解你，不了解你学习的需要，那么请你想到上面两个理由而原谅我，请你原谅我是人，原谅我抛不开天下父母对子女的心。

一个人要做一件事，事前必须考虑周详。尤其是想改弦易辙，丢开老路，换走新路的时候，一定要把自己的理智做一个天平，把老路与新路放在两个盘里很精密的称过。现在让我来替你做一件工作，帮你把一项项的理由，放在秤盘里：

〔甲盘〕	〔乙盘〕
（一）杰老师过去对你的帮助是否不够？假如他指导得更好，你的技术是否还可以进步？	（一）苏联的教授法是否一定比杰老师的高明？技术上对你可以有更大的帮助？
（二）六个月在波兰的学习，使你得到这次比赛的成绩，你是否还不满意？	（二）假定过去六个月在苏联学，你是否觉得这次的成绩可以更好？名次更前？
（三）波兰得第一名的，也是杰老师的学生，他得第一的原因何在？	（三）苏联得第二名的，为什么只得一个第二？

（四）技术训练的方法，波兰派是否有毛病，或者不完全？	（四）技术训练的方法，在苏联是否一定胜过任何国家？
（五）技术是否要靠时间慢慢的提高？	（五）苏联是否有比较快的方法提高？
（六）除了萧邦以外，对别的作家的了解，波兰的教师是否不大使你佩服？	（六）对别的作家的了解，是否苏联比别国也高明得多？
（七）去年八月周小燕在波兰知道杰老师为了要教你，特意训练他的英语，这点你知道吗？	（七）苏联教授是否比杰老师还要热烈？

〔一般性的〕

（八）以你个人而论，是否换一个技术训练的方法，一定还能有更大的进步？所以对第（二）项要特别注意，你是否觉得以你六个月的努力，倘有更好的方法教你，你是否技术上可以和别人并驾齐驱，或是更接近？

（九）以学习 Schumann［舒曼］而论，是否苏联也有特殊优越的条件？

（十）过去你盛称杰老师教古典与近代作品教得特别好，你现在是否改变了意见？

（十一）波兰居住七个月来的总结，是不是你的学习环境不大理想？苏联是否在这方面更好？

（十二）波兰各方面对你的关心、指点，是否在苏联同样可以得到？

（十三）波兰方面一般带着西欧气味，你是否觉得对你的学习不大好？

这些问题希望你平心静气，非常客观的逐条衡量，用“民主表决”的方法，自己来一个总结，到那时再作决定。总之，听不听由你，说不说由我。你过去承认我“在高山上看事情”，也许我是近视眼，看出来的形势都不准确。但至少你得用你不近视的眼睛，来检查我看到的是否不准确。果然不准确的话，你当然不用，也不该听我的。

假如你还不以为我顽固落伍，而愿意把我的意见加以考虑的话，那对我真是莫大的“荣幸”了！等到有一天，我发觉你处处比我看得清楚，我第一个会佩服你，非但不来和你“缠夹二”乱提意见，而且还要遇事来请教你呢！目前，第一不要给我们一个闷葫芦！磨难人最厉害的莫如 unknown［不知］和 uncertain［不定］！对别人同情之前，对父母先同情一下吧！

四月三日

四月三十日聪信摘录

这回我托马先生回国商量，主要是因为他了解具体情况，他当面和人谈起来，容易使人明白。我决不是不想和爸爸商量，但这半年来我有些苦闷，又非常矛盾，一直不敢和你们谈，尤其因为比赛以前，要有所更改，事实上也不可能。我曾经向大使馆提出，要求不参加比赛；他们说已报了名，不能改了。因此我爽性不对你们提，等过了比赛再说。为了比赛，我不得不硬着头皮干，不让别的问题影响情绪。比赛后急于想回国，主要也就是怕你们不了解具体情况，只想能当面和你们谈。

现在就爸爸提出的问题逐条答复，昨天信里大部分已写了，现在只是补充：

（一）杰老师对我的帮助，主要是在最初几个月，在萧邦的总的风格方面。技巧，他在波兰是有名的不会教的。但我从来没有遇到过好教授，所以他即使不会教，他会的那一些已经使我当时觉得很多。但我现在知道得多了，对他的认识就清楚了。这决不是我忘恩负义。波兰方面的人都认为，这半年我若是和别的教授或是在苏联学习，技巧一定不同。但可能会因了技巧而影响比赛，技巧要改不是一两天的事，也不可能同时练很大的节目；这也是我把这问题搁到比赛以后再提的主要原因。

（二）六个月在波兰，我和杰老师上课的次数决不超过二十次，原因是他老是忙（音乐会、会议等），我也忙（也是为了音乐会）。后期我常常故意减少上课的次数，因为事实上所需要的，是我自己练。他的学生没有一个在风格和对音乐的感受方面和我相像，我弹的主要是"我自己"。哈拉谢维奇弹得有些像我，因为我给他上课。波兰音乐界，甚至还有许多人认为杰老师对我的萧邦反而有害处，说他太拘束。他们常常和我说："照你自己感觉的弹，不要听杰老师的；你懂萧邦，他不懂；他是个'学究'。"我完全承认杰老师是第一流的教授，知道的东西非常广博，但不是 Chopinist，也非艺术家。事实上，Chopinist 是不可能教出来的。谁能感觉到，谁就有。

（三）技术训练的方法，波兰远不如苏联。杰老师除了头上几课略微讲了一些（主要仍是我自己摸索出来的），后来从未上过技巧的课。什托姆卡的方法在波兰是比较好的。斯坦番斯卡和斯曼齐安卡，原来都是他的学生，技巧的根基是由他打定的。

（四）技术是靠时间慢慢提高的，但若没有好方法，一辈子也不会真有进步。我这半年真要说技巧有进步是谈不上的；若说好一些，只因为我苦练；但几天不苦练，就完全不行了。

（五）过去我盛称杰老师教古典及现代作品教得特别好，我现在也没有改变意见。他知道的东西是广的，对于原作的认识非常保险，但就是有些"学究"。他是个学者，不是个艺术家。我不能鱼与熊掌兼而有之，对我最迫切的是技巧。

（六）有一点是肯定的：苏联的学习环境更严肃，更刻苦。波兰的西欧风味甚浓，的确对我的散漫作风有影响。

（七）假如过去六个月在苏联学，我不敢说比赛的名次可以更高，但我敢说成绩一定可以更好——不一定在《玛祖卡》上，因为《玛祖卡》需要对波兰的人情、风味有特殊的体会。对比赛可能有影响，但对我的将来一定可以打下稳固而正确的基础。

顺便希望你们了解：比赛的结果往往不是比赛的情况。拿名次来衡量是要上当的，尤其是这一次的比赛，更不能以名次来衡量一个钢琴家。更有个性的艺术家，常常名次反而靠后。历次比赛的情况也可证明，我现在是知道一些了。

（八）技术训练，苏联比任何国家都高明。在技巧上，没有人能比得过苏联的选手。

希望你们千万不要误会上面所有的回答有什么个人意气用事的地方，我完全是以客观的眼光来看的。尤其对杰老师，我决不是忘恩负义。但过去我一字不提，现在突然把全部事实摊开来，会使你们觉得不可置信；那的确是我的大错。

我急于想回国，还有一个原因，是想隔离一个时期，和杰老师疏远，当时还不知道他将改去华沙任教。我是不愿意使他伤心的。我也并非一定要去苏联，但技巧的方法一定得改，那是我终身事业的关键。所以，我想即使不去苏联，回国一次而再来波兰到什托姆卡班上去，也许容易解决问题。杰老师和任何教授都是死对头，那里的乌烟瘴气、明争暗斗，你们是不能想象的。

现在既然杰老师将去华沙，我想也许就借口我要留在克拉可夫而换教授。

总而言之，我不是坚持要去苏联。最重要的原因是我和波兰的感情是很深的了，在情理上，在政治上，都不大妥当。

四月二十一日夜

孩子：能够起床了，就想到给你写信。

邮局把你比赛后的长信遗失，真是害人不浅。我们心神不安半个多月，都是邮局害的。三月三十日是我的生日，本来预算可以接到你的信了。到四月初，心越来越焦急，越来越迷糊，无论如何也想不通你始终不来信的原因。到四月十日前后，已经根本抛弃希望，似乎永远也接不到你的家信了。

四月十日上午九时半至十一时，听北京电台广播你弹的*Berceuse*［《摇篮曲》］和一支*Mazurka*［《玛祖卡》］，一边听，一边说不出有多少感触。耳朵里听的是你弹的音乐，可是心里已经没有把握孩子对我们的感情怎样——否则怎么会没有信呢？——真的，孩子，你万万想不到我跟你妈妈这一个月来的精神上的波动，除非你将来也有了孩子，而且也是一个像你这样的孩子！马先生三月三十日就从北京寄信来，说起你的情形，可见你那时身体是好的，那么迟迟不写家信更叫我们惶惑“不知所措”了。何况你对文化部提了要求，对我连一个字也没有：难道又不信任爸爸了吗？这个疑问给了我最大的痛苦，又使我想到舒曼痛惜他父亲早死的事，又想到莫扎特写给他父亲的那些亲切的信：其中有一封信，是莫扎特离开了 Salzburg［萨尔茨堡］大主教，受到父亲责难，莫扎特回信说：

“是的，这是一封父亲的信，可不是我的父亲的信！”

聪，你想，我这些联想对我是怎样的一种滋味！四月三日（第30号）的信，我写的时候不知怀着怎样痛苦、绝望的心情，我是永远忘不了的。妈妈说的：“大概我们一切都太顺利了，太幸福了，天也嫉妒我们，所以要给我们受这些挫折！”要不这样说，怎么能解释邮局会丢失这么一封要紧的信呢？

你那封信在我们是有历史意义的，在我替你编录的“学习经过”和“国外音乐报道”（这是我把你的信分成的类别，用两本簿子抄下来的），是极重要的材料。我早已决定，我和你见了面，每次长谈过后，我一定要把你谈话的要点记下来。为了青年朋友们的学习，为了中国这么一个处在音乐萌芽时代的国家，我做这些笔记是有很大的意义的。所以这次你长信的失落，逼得我留下一大段空白，怎么办呢？

可是事情不是没有挽回的。我们为了丢失那封信，二十多天的精神痛苦，不能不算是付了很大的代价；现在可不可以要求你也付些代价呢？只要你每天花一小时的功夫，连续三四天，补写一封长信给我们，事情就给补救了。而且你离开比赛时间久一些，也许你一切的观感倒反客观一些。我们极需要知道你对自己的演出的评价，对别人的评价——尤其是对于前四五名的。我一向希望你多发表些艺术感想，甚至对你弹的 Chopin［萧邦］某几个曲子的感想。我每次信里都谈些艺术问题，或是报告你国内乐坛消息，无非想引起你的回响，同时也使你经常了解国内的情形。

你每次要东西，我们无不立刻商量，上哪儿买，找哪种货；然后妈妈立刻出动，有时她出去看了回来，再和我一同去买。但是你收到以后从来不提，连是否收到我们都没有把握。我早告诉你，收到东西，光是寄一张航空明信片也行。(……)

你说要回来，马先生信中说文化部同意（三月三十日信）你回来一次表演几场；但你这次（四月九日）的信和马先生的信，都叫人看不出究竟是你要求的呢，还是文化部主动的？我认为以你的学习而论，回来是大大的浪费。但若你需要休息，同时你绝对有把握耽搁三四个月不会影响你的学习，那么你可以相信，我和你妈妈未有不欢迎的！在感情的自私上，我们最好每年能见你一面呢！

至于学习问题，我并非根本不赞成你去苏联；只是觉得你在波兰还可以多耽二三年，从波兰转苏联，极方便；再要从苏联转波兰，就不容易了！这是你应当考虑的。但若你认为在波兰学习环境不好，或者杰老师对你不相宜，那么我没有话说，你自己决定就是了。但决定以前，必须极郑重、极冷静，从多方面、从远处大处想周到。

你去年十一月中还说："希望比赛快快过去，好专攻古典和近代作品。杰老师教出来的古典真叫人佩服。"难道这几个月内你这方面的意见完全改变了吗？

倘说技巧问题，我敢担保，以你的根基而论，从去年八月到今年二月的成就，无论你跟世界上哪一位大师哪一个学派学习，都不可能超出这次比赛的成绩！你的才具，你的苦功，这一次都已发挥到最高度，老师教你也施展出他所有的本领和耐性！你可曾研究过 program［节目单］上人家的学历吗？我是都仔细看过了的；我敢说所有参加比赛的人，除了非洲来的以外，没有一个人的学历像你这样可怜的，——换句话说，跟到名师只有六七个月的竞选人，你是独一无二的例外！所以我在三月二十一日（第28号）信上就说拿你的根基来说，你的第三名实际是远超过了第三名。说得再明白些，你想：Harasiewicz［哈拉谢维兹］①，Askenasi［阿什肯纳奇］②，Ringeissen［林格森］③，这几位，假如过去学琴的情形和你一样，只有十至十二岁半的时候，跟到一个Paci［百器］，十七至十八岁跟到一个Bronstein［勃隆斯丹］，再到比赛前七个月跟到一个杰维茨基，你敢说：他们能获得第三名和*Mazurka*［《玛祖卡》］奖吗？

我说这样的话，绝对不是鼓励你自高自大，而是提醒你过去六七个月，你已经尽了最大的努力，杰老师也尽了最大的努力。假如你以为换一个school［学派］，你六七个月的成就可以更好，那你就太不自量，以为自己有超人的天才了。一个人太容易满足固然不行，太不知足而引起许多不现实的幻想也不是健全的！这一点，我想也只有我一个人会替你指出来。假如我把你意思误会了（因为你的长信失落了，也许其中有许多理由，关于这方面的），那么你不妨把我的话当做“有则改之，无则加勉”。爸爸一千句、一万句，无非是为你好，为你个人好，也就是为我们的音乐界好，也就是为我们的祖国、人民以及全世界的人类好！

我知道克利斯朵夫（晚年的）和乔治之间的距离，在一个动荡的时代是免不了的。但我还不甘落后，还想事事、处处追上你们、了解你们，从你们那儿汲取新生命、新血液、新空气，同时也想竭力把我们的经验和冷静的理智，献给你们，做你们一支忠实的手杖！万一有一天，你们觉得我这根手杖是个累赘的时候，我会感觉到，我会销

---

① 参赛的波兰选手，获第一名。

② 参赛的前苏联选手，获第二名。

③ 参赛的法国选手。

声匿迹，决不来绊你们的脚！

你有一点也许还不大知道。我一生遇到重大的问题，很少不是找几个内行的、有经验的朋友商量的；反之，朋友有重大的事也很少不来找我商量的。我希望和你始终能保持这样互相帮助的关系。

(……)

说起 *Berceuse*［《摇篮曲》］，大家都觉得你变了很多，认不得了；但你的 *Mazurka*［《玛祖卡》］，大家又认出你的面目了！是不是现在的 style［风格］都如此？所谓自然、简单、朴实，是否可以此曲(照你比赛时弹的) 为例？我特别觉得开头的 theme［主题］非常单调，太少起伏，是不是我的 taste［品味，鉴赏力］已经过时了呢？

你去年盛称 Richter［李赫特］，阿敏二月中在国际书店买了他弹的 Schumann［舒曼］：*The Evening*［《晚上》］，平淡得很；又买了他弹的 Schubert［舒伯特］：*Moment Musicaux*［《瞬间音乐》］，那我可以肯定完全不行，笨重得难以形容，一点儿 Vienna［维也纳］风的轻灵、清秀、柔媚都没有。舒曼的我还不敢确定，他弹的舒伯特，则我断定不是舒伯特。可见一个大家要样样合格真不容易。

你是否已决定明年五月参加舒曼比赛，会不会妨碍你的正规学习呢？是否同时可以弄古典呢？你的古典功夫一年又一年的耽下去，我实在不放心。尤其你的 mentality［心态］，需要早早借古典作品的熏陶来维持它的平衡。我们学古典作品，当然不仅仅是为古典而古典，而尤其是为了整个人格的修养，尤其是为了感情太丰富的人的修养！

所以，我希望你和杰老师谈谈，同时自己也细细思忖一番，是否准备 Schumann［舒曼］和研究古典作品可以同时并进？这些地方你必须紧紧抓住自己。我很怕你从此过的多半是选手生涯。选手生涯往往会限制大才的发展，影响一生的基础！

不知你究竟回国不回国？假如不回国，应及早对外声明，你的代表中国参加比赛的身份已经告终；此后是纯粹的留学生了。用这个理由可以推却许多邀请和群众的热情的（但是妨碍你学业的）表示。做一个名人也是有很大的危险的，孩子，可怕的敌人不一定是面目狰狞的，和颜悦色、一腔热爱的友情，有时也会耽误你许许多多宝贵的光阴。孩子，你在这方面极需要拿出勇气来！

五月二十四日—二十五日聪信摘录

我现在弹《摇篮曲》的确完全变了，应该说从前的弹法是错的。《摇篮曲》应该从头到尾维持同样的速度，右手的音的长短顿挫要极其微妙、细致，决不可过分。开头的旋律尤其要简单朴素。这曲子难就难在这里，要极单纯朴素，又要极有诗意。你们听到的，恐怕是得奖演奏会上的录音，那一次不是我的好演奏。《摇篮曲》是我在波兰最受欢迎的一支曲子。

五月八日—九日

从原信编码看，应有四页。由于傅聪在外几经变迁，现仅剩第一页和第四页。

说到“不答复”，我又有了很多感慨。我自问：长篇累牍的给你写信，不是空唠叨，不是莫名其妙的 gossip［说长道短］，而是有好几种作用的。第一，我的确把你当做一个讨论艺术、讨论音乐的对手；第二，极想激出你一些青年人的感想，让我做父亲的得些新鲜养料，同时也可以间接传布给别的青年；第三，借通信训练你的——不但是文笔，而尤其是你的思想；第四，我想时时刻刻，随处给你做个警钟，做面“忠实的镜子”，不论在做人方面，在生活细节方面，在艺术修养方面，在演奏姿态方面。我做父亲的只想做你的影子，既要随时随地帮助你、保护你，又要不让你对这个影子觉得厌烦。但我这许多心愿，尽管我在过去的三十多封信中说了又说，你都似乎没有深刻的体会，因为你并没有适当的反应，就是说：尽量给我写信，“被动的”对我说的话或是表示赞成，或是表示异议，也很少“主动的”发表你的主张或感想——特别是从十二月以后。

你不是一个作家，从单纯的职业观点来看，固无须训练你的文笔。但除了多写之外，以你现在的环境，怎么能训练你的思想、你的理智、你的 intellect［才智］呢？而一个人思想、理智、intellect 的训练，总不能说不重要吧？多少读者来信，希望我多跟他们通信；可惜他们的程度与我相差太远，使我爱莫能助。你既然具备了足够的条件，可以和我谈各式各种的问题，也碰到我极热烈的渴望和你谈这些问题，而你偏偏很少利用！孩子，一个人往往对有在手头的东西（或是机会，或是环境，或是任何可贵的东西）不知珍惜，直到要失去了的时候再去后悔！这是人之常情，但我们不能因为是人之常情而宽恕我们自己的这种愚蠢，不想法去改正。

你不是抱着一腔热情，想为祖国、为人民服务吗？而为祖国、为人民服务是多方面的，并不限于在国外为祖国争光，也不限于用音乐去安慰人家——虽然这是你最主要的任务。我们的艺术家还需要把自己的感想、心得，时时刻刻传达给别人，让别人去作为参考的或者是批判的资料。你的将来，不光是一个演奏家，同时必须兼做教育家；所以你的思想，你的理智，更其需要训练，需要长时期的训练。我这个可怜的父亲，就在处处替你作这方面的准备，而且与其说是为你作准备，还不如说为中国音乐界作准备更贴切。孩子，一个人空有爱同胞的热情是没用的，必须用事实来使别人受到我的实质的帮助，这才是真正的道德实践。别以为我们要求你多写信是为了父母感情上的自私——其中自然也有一些，但决不是主要的。你很知道你一生受人家的帮助是应当用行动来报答的；而从多方面去锻炼自己就是为报答人家作基本准备。

(……)

和你的话是谈不完的，信已经太长，妈妈怕你看得头昏脑涨，劝我结束。她觉得你不能回来一次，很遗憾。我们真是多么想念你啊！你放心，爸爸是相信你一切都很客观，冷静，对人的批评并非意气用事；但是一个有些成就的人，即使事实上不骄傲，也很容易被人认为骄傲的，（一个有些名和地位的人，就是这样的难做人！）所以在外千万谨慎，说话处处保留些。尤其双方都用一种非祖国的语言，意义轻重更易引起误会。

四月二十九日聪信摘录（波12）

现在来谈谈评判员的意见：波兰的评判员可分为两派，一派包括杰老师、什托姆卡、茹拉列夫、什皮纳尔斯基是对我好的。茹拉列夫和什托姆卡的意见认为我是全部选手中唯一的真正的Chopinist。另一派包括霍夫曼等四人，却对我不佳；主要原因是这几个人和杰老师为了我而产生过很多磨擦；因为当时我到杰老师班上去，就是他把我从霍夫曼班上抢去的。

苏联评判员奥勃林和扎克的意见是：傅聪有了不起的才能和极为突出的个性，具有类似李赫特那样的大艺术家气质。奥勃林是非常喜欢我的萧邦风格的。扎克则认为我有时候热情太多，表情太多；说听我的演奏，从头到尾就像被人扼住了咽喉，气也透不过来，神经老是紧张的，每一个乐句，每一个音符都那样的充满了表情，对萧邦是太多了些。

法国评判员费夫里耶对我好极了，始终说我是最好的一个。玛格丽特·朗到最后给奖时才来，只听到我的《玛祖卡》，非常满意，还请我去法国大使馆谈，邀请我去参加她的奖金比赛。

玛格达·塔里番洛（巴西）对我极印象极佳，她说："你有很大的才具，真正的音乐才具。除了非常敏感以外，你还有热烈的、慷慨激昂的气质，悲壮的感情，异乎寻常的精致，微妙的色觉，还有最难得的一点，就是少有的细腻与高雅的意境，特别像在你的《玛祖卡》中表现的。我历任第二、三、四届的评判员，从未听见这样天才式的《玛祖卡》。这是有历史意义的：一个中国人创造了真正的《玛祖卡》的表达风格。"

意大利的阿戈斯蒂说："只有古老的文明才能给你那么多难得的天赋，萧邦的意境很像中国艺术的意境。"

坎特纳（英国，原系匈牙利籍）在第二周以后对他自己的学生说："傅聪的《玛祖卡》真是奇妙：在我简直是一个梦，不能相信真有其事。我无法想象那么浓厚的哲学气息，那么多的层次，那么典雅，又有那么好的节奏，典型的波兰玛祖卡节奏。"

克拉克斯顿（英国的名教授）说，他没有想到萧邦的《e 小调协奏曲》可以弹得这么美。

匈牙利的伊尔恩高（第二届第二名）说："整个比赛有不少大钢琴家，但只有你是大艺术家。没有一个人有你那股吸引力，那种突出的个性。最难得的是你的创造性。你的演奏处处使人觉得是新的，但仍然是合乎逻辑的。"

整个来说，很多评判员都对我极好，但也有一批对我极坏：那四个波兰人，再加东德的，奥国的（最后一轮对我很好），智利的，意大利的贝内代泰利，捷克的，都对我不大好。我有十个以上的二十五分，十个左右的二十三或二十四分，但也有五六个给十七或十八分的，三四个给十九分的。德、奥、捷、意主要是不满意我的技巧。但他们实在不懂什么萧邦。

关于我的技巧究竟如何，我可以告诉你们什托姆卡的话："你的演奏纯粹是靠意志，而不是靠技巧。"意思是说我对自己要的效果，对自己的理解把握得那么坚定，所以明明技巧够不到的，照样过去了。一般的说，我弹得相当干净，方法也有些改变，音质尤其好；但整个弹琴方法还大有问题，因此很难真有进步，一定得彻底改，而且现在是最后关头了，再不改就太晚了。

四月二十九日—三十日聪信摘录（波12～13）

这种国际比赛，内幕是非常微妙复杂的。主要当然是指评判员。国家与国家之间，评判员相互之间，存在着很多矛盾，所以比赛的结果要说公平是很难的了。

我作为中国人，是处于劣势的。因为中国只有一个评判员。评判员多的国家，相互之间有一种牵制的关系。例如苏、波、法，彼此给选手的分数时，总考虑到若是给对方的分数低了，别人一定也会给他本国的选手分数低。（如波兰给法国选手的分数低了，法国也会给波兰的选手低的。）因此评判员互相害怕，互相牵制，互相得客气一点。这几个国家的选手弹得坏，往往比一些其他国家弹得好的选手得分反而高。尤其是波兰的选手，地位最优，因为什么国家都怕得罪那八个波兰评判员（别国最多只有三个）。马先生在那儿却困难得很；别人不用顾虑他给什么分数，反正他只有一个人；而他却要考虑到若是给一个波兰人分数低了，那八个波兰人将要如何对付我。在比赛时，没有一点情面的；国家的面子根本谈不上：评判员不是共产党员，他们才不管新中国旧中国呢！

现在单单就得奖的前十名一个一个的分析一下：

阿什肯纳奇技巧极佳，几乎不能想象，但缺乏感情。可是演奏时从来没有夹音，干净清楚，是音乐巨匠的类型。他有个性，而且是很好的钢琴家，但绝对不是 Chopinist。

林格森是纯粹法国式的钢琴家，他的演奏是理智的演奏，冷峻，但结构严密，句法完整。他弹萧邦快的段落纯粹是德彪西式的，并无丝毫萧邦的浪漫气息；萧邦的精巧优雅，他是有的。他只有萧邦的一半，古典的一半。他最大的缺点是音质不好，干枯，硬，在录音中却听不出来。他的音乐是来自头脑，一点也不来自心底。但以钢琴家而论，是最优秀的一个，在日内瓦的钢琴家比赛上得过第一名，在意大利也得过第二名。

哈拉谢维奇的技巧极佳，但他除了技巧以外，真是一无所有了。我和他相处半年多，对他的认识最清楚了，尤其可笑的是我给他上过无数次的课，他的《玛祖卡》《前奏曲》《夜曲》《即兴曲》《叙事曲》《诙谐曲》《协奏曲》，差不多全是我的诠释。波兰音乐界盛传：哈拉谢维奇从七年前就开始练这个比赛节目，练了六年半还是不像样；结果来了个中国人，半年功夫把一个第一名送给了他。

他这人非常浮，整天嘻嘻哈哈，文学艺术一无所知；书也看得少；除了练琴还用功外，其余什么也不通。以做人而论，也是一个小人，相当自私。但他有一种才能，他是一个天生的演员。起初我不了解他，时间久了，就知道他天生的不善于讲真话，不一定是故意或是有什么坏主意（有时候是如此）。整个来说，他没有文化，也没有道德观念，对待一些不道德的行为处之泰然，原因是他根本不承认那是不道德。他和我倒很好；说得好，是因为在奥武卢他是第一个会讲英文的朋友；说得不好，他从我这儿有利可图。且不说在实际生活上的（我初来时看到他喜欢什么，总送给他），便是在音乐上，他知道自己音乐感差，虽是杰老师门下，杰老师能给他的只有头脑；在奥武卢时所有的师生对我的音乐感都很赞赏，除了技巧上的、风格方面的毛病，他们都说我的本质是真正的萧邦；哈拉谢维奇看得很清楚，后来就天天上我那里，不是《玛祖卡》就是《夜曲》，一句一句的教。我为他实在花了不少心思。他一个玛祖卡，今天上的课，一句一句把表情写在谱上，连最微妙的也记下来，谱子涂得谁也看不懂，然后照了谱子死练。明天又来找我，说都忘了，尽管记下来了，昨天那味儿怎么也找不回来，一定得再上课，这样老是没完。常常给他上课，他拼命的练，练到自动为止。这些是瞒着杰老师的，他在这上头气量可不大，知道了要生气的。他只是说，很奇怪哈拉谢维奇的演奏怎么和从前不一样了。但尽管哈拉谢维奇这样学，我总觉得他实在没出息，没有个性，根本谈不上诠释。而现在居然是年轻的一辈中最好的 Chopinist 的了，真是荒唐之至。但他在波兰选手中是最好的了，其他几个有些有个性，但风格不对，或是技巧不够。哈拉谢维奇得第一名以后，舆论哗然，全波兰都议论纷纷，公众不满意极了，就是评委也不满意。说了也很有趣，因为没有一个评判员是真正喜欢他的。评委可以分为三派：一派是喜欢我的，一派是喜欢阿什肯纳奇的，一派是喜欢林格森的。而由于我和 A. R.[1] 的风格极不相同，甚至相反，因此极喜欢 A. R. 的极不喜欢我，极喜欢我的极不喜欢 A. R.。而哈拉谢维奇没有个性，没有特色，所以没有人格外喜欢，也没有人格外不喜欢，又加他是波兰人，大家客气一些，结果加起来一平，他分数最高。发奖前，听说差点闹得下不了台，到最后还有几个评判员不签字。事后，哈拉谢维奇和杰教授收到很多质问信和匿名信。报纸上有些批评，从头至尾重点谈我和林格森，其余的得奖者都谈到，唯有对哈拉谢维奇一字不提。有些报纸说他弹得像运动员。维也纳的长篇评论也攻击他，说整个比赛水准极高，一切都令人满意，但荒唐的结果不可想象。拉萨·莱维大叫上当，说怎么给了他那么多分数的。

斯塔克曼，是我认为这次比赛中最完整的钢琴家，技巧极好，人成熟（二十八岁），很深刻，唯一就是不够微妙淡雅，不够萧邦，太笨重一些，太沉闷一些；他的萧邦是勃拉姆斯，但我喜欢他胜过于阿什肯纳齐。

其余的，如帕彼耶罗，技巧极好，音乐平平。

格蕾赫托芙娜很差，照我的意见应该刷下去的。

齐玛伊茨克瓦斯基非常有才能，可能是全部选手中最突出的天分，但绝对不是萧邦的味儿。他的作风有时教人目瞪口呆，弹的萧邦像普罗科菲耶夫。

萨哈罗夫只有十七岁，天才极高，很浪漫，但不够成熟。

田中清子虽得去年玛格丽特·朗比赛第四奖（那次没有第一奖），前年得到日内瓦钢琴比赛第二奖。她在这次比赛中的地位是很不公平的；总括的说，她应该在五、六之间。

---

① 即阿什肯纳奇和林格森简称。

上面是我用纯粹客观的眼光来写的，想你们不会误会我变得骄傲狂妄了。以我的意见，这次的比赛结果是没有第一名，尤其哈拉谢维奇应当在第六第七之间。

你们收到这封信一定大为惊奇，也许会觉得我狂妄。这一点，希望你们能了解我决不是这样的。我对自己决没有少严格一些，对缺点认识很清楚，不会因旁人的称赞或比赛的成功而昏昏然忘乎所以。但既然我对自己苛刻，对别人批评起来当然也不会宽容的了。

苏联在比赛中只得第二，不能说明苏联不如波兰。对萧邦的体会不决定于国籍，不决定于训练的方法和好的教授。在这种高水平的比赛里，谁也无法解释为什么某些人的体会有出众的地方，那是艺术，没有什么理由可讲的；可以说的只有一点，就是谁有比别人感觉更多的萧邦的天赋，就比别人理解萧邦更真切。

比赛使我有机会认识了许多许多朋友。无论从哪一个国家来的，聚在一起都像一家人，多么善良的年轻人！田中清子可爱极了，朴实，文静，内在，含蓄，心地好，真正东方式的女子，而且是多么好的文化！

比赛期间听到许多第一流演奏家的演奏。坎特讷不精彩，弹萧邦弹得尤其坏，太伤感，匈牙利式的演奏。奥勃林和扎克技巧都惊人，音乐则比李赫特差远了；但仍是第一流的钢琴家。有些人的演奏，没有功夫去听。但最精彩的是意大利的贝内代蒂－米开兰琪利。我们在国内从不知道他，在欧洲却是大名鼎鼎，只有三十四岁，但我想恐怕是世界上前三名内的钢琴家了。巴赫－布索尼的《夏空》、贝多芬的《第三十奏鸣曲》（作品一〇九号）、舒曼的《维也纳狂欢节》、勃拉姆斯的《帕格尼尼主题变奏曲》、德彪西的《向拉摩致敬》及《水中倒影》、斯卡拉蒂的《奏鸣曲》、萧邦的《圆舞曲》等，无一不精彩。

贝多芬的奏鸣曲好得不能想象。我第一次听到斯卡拉蒂可以弹得这么美。技巧比霍洛维茨不会差。他和李赫特完全不同，在台上永远身如磐石，没有瓦格纳式的热情，但结构的严密，思想的深刻，神妙的节奏，表情的纯朴，所有这一切创造出一个真正理想的演奏，真正达到完美的境界。

五月十一日

亲爱的孩子：三十五号信发出后，本来预备接着再写，和你讨论两个艺术的技术问题，因为这两天忙着替你理乐谱，写信给罗忠镕，又为你冬天的皮鞋出去试尺寸（非要以我的脚去试不可），所以耽下来尚未动笔。今晨又接五月二日来信，倒使我急了。孩子，别担心，你四月二十九、三十两信写得非常彻底，你的情形都报告明白了。我们决无误会。[1] 过去接不到你的信固然是痛苦，可一旦有了你的长信，明白了底细，我们哪里还会对你有什么不快，只有同情你，可怜你补写长信，又开了通宵的“夜车”，使我们心里老大的不忍。你出国七八个月，写回来的信并没什么过火之处，偶尔有些过于相信人或是怀疑人的话，我也看得出来，也会打些小折扣。一个热情的人，尤其是青年，过火是免不了的；只要心地善良，正直，胸襟宽，能及时改正自己的判断，不固执己见，那就很好了。你不必多责备自己，只要以后多写信，让我们多了解你的情况，随时给你提提意见，那就比空自内疚、后悔挽救不了的“以往”，有意思多了。你说写信退步，

---

① 傅聪于一九五五年三月二十日比赛结束后举行获奖演奏会，二十一和二十二日又有音乐会和宴会。二十三日上扎科帕内山区休假，通宵写了一封长信，二十四日托人发出，结果家中未收到。无奈于四月二十九日和三十日重写。

我们都觉得你是进步。你分析能力比以前强多了，态度也和平得很。爸爸看文字多么严格，从文字上挑剔思想又多么认真，不会随便夸奖你的。

你回来一次的问题，我看事实上有困难。即使大使馆愿意再向国内请示，公文或电报往返，也需很长的时日，因为文化部外交部决定你的事也要作多方面的考虑。耽搁日子是不可避免的。而等到决定的时候，离联欢节已经很近，恐怕他们不大肯让你不在联欢节上参加表演，再说，便是让你回来，至早也要到六月底、七月初才能到家。而那时代表团已经快要出发，又要催你上道了。

以实际来说，你倘若为了要说明情形而回国，则大可不必，因为我已经完全明白，必要时我可以向文化部说明。倘若为了要和杰老师分手而离开一下波兰，那也并无作用。既然仍要回波学习，则调换老师是早晚的事，而早晚都得找一个说得过去的理由向杰老师作交代；换言之，你回国以后再去，仍要有个充分的借口方能离开杰老师。若这个借口，目前就想出来，则不回国也是一样。

以我们的感情来说，你一定懂得我们想见见你的心，不下于你想见见我们的心；尤其我恨不得和你长谈数日夜。可是我们不能只顾感情，我们不能不硬压着个人的愿望，而为你更远大的问题打算。

转苏学习一点，目前的确不很相宜。政府最先要考虑到邦交，你是波政府邀请去学习的，我政府正式接受之后，不上一年就调到别国，对波政府的确有不大好的印象。你是否觉得跟斯托姆卡[①]学 technic［技巧］还是不大可靠？我的意思，倘若 technic 基本上有了 method［方法］，彻底改过了，就是已经上了正轨，以后的 technic 却是看

① 波兰著名钢琴教授。

自己长时期的努力了。我想经过三四年的苦功，你的 technic 不见得比苏联的一般水准（不说最特出的）差到哪里。即如 H.[①] 和 Smangianka［斯曼齐安卡］，前者你也说他技巧很好，后者我们亲自领教过了，的确不错。像 Askenasi［阿什肯纳奇］——这等人，天生在 technic 方面有特殊才能，不能作为一般的水准。所以你的症结是先要有一个好的方法，有了方法，以后靠你的聪明与努力，不必愁在这方面落后，即使不能希望和 Horowitz［霍洛维茨］那样高明。因为以你的个性及长处，本来不是 virtuoso［以技巧精湛著称的演奏家］的一型。总结起来，你现在的确非立刻彻底改 technic 不可，但不一定非上苏联不可。将来倒是为了音乐，需要在苏逗留一个时期。再者，人事问题到处都有，无论哪个国家，哪个名教授，到了一个时期，你也会觉得需要更换，更换的时节一定也有许多人事上及感情上的难处。

假定杰老师下学期调华沙是绝对肯定的，那么你调换老师很容易解决。我可以写信给他，说“我的意思你留在克拉可夫比较环境安静，在华沙因为中国代表团来往很多，其他方面应酬也多，对学习不大相宜，所以总不能跟你转往华沙，觉得很遗憾，但对你过去的苦心指导，我和聪都是十二分感激”等等。（目前我听你的话，决不写信给他，你放心。）

假定杰老师调任华沙的事，可能不十分肯定，那么先要知道杰老师和 Sztomka［斯托姆卡］感情如何。若他们不像 Levy［莱维］[②] 与 Long［朗］[③] 那样的对立，那么你可否很坦白、很诚恳的，直接向杰老师说明，大意如下：

---

① 即 Harasiewicz［哈拉谢维兹］。

② 恩斯特·莱维（Ernst Levy），瑞士钢琴家。

③ 玛格丽特·朗（Marguerite Long），法国钢琴家。

"您过去对我的帮助，我终生不能忘记。您对古典及近代作品的理解，我尤其佩服得不得了。本来我很想跟您在这方面多多学习，无奈我在长时期的、一再的反省之下，觉得目前最急切的是要彻底的改一改我的 technic［技巧］，我的手始终没有放松；而我深切的体会到方法不改将来很难有真正的进步；而我的年龄已经在音乐技巧上到了一个 critical age［要紧关头］，再不打好基础，就要来不及了，所以我想暂时跟斯托姆卡先生把手的问题彻底解决。希望老师谅解，我决不是忘恩负义（ungrateful）；我的确很真诚的感谢您，以后还要回到您那儿请您指导的。"我认为一个人只要真诚，总能打动人的；即使人家一时不了解，日后仍会了解的。我这个提议，你觉得如何？因为我一生做事，总是第一坦白，第二坦白，第三还是坦白。绕圈子，躲躲闪闪，反易叫人疑心；你耍手段，倒不如光明正大，实话实说，只要态度诚恳、谦卑、恭敬，无论如何人家不会对你怎么的。我的经验，和一个爱弄手段的人打交道，永远以自己的本来面目对付，他也不会用手段对付你，倒反看重你的。你不要害怕，不要羞怯，不要不好意思；但话一定要说得真诚老实。既然这是你一生的关键，就得拿出勇气来面对事实，用最光明正大的态度来应付，无须那些不必要的顾虑，而不说真话！就是在实际做的时候，要注意措辞及步骤。只要你的感情是真实的，别人一定会感觉到，不会误解的。你当然应该向杰老师表示你的确很留恋他，而且有"鱼与熊掌不可得兼"的遗憾。即使杰老师下期一定调任，最好你也现在就和他说明；因为至少六月份一个月你还可以和斯托姆卡学 technic，一个月，在你是有很大出入的！

以上的话，希望你静静的想一想，多想几回。

另外你也可向 Eva［埃娃］太太讨主意，你把实在的苦衷跟她谈一谈，征求她的意见，把你直接向杰老师说明的办法问问她。

最后，倘若你仔细考虑之后，觉得非转苏学习不能解决问题，那么只要我们的政府答应（只要政府认为在中波邦交上无影响），我也并不反对。

你考虑这许多细节的时候，必须心平气和，精神上很镇静，切勿烦躁，也切勿焦急。有问题终得想法解决，不要怕用脑筋。我历次给你写信，总是非常冷静、非常客观的。唯有冷静与客观，终能想出最好的办法。

对外国朋友固然要客气，也要阔气，但必须有分寸。像西卜太太之流，到处都有，你得提防。巴尔扎克小说中人物，不是虚造的。人的心理是：难得收到的礼，是看重的，常常得到的不但不看重，反而认为是应享的权利，临了非但不感激，倒容易生怨望。所以我特别要嘱咐你"有分寸"！

以下要谈两件艺术的技术问题：

恩德又跟了李先生学，李先生指出她不但身体动作太多，手的动作也太多，浪费精力之外，还影响到她的 technic［技巧］和 speed［速度］，以及 tone［音质］的深度。记得裘伯伯也有这个毛病，一双手老是扭来扭去。我顺便和你提一提，你不妨检查一下自己。关于身体摇摆的问题，我已经和你谈过好多次，你都没答复，下次来信务必告诉我。

其次是，有一晚我要恩德随便弹一支 Brahms［勃拉姆斯］的 *Intermezzo*［《间奏曲》］，一开场 tempo［节奏］就太慢，她一边哼唱一边坚持说不慢。后来我要她停止哼唱，只弹音乐，她弹了二句，马上笑了笑，把 tempo 加快了。由此证明，哼唱有个大缺点，容易使 tempo 不准确。哼唱是个极随意的行为，快些，慢些，吟哦起来都很有味道；弹的人一边哼一边弹，往往只听见自己哼的调子，觉得很自然很舒服，而没有留神听弹出来的音乐。我特别报告你这件小事，因为你很喜欢哼的。我的意思，看谱的时候不妨多哼，弹的时候尽量少哼，尤其在后来，一个曲子相当熟的时候，只宜于“默唱”，暗中在脑筋里哼。

此外，我也跟恩德提了以下的意见：

自己弹的曲子，不宜尽弹，而常常要停下来想想，想曲子的 picture［意境，境界］，追问自己究竟要求的是怎样一个境界，这是使你明白 what you want［你所要的是什么］，而且先在脑子里推敲曲子的结构、章法、起伏、高潮、低潮等。尽弹而不想，近乎 improvise［即兴表演］，弹到哪里算哪里，往往一个曲子练了二三个星期，自己还说不出哪一种弹法（interpretation）最满意，或者是有过一次最满意的 interpretation，而以后再也找不回来（这是恩德常犯的毛病）。假如照我的办法做，一定可能帮助自己的感情更明确而且稳定！

其次，到先生那儿上过课以后，不宜回来马上在琴上照先生改的就弹，而先要从头至尾细细看谱，把改的地方从整个曲子上去体会，得到一个新的 picture，再在琴上试弹，弹了二三遍，停下来再想再看谱，把老师改过以后的曲子的表达，求得一个明确的 picture。然后再在脑子里把自己原来的 picture 与老师改过以后的 picture 做个比较，然后再在琴上把两种不同的境界试弹，细细听，细细辨，究竟哪个更好，还是部分接受老师的，还是全盘接受，还是全盘不接受。不这样做，很容易“只见其小，不见其大”，光照了老师的一字一句修改，可能通篇不连贯，失去脉络，弄得支离破碎，非驴非马，既不像自己，又不像老师，把一个曲子搞得一团糟。

我曾经把上述两点问李先生觉得如何，她认为是很内行的意见，不知你觉得怎样?

你二十九信上说 Michelangeli［米开兰琪利］至少在“身如 rock［磐石］”一点上使我很向往。这是我对你的期望——最殷切的期望之一!惟其你有着狂热的感情,无穷的变化,我更希望你做到身如 rock,像统率三军的主帅一样。这用不着老师讲,只消自己注意,特别在心理上,精神上,多多修养,做到能入能出的程度。你早已是“能入”了,现在需要努力的是“能出”!那我保证你对古典及近代作品的风格及精神,都能掌握得很好。

你来信批评别人弹的萧邦,常说他们 cold［冷漠］。我因此又想起了以前的念头:欧洲自从十九世纪,浪漫主义在文学艺术各方面到了高潮以后,先来一个写实主义与自然主义的反动(光指文学与造型艺术言),接着在二十世纪前后更来了一个普遍的反浪漫底克思潮。这个思潮有两个表现:一是非常重感官(sensual),在音乐上的代表是 R. Strauss［理查·施特劳斯］,在绘画上是马蒂斯;一是非常的 intellectual［理智］,近代的许多作曲家都如此,绘画上的 Picasso［毕加索］亦可归入此类。近代与现代的人一反十九世纪的思潮,另走极端,从过多的感情走到过多的 mind［理智］的路上去了。演奏家自亦不能例外。萧邦是个半古典半浪漫底克的人,所以现代青年都弹不好。反之,我们中国人既没有上一世纪像欧洲那样的浪漫底克狂潮,民族性又是颇有 olympic［奥林匹克］(希腊艺术的最高理想)精神,同时又有不太过分的浪漫底克精神,如汉魏的诗人,如李白,如杜甫(李后主算是最 romantic［浪漫底克］的一个,但比起西洋人,还是极含蓄而讲究 taste［品味,鉴赏力］的),所以我们先天的具备表达萧邦相当优越的条件。

我这个分析,你认为如何?

反过来讲，我们和欧洲真正的古典，有时倒反隔离得远一些。真正的古典是讲雍容华贵，讲 graceful［雍容］，elegant［典雅］，moderate［中庸］。但我们也极懂得 discreet［含蓄］，也极讲中庸之道，一般青年人和传统不亲切，或许不能把握这些，照理你是不难体会得深刻的。有一点也许你没有十分注意，就是欧洲的古典还多少带些宫廷气味，路易十四式的那种宫廷气味。

对近代作品，我们很难和欧洲人一样的浸入机械文明，也许不容易欣赏那种钢铁般的纯粹机械的美，那种“寒光闪闪”的 brightness［光芒］，那是纯理智、纯 mind［智性］的东西。

(……)

环境安静对你的精神最要紧。做事要科学化，要彻底！我恨不得在你身边，帮你解决并安排一切物质生活，让你安心学习，节省你的精力与时间，使你在外能够事半功倍，多学些东西，多把心思花在艺术的推敲与思索上去。一个艺术家若能很科学的处理日常生活，他对他人的贡献一定更大！

五月二日来信使我很难受。好孩子，不用焦心，我决不会怨你的，要说你不配做我的儿子，那我更不配做你父亲了。只要我能帮助你一些，我就得了最大的酬报。我真是要拿我所有的知识、经验、心血，尽量给你作养料，只要你把我每封信多看几遍，好好的思索几回，竭力吸收，“身体力行”的实践，我就快乐得难以形容了。

我又细细想了想杰老师的问题，觉得无论如何，还是你自己和他谈为妙。他年纪这么大，人生经验这么丰富，一定会谅解你的。倒是绕圈子，不坦白，反而令人不快。西洋人一般的都喜欢直爽。但你一定要切实表示对他的感激，并且声明以后还是要回去向他学习的。

这件事望随时来信商讨，能早一天解决，你的技巧就可早一天彻底改造。关于一面改技巧、一面练曲子的冲突，你想过没有？如何解决？恐怕也得向 Sztomka［斯托姆卡］先生请教请教，先作准备为妥。

五月二十四—二十五日聪信摘录（波15）

我身体的确不知不觉又摇得厉害起来，倒不是李赫特的影响，主要还是在自己摸索放松时自然而然摇起来的，最近注意以后，已渐渐改过来。

我没有一天不为了时间而苦恼，总觉得时间浪费太多，真正能好好练琴的时间并不多。若是能关在深山里，那时间才是我自己的，否则的话，大大小小的事情把我弄得头昏脑涨。我太有名了，也太讨人喜欢了，同情心给我招来了无穷的麻烦。

最近我跟杰老师上了好几次课。他在古典的风格和节奏上给了我很多帮助。最近我也想法在练琴时格外注意方法，似乎略有进步。弹贝多芬协奏曲的技巧，成绩甚佳。

杰老师调华沙的事似乎又有些不肯定了；而我冷眼观察，觉得别的教授在风格及广博上面都比他差得多。说技巧吧，最近弹了贝多芬以后，什托姆卡说我的技巧简直不可理解：没有方法而能弹那么难的协奏曲，弹得那么像样。我觉得技巧不是光靠一种两种方法能解决的，而要靠多用脑子。我现在想观察一个时期，再作换教授的决定。

弹琴最需要用脑；有头脑，即使情感差一些，还可以像样；没有脑，那就什么也不像。

爸爸对近代人弹萧邦与浪漫派作家的分析，我也极同意。能保持从前的时代精神的欧洲人，现在不多了。这次（指比赛期间）无论谁（波兰的和其他国家的）批评我的演奏时，总处处提到中国的古老文化。那是使我最快乐的，因为能使别国人通过我而更崇敬祖国的文化。我也相信我们中国人具备别国人所没有的优越条件，将来一定会开出极美的花朵来。

关于我自己，一般的见解都认为我是特殊的浪漫主义。波兰和别国报纸的评论，不约而同的说我纯粹是一股激情，能一下子把听众卷去，同时认为我的品味、敏感达到一种非常接近——几乎是纯粹萧邦精神的境地。他们把这两点认为是中国文化的象征：有那么强大的气魄，同时又有那么细腻与极高的审美感。他们觉得我的演奏从来不带丝毫感伤的影子，即使在最浪漫的时间。

现在我手的放松已有相当成绩，在音质方面的成绩尤其好。说起音质，我得到一个结论：音质的好坏和提琴上的相似，最要紧还是天生的。音质等于唱歌的喉咙；也有一大部分靠自己有灵敏的耳朵去判别好坏，要有敏感的神经去随时适应。而且，对每个作家，每个曲子的音质，也是随时要体会，随时要变化的。有许多人有了完美的方法，音质照样不行，就是这个道理。

李赫特并不是极正常的人，见解有些古怪而越出常规，也有些狂妄，但是充满了灵感，给人很多启发。我始终认为他是了不起的，当然不是完美的，相反，可说是属于不完美的一型。

也许我现在眼界越来越高了，对什么钢琴家都觉得有些可批评的，尤其是弹萧邦的人。我听了鲁宾斯坦弹的萧邦《诙谐曲》和《玛祖卡》，不满意极了：《玛祖卡》有些极佳，有些极坏。若是在中国，光是听了唱片，照样学，那一定不成话。要真的了解一个作家，还是要凭自己深刻的性灵去"化"出来的。

《玛祖卡》中间，一部分后期作品特别有种哲学意味，有种沉思默想的意味。许多人以为正因为我是中国人，才能体会得那么深刻。

演奏《玛祖卡》就得把节奏，诗意，幽默，典雅，哲学气息，全部溶合在一起，而且要溶合得恰到好处。

米开兰琪利实在了不起，他就是属于完美一型的。但他的演奏不像李赫特那样每次都有些新的境界，而是经过了长期的苦练，结构严密，有一种大建筑的威严；所有的表情、节奏都控制到了不多不少的程度，非常简朴，但非常深刻。他的音乐与其说从感情上抓住人，不如说从理智上抓住人；听他不像听李赫特那么激动。但我更欣赏米开兰琪利。听他演奏觉得不是一个人，而是一个超人在弹。到了那种完美的境界，他的艺术真是极高的了。

六月十六日

此信应有三页，现仅存第二页。

你现在对杰老师的看法也很对。“做人”是另外一个问题，与教学无关。对谁也不能苛求。你能继续跟杰老师上课，我很赞成，千万不要驼子摔跤，两头不着。有个博学的老师指点，总比自己摸索好，尽管他有些见解与你不同。但你还年轻，musical literature［音乐文献］的接触真是太有限了，乐理与曲体的知识又是几乎等于零，更需要虚心一些，多听听年长的，尤其是一个 scholarship［学术成就，学问修养］很高的人的意见。

有一点，你得时时刻刻记住：你对音乐的理解，十分之九是凭你的审美直觉；虽则靠了你的天赋与民族传统，这直觉大半是准确的，但究竟那是西洋的东西，除了直觉以外，仍需要理论方面的，逻辑方面的，史的发展方面的知识来充实；即使是你的直觉，也还要那些学识来加以证实，自己才能放心。所以便是以口味而论觉得格格不入的说法，也得采取保留态度，细细想一想，多辨别几时，再作断语。这不但对音乐为然，治一切学问都要有这个态度。所谓冷静、客观、谦虚，就是指这种实际的态度。

来信说学习主要靠 mind［头脑］，ear［听力］，及敏感，老师的帮助是有限的。这是因为你的理解力强的缘故，一般弹琴的，十分之六七以上都是要靠老师的。这一点，你在波兰同学中想必也看得很清楚。但一个有才的人也有另外一个危机，就是容易自以为是的走牛角尖。所以才气越高，越要提防，用 solid［扎扎实实］的学识来充实，用冷静与客观的批评精神，持续不断的检查自己。唯有真正能做到这一步，而且终身的做下去，才能成为一个真正的艺术家。

一扯到艺术，一扯到做学问，我的话就没有完，只怕我写得太多，你一下子来不及咂摸。

来信提到 Chopin［萧邦］的 *Berceuse*［《摇篮曲》］的表达，很有意思。以后能多写这一类的材料，最欢迎。

还要说两句有关学习的话，就是我老跟恩德说的："要有耐性，不要操之过急。越是心平气和，越有成绩。时时刻刻要承认自己是笨伯，不怕做笨功夫，那就不会期待太切，稍不进步就慌乱了。"对你，第一要紧是安排时间，多多腾出无谓的"消费时间"，我相信假如你在波兰能像在家一样，百事不打扰，每天都有七八小时在琴上，你的进步一定更快！

我译的莫扎特的论文，有些地方措辞不大妥当，望切勿"以辞害意"。尤其是说到"肉感"，实际应该这样了解："使感官觉得愉快的。"原文是等于英文的 sensual［感官上的］。

六月二十日聪信摘录（波17）

李先生给恩德指出的毛病，也正是我自己观察出来的我的毛病。但我的问题倒不在于弹古典作品的技巧，事实上我现在弹韩德尔、巴赫、莫扎特、贝多芬都没有困难；波兰的报纸评论还说我有很好的手指技巧。在这一方面，几个月来的确有了很大进步，主要是靠自己摸索；当然不是空想，而是根据教授们的各种意见，观察同学们的各种弹法，细细推敲出来的。我自己也想了很多练习出来，因为每个人的缺点不同。我屡次强调用脑，就是说要想出针对自己缺点对症下药的方法。

从弹琴的外表上说，也的确应该像来信所云，手的动作极少，非常自然、平稳、舒服，身体也不大摇。我现在弹古典的作品，身体可以完全不摇了；但是弹浪漫派的作品，有时受感情支配，不容易控制，这是要慢慢克服的。

一般而论，我的结论是古典作品结构严密，感情不像浪漫派作品那么激烈，因此容易做到放松、自然，因此我弹得好。浪漫派的东西感情强烈，常常由于心理的极度紧张，影响到肌肉的紧张，所以有时就感到困难。

另外，有一个技巧的主要问题，即耳朵的重要性。我发现凡是弹一个音符，必须在未弹以前就听到这个音符；就是说任何技巧的难关，必须在心中预先感到它应有的效果，这样肌肉的本能反应就能很快的适应。这是一个非常有效的方法。

音质，更是耳朵的问题。要求美的音质，自己心中先要有这种美的音质，才能弹出来。许多钢琴家方法极好，手极放松，但音质不见得动人，原因是音质完全是从先天禀性来的，其实和小提琴与歌唱没有什么分别。当然也不是单靠心的感受，同时要靠用脑子，头脑是控制与适应的总指挥。

耳朵的敏感，手的本能反应，再加上心的感受能力：这便是美的音质的来源。

经过我的观察，什托姆卡先生的方法也有缺点，而且所有的先生都不够客观，不够“对症下药”。因此我的看法，最好是自己尽量观察，吸收对我有益的方法及意见。

我非常奇怪为什么国内许多人都不弹古典的协奏曲。贝多芬、莫扎特、巴赫都是最结实的技巧，上手倒也并不难得可怕，对音乐修养也非常重要，训练脑子和品味都好。我绝对反对老是弹柴可夫斯基和拉赫马尼诺夫。

爸爸来信所论艺术问题，都是我十二分同意的，我切身的体验，认为最主要的是脑的训练。不单在音乐理解上，就在最基本的手指练习上也是一样。感情人人都有，问题是怎么组织它，把它变做成形的东西。不是任何感情都能感动人，一定要通过适当的方式，才能感动人。

巴赫和贝多芬后期作品都有极深的哲学气息，神秘和玄学的气息。那是真正伟大心灵最深处的音乐，的确不是容易懂得的。

寄来莫扎特的论文给我启发不少。他的肉感，是我从前一直有的感觉，只是没找出原因而已。以前——直到现在，我有时还不喜欢他，就因为他肉感，对我的中国人气质，有时觉得他太“俗”一点。

七月十日聪信摘录（波18）

最近练的巴赫、贝多芬等，技巧倒都没有问题，却是贝多芬的音乐方面，我还不满意，总觉得太骚动，不够炉火纯青，不够宁静。难就难在这里。弹贝多芬必须有火热的感情，同时又要有冰冷的理智压住。第一乐章尤其难，节奏变化极多，但不能显得散漫，要热情、轻灵、妩媚，一点不能缺少深刻与沉着。

巴赫，我比较满意。以前的比洛式的弹法太夸张了，而且把巴赫的宗教气息沦为肤浅的充满激情和浪漫。巴赫仍然是浪漫的，但决非十九世纪才子佳人式的浪漫。那是一种内在的、极深刻沉着的热情。巴赫也发怒、挣扎、控诉，甚而至于哀号，但这一切都有一个巍峨庄严的躯壳，有那么一股神秘气息，一股信仰的力量。巴赫是有反抗精神的，但他从来没有想超越上帝；到最后总是上帝的神光使他一切的情绪安息了。

我直到最近，才开始感觉自己懂得一些巴赫，而且真正认识到他的伟大。我从来没有像现在这样爱过巴赫，能整天弹他，同一首赋格即使弹上一千遍也不会厌倦。那真是神的音乐。在音乐会以前，没有比弹巴赫更有益的了：上台会那么镇静，使我头脑清醒。

莫扎特，我也比从前喜欢得多了；跟杰老师上过一课协奏曲，他认为很好。

九月二日聪信摘录（波19B）

最近经常翻阅《人间词话》，每次都感触很多。昨天看了一场京戏，也很感动，觉得中国艺术有一个特点，能用最简单最概括、同时最有品味的方法来表现极丰富的意义，而最妙的就在于朴实，任何人都能很快的领会。王国维论词有“隔”与“不隔”之别，其实就是这个意思。任何艺术创造都脱离不了这样一个原则，归根结底，就是一个艺术家是不是真诚的问题。

“词人者，不失其赤子之心者也。”

“境非独谓景物也，喜怒哀乐亦人心中之一境界；故能写真景物真感情者，谓之有境界。”

第三十八至三十九两页所论尤其是学艺术的人所必读。

论诗的有题无题一段，使我想起标题音乐。其实真正伟大的标题音乐，如贝多芬的《第六交响乐》，柏辽兹的《罗马狂欢节》，描写的固然是真实景物，但更重要的是以境寓情。

“大家之作，其言情也必……”一段，无论学创作或演奏的人都应该熟读。把它用于对萧邦的理解上，对一切作家的理解上，都是最恰当不过的。

“诗人对宇宙对人生，须入乎其内，又须出乎其外”这一段，也特别适用于理解萧邦。这一点也正是萧邦艺术最伟大的地方。舒曼比起萧邦来，就是能入而不能出的了，故萧邦作品的演奏特难。

纸上写不尽我满怀的感想，可惜不能和你们促膝而谈。

艺术家第一件事要“真”。只要是真的，就没有不可理解的艺术。

“真”者忠实也。以音乐而论，即使如舒曼那样的哀泣，如弗兰克那样的嚎哭，都不失其为最伟大的艺术品，以其忠实也。而一切感伤的音乐，如有些李斯特的作品，则犹如作偎薄语矣。

九月四日 *

亲爱的聪：今年暑天，爸爸身体大大衰退，不像去年暑天，虽然腰酸背痛，可精神很好，工作十小时不在乎，赶译出了《老实人》。

如今总觉得疲惫不堪，天天有几分热度，叫林伯伯仔细听肺，发现有些慢性肺炎。从今天起开始打肺病特效药，打十几瓶再看情形。希望打了针可以好得快些。你是知道爸爸的脾气，工作拖拉下去，他是要急的。我的身体还好，虽然也天天有几分热度，可是不要紧，同爸爸的情况不同。这几天我忙着陪伦伦①看病，因为她的肠子有病，经林医生诊断，也要打针吃药，她的环境复杂，好姆妈②又不在上海，父亲的关切究竟有限，可是有了病，不能不医，我们可怜她孤单，所以向学校请假，要在我们家休养一个时期。这孩子是非心很强，观察能力也相当正确，她父亲喜欢吹的那套，她也听不入耳，可是性情脾气很温和，很能容忍，因此也很痛苦。我们两人多方开导她，对她很有好处，她也很感激我们。她说：在我们家里充满着家庭的温暖，在自己家里，好像住旅馆，相互之间没有亲切之感。对后一辈的孩子，不管是别人的还是自己的，我们都一样看待，能帮助人总是快乐的。

九月二十八日聪信摘录（波20）

爸爸来信口气，似乎总担心我往自高自大的路上去。其实我自己从来也没有丝毫宽容过，我的自我批评精神还是始终如一。也许我写我的成功太多了吧，实际上我写的已经打了很多折扣。要说我的成功多少由于波兰人民对我特别爱护，那我是承认的。但要说他们对我特别宽容，那我是不同意的。我相信假如有一次放松了自己，真是弹得不好的话，批评和反应也不会好的。我每次对自己的批评，并非说真

---

① 即刘英伦，成家和与刘海粟之女，那时住在傅家养病。

② 成家和，伦伦的妈妈，父母挚友。

是演奏得不好，但离开我的理想很远很高。我想收集一些报章杂志上的批评寄给你们，可能还能要到英法报纸上的评论。

最近弹贝多芬的《第五钢琴协奏曲》，技巧大进步，也有新的体会。我觉得第五的精神是一种理想主义的精神；要说浪漫，它不像第四那样，但第五给人一种崇高的理想，一种大无畏的精神。比如那第二乐章，那是一篇先知书，向全世界的宣言。表现这种音乐不能单靠热情和理智，最重要的是感觉到那种崇高的理想，心灵的伟大和坚强，总而言之，要往"高处"去。

十一月二十七日聪信摘录（波22）

我在两星期前就得到了一架斯丹威；因为以前答应了波兰的一个全国性的工程师协会，在昨天和前天演奏两场独奏会，所以我马上开始了紧张的工作。（曲目略）

我故意准备这样重的节目，是想借此来逼逼自己。我这一回荒疏得太厉害了，但告诉你们一件喜事，这回演奏很成功；贝多芬尤其好，和杰老师上了几次课，学到的东西真太多了。斯卡拉蒂也好，巴赫出乎意外的稳，舒曼还不够完整。不知为什么，我现在不像从前那样喜欢这个作品了。两次独奏会都没有节目单，因为那纯粹是对机关内部演出。两次音乐会完了，我实在累。不知为什么，自从为了住房问题不痛快以来，一直心情悒郁。

你们的来信每次都使我感到自己是多么自私，真的，我始终没有能做到真正的冷静，感情还是主宰着我。爸爸信上的那种热诚和实事求是的精神，就像是鞭子鞭策着我的内心。

事实上，我还是非常的软弱，有时候我是多么讨厌这个"自己”。我常常怕跟你们谈这些，怕你们为我烦恼，而这又多了一个负担。我想我该多看些书，理论书。我那些小布尔乔亚的幻想，常常打扰我，该好好彻底清洗一下才行。

我常常觉得自己是生错了，或者说根本不该生，或者说根本不懂如何生活，说懒惰也可以，但我就是不善于去注意这些日常生活中应付人事的手段。

爸爸，我希望你不要误解我，因为心里烦，精神也累，所以写这些无聊的话。我的内心常常在斗争，要做到真正冷静沉着，可不容易。说真的，我也缺少今天新社会里的那种达观和勇往直前的精神；有时候有一点，但仅仅是有一点。我缺少一些很重要的“什么”。

看到祖国寄来的报刊杂志，常常觉得惭愧，有时候我是多么想望着美好的将来，但觉得自己是那样沉重，我懂得太少了。

爸爸来信告诉我该怎么办吧。或者寄些什么书来，能够帮助我更有勇气的。

练的东西我也觉得太乱了，得好好收拾出一个头绪来，把那些半生不熟的东西搞彻底。

望这信不要打扰了你们的心情，我是希望你们快乐的。我知道自己还是太年轻，对人生的实际事务又太不懂，接触到一点就使我心烦意乱。过去我的感情生活也太乱了，有时真理不出一个头绪来。我尤其痛心的是，幼时那初恋的影子老是缠着我。

哥伦比亚的唱片已收到，我听了很不满意。协奏曲的录音太坏，一片轰轰声。成绩最好的是《玛祖卡》，但也不是每个都好，有几个都是诗意够而节奏感不够，但很朴实，这一点我是满意的。

十二月九日

此信原有二页，现仅剩第二页。

唯有把过去的思想包袱，一齐扔掉了，才能得到真正的精神上的和平恬静，才能真正心胸开朗的继续前进！孩子，勇敢些！别怕！别踌躇！而最要紧的是把日常生活安排得井井有条！日常生活一乱，精神决不可能平静。

十二月十一日夜

你十一月二十七日信中只批评你弹的 *Mazurkas* [《玛祖卡》]，没提到其他的；是否因 *Concerto* [《协奏曲》] 录音效果恶劣，根本无法下断语？*Fantasy* [《幻想曲》] 与 *Berceuse* [《摇篮曲》] 两支曲子，望你再设法听一遍，写些意见来！等我们收到样片时，同时看看你的意见，以便知道你对萧邦的了解究竟是怎样的，也可知道你对自己的标准严格到什么程度。因巴黎的 Pathe Marconi 公司答应除样片外，将来再送我正式片两套；故我今天寄了一辑《敦煌画集》（大开本）去，以资酬答。昨天去买了十种理论书及学习文件，内八种都是小册子，分作两包，平信挂号寄出，约本月底可到。每次寄你的材料及书等，收到时务必在信中提明，千万勿忘，免我们挂心！

“毛选”中的《实践论》及《矛盾论》，可多看看，这是一切理论的根底。此次寄你的书中，一部分是纯理论，可以帮助你对马列主义及辩证法有深切了解。为了加强你的理智和分析能力，帮助你头脑冷静，彻底搞通马列及辩证法是一条极好的路。我本来富于科学精神，看这一类书觉得很容易体会，也很有兴趣，因为事实上我做人的作风一向就是如此的。你感情重，理智弱，意志尤其弱，亟须从这方面多下功夫。否则你将来回国以后，什么事都要格外赶不上的。

住屋及钢琴两事现已圆满解决，理应定下心来工作。倘使仍觉得心绪不宁，必定另有原因，索性花半天功夫仔细检查一下，病根何在？查清楚了才好对症下药，廓清思想。老是蒙着自己，不正视现实，不正视自己的病根，而拖泥带水，不晴不雨的糊下去，只有给你精神上更大的害处。该拿出勇气来，彻底清算一下。

廓清思想，心绪平定以后，接着就该周密考虑你的学习计划：把正规的学习和明春的灌片及南斯拉夫的演奏好好结合起来。事先多问问老师意见，不要匆促决定。决定后勿轻易更动。同时望随时来信告知这方面的情况。前信（51 号）要你谈谈技巧与指法手法，与你今后的学习很有帮助：我们不是常常对自己的工作（思想方面亦然如此）需要来个“小结”吗？你给我们谈技巧，就等于你自己作小结。千万别懒洋洋的拖延！我等着。同时不要一次写完，一次写必有遗漏，一定要分几次写才写得完全；写得完全是表示你考虑得完全，回忆得清楚，思考也细致深入。你务必听我的话，照此办法做。这也是一般工作方法的极重要的一个原则。

(……)

你始终太容易信任人。我素来不轻信人言，等到我告诉你什么话，必有相当根据，而你还是不大重视，轻描淡写。这样的不知警惕，对你将来是危险的！一个人妨碍别人，不一定是因为本性坏，往往是因为头脑不清，不知利害轻重。所以你在这些方面没有认清一个人的时候，切忌随口吐露心腹。一则太不考虑和你说话的对象，二则太不考虑事情所牵涉的另外一个人。（还不止一个呢！）来信提到这种事，老是含混得很。去夏你出国后，我为另一件事写信给你，要你检讨，你以心绪恶劣推掉了。其实这种作风，这种逃避现实的心理是懦夫的行为，决不是新中国的青年所应有的。你要革除小布尔乔亚根性，就要从这等地方开始革除！

别怕我责备！（这也是小布尔乔亚的懦怯。）也别怕引起我心烦，爸爸不为儿子烦心，为谁烦心？爸爸不帮助孩子，谁帮助孩子？儿子苦闷不向爸爸求救，向谁求救？你这种顾虑也是一种短视的温情主义，要不得！懦怯也罢，温情主义也罢，总之是反科学，反马列主义。为什么一个人不能反科学、反马列主义？因为要生活得好，对社会尽贡献，就需要把大大小小的事，从日常生活、感情问题，一直到学习、工作、国家大事，一贯的用科学方法、马列主义的方法，去分析，去处理。批评与自我批评所以能成为有力的武器，也就在于它能培养冷静的科学头脑，对己、对人、对事，都一视同仁，做不偏不倚的检讨。而批评与自我批评最需要的是勇气，只要存着一丝一毫懦怯的心理，批评与自我批评便永远不能做得彻底。我并非说有了自我批评（即挖自己的根），一个人就可以没有烦恼。不是的，烦恼是永久免不了的，就等于矛盾是永远消灭不了的一样。但是不能因为眼前的矛盾消灭了将来照样有新矛盾，就此不把眼前的矛盾消灭。挖了根，至少可以消灭眼前的烦恼。将来新烦恼来的时候，再去消灭新烦恼。挖一次根，至少可以减轻烦恼的严重性，减少它危害身心的可能；不挖根，老是有些思想的、意识的、感情的渣滓积在心里，久而久之，成为一个沉重的大包袱，慢慢的使你心理不健全，头脑不冷静，胸襟不开朗，创造更多的新烦恼的因素。这一点不但与马列主义的理论相合，便是与近代心理分析和精神病治疗的研究结果也相合。

至于过去的感情纠纷，时时刻刻来打扰你的缘故，也就由于你没仔细挖根。我相信你不是爱情至上主义者，而是真理至上主义者；那么你就该用这个立场去分析你的对象（不论是初恋的还是以后的），你跟她（不管是谁）在思想认识上，真理的执著上，是否一致或至少相去不远？从这个角度上去把事情解剖清楚，许多烦恼自然迎刃而解。你也该想到，热情是一朵美丽的火花，美则美矣，无奈不能持久。希望热情能永久持续，简直是愚妄；不考虑性情、品德、品格、思想等等，而单单执著于当年一段美妙的梦境，希望这梦境将来会成为现实，那么我警告你，你可能遇到悲剧的！世界上很少如火如荼的情人能成为美满的、白头偕老的夫妇的；传奇式的故事，如但丁之于裴阿脱里克斯，所以成为可哭可泣的千古艳事，就因为他们没有结合；但丁只见过几面（似乎只有一面）裴阿脱里克斯。歌德的太太克里斯丁纳是个极庸俗的女子，但歌德的艺术成就，是靠了和平宁静的夫妇生活促成的。过去的罗曼史，让它成为我们一个美丽的回忆，作为一个终生怀念的梦，我认为是最明哲的办法。老是自苦是只有消耗自己的精力，对谁都没有裨益的。孩子，以后随时来信，把苦闷告诉我，我相信还能凭一些经验安慰你呢。爸爸受的痛苦不能为儿女减除一些危险，那么爸爸的痛苦也是白受了。但希望你把苦闷的缘由写得详细些（就是要你自己先分析一个透彻），免得我空发议论，无关痛痒的对你没有帮助。好了，再见吧，多多来信，来信分析你自己就是一种发泄，而且是有益于心理卫生的发泄。爸爸还有足够的勇气担受你的苦闷，相信我吧！你也有足够的力量摆脱烦恼，有足够的勇气正视你的过去，我也相信你！

十二月二十一日晨①

你在国外求学，“厉行节约”四字也应该竭力做到。我们的家用，从上月起开始每周做决算，拿来与预算核对，看看有否超过？若有，要研究原因，下周内就得设法防止。希望你也努力，因为你音乐会收入多，花钱更容易不假思索，满不在乎。至于后两条，我建议为了你，改成这样的口号：反对分散使用精力，坚决贯彻重点学习的方针。今夏你来信说，暂时不学理论课程，专攻钢琴，以免分散精力，这是很对的。但我更希望你把这个原则再推进一步，再扩大，在生活细节方面都应用到。而在乐曲方面，尤其要时时注意。首先要集中几个作家。作家的选择事先可郑重考虑；决定以后切勿随便更改，切勿看见新的东西而手痒心痒——至多只宜作辅助性质的附带研究，而不能喧宾夺主。其次是练习的时候要安排恰当，务以最小限度的精力与时间，获得最大限度的成绩为原则。和避免分散精力连带的就是重点学习。选择作家就是重点学习的第一个步骤；第二个步骤是在选定的作家中再挑出几个最有特色的乐曲。譬如巴赫，你一定要选出几个典型的作品，代表他键盘乐曲的各个不同的面目的。这样，你以后对于每一类的曲子，可以举一反三，自动的找出路子来了。这些道理，你都和我一样的明白。我所以不惮烦琐的和你一再提及，因为我觉得你许多事都是知道了不做。学习计划，你从来没和我细谈，虽然我有好几封信问你。从现在起到明年（一九五六）暑假，你究竟决定了哪些作家，哪些作品？哪些作品作为主要的学习，哪些作为次要与辅助

---

① 父亲这封“说教”很重的信，是十二月九日、十一日信的接续，意在从理论上加强傅聪的理智和意志。前面的六个感想收入本书时删去。

性质的？理由何在？这种种，无论如何希望你来信详细讨论。我屡次告诉你：多写信多讨论问题，就是多些整理思想的机会，许多感性认识可以变做理性认识。这样重要的训练，你是不能漠视的。只消你看我的信就可知道。至于你忙，我也知道；但我每个月平均写三封长信，每封平均有三千字，而你只有一封，只及我的三分之一：莫非你忙的程度，比我超过百分之二百吗？问题还在于你的心情：心情不稳定，就懒得动笔。所以我这几封信，接连的和你谈思想问题，急于要使你感情平静下来。做爸爸的不要求你什么，只要求你多写信，多写有内容有思想实质的信；为了你对爸爸的爱，难道办不到吗？我也再三告诉过你，你一边写信整理思想，一边就会发现自己有很多新观念；无论对人生，对音乐，对钢琴技巧，一定随时有新的启发，可以帮助你今后的学习。这样一举数得的事，怎么没勇气干呢？尤其你这人是缺少计划性的，多写信等于多检查自己，可以纠正你的缺点。当然，要做到“不分散精力”“重点学习”“多写信，多发表感想，多报告计划”，最基本的是要能抓紧时间。你该记得我的生活习惯吧？早上一起来，洗脸，吃点心，穿衣服，没一件事不是用最快的速度赶着做的；而平日工作的时间，尽量不接见客人，不出门；万一有了杂务打岔，就在晚上或星期日休息时间补足错失的工作。这些都值得你模仿。要不然，怎么能抓紧时间呢？怎么能不浪费光阴呢？如今你住的地方幽静，和克拉可夫音乐院宿舍相比，有天渊之别；你更不能辜负这个清静的环境。每天的工作与休息时间都要安排妥当，避免一切突击性的工作。你在国外，究竟不比国内常常有政治性的任务。临时性质的演奏也不会太多，而且宜尽量推辞。正式的音乐会，应该在一个月以前决定，自己早些安排练节目的日程，切勿在期前三四天内日夜不停的“赶任务”，赶出来的东西总是不够稳，不够成熟的；并且还要妨碍正规学习；事后又要筋疲力尽，仿佛人要瘫下来似的。

我说了那么多，又是你心里都有数的话，真怕你听腻了，但也真怕你不肯下决心实行。孩子，告诉我，你已经开始在这方面努力了，那我们就安慰了，高兴了。

十二月二十七日午

以音乐而论，我觉得你的《协奏曲》非常含蓄，绝无鲁宾斯坦那种感伤情调，你的情感都是内在的。第一乐章的技巧不尽完整，结尾部分似乎很显明的有些毛病。第二乐章细腻之极，touch［触键］是 delicate［精致］之极。最后一章非常 brilliant［辉煌，出色］。《摇篮曲》比颁奖音乐会上的好得多，mood［情绪］也不同，更安静。《幻想曲》全部改变了：开头的引子，好极，沉着，庄严，贝多芬气息很重。中间那段 slow［缓慢］的 singing part［如歌片段］，以前你弹得很 tragic［悲怆］的，很 sad［伤感］的，现在是一种惆怅的情调。整个曲子像一座巍峨的建筑，给人以厚重、扎实、条理分明、波涛汹涌而意志很热的感觉。

李先生说你的协奏曲，左手把 rhythm［节奏］控制得稳极，rubato［音的长短顿挫］很多，但不是书上的，也不是人家教的，全是你心中流出来的。她说从国外回来的人常说现在弹萧邦都没有 rubato 了，她觉得是不可能的；听了你的演奏，才证实她的怀疑并不错。问题不是没有 rubato，而是怎样的一种 rubato。

傅聪获奖后为听众签名（一九五五年）

《玛祖卡》，我听了四遍以后才开始捉摸到一些，但还不是每支都能体会。我至此为止是能欣赏了 Op. 59，No. 1［作品五十九之一］；Op. 68，No. 4［作品六十八之四］；Op. 41，No. 2［作品四十一之二］；Op. 33，No. 1［作品三十三之一］。Op. 68，No. 4［作品六十八之四］的开头像是几句极凄怨的哀叹。Op. 41，No. 2［作品四十一之二］中间一段，几次感情欲上不上，几次悲痛冒上来又压下去，到最后才大恸之下，痛哭出声。第一支最长的 Op. 56，No. 3［作品五十六之三］，因为前后变化多，还来不及把握。阿敏却极喜欢，恩德也是的。她说这种曲子如何能学？我认为不懂什么叫做"tone colour"［音色］的人，一辈子也休想懂得一丝半毫，无怪几个小朋友听了无动于衷。colour sense［音色领悟力］也是天生的。孩子，你真怪，不知你哪儿来的这点悟性！斯拉夫民族的灵魂，居然你天生是具备的。斯克里亚宾的 *Prélude*［《前奏曲》］既弹得好，《玛祖卡》当然不会不好。恩德说，这是因为中国民族性的博大，无所不包，所以什么别的民族的东西都能体会得深刻。*Notre - Temps No.* 2［《我们的时代》第二号］好似太拖拖拉拉，节奏感不够。我们又找出鲁宾斯坦的片子来听了，觉得他大部分都是节奏强，你大部分是诗意浓；他的音色变化不及你的多。①

十二月二十三日聪信摘录（波 23）

成功决不会冲昏我的头脑，却常常使我担忧。我知道自己是有能力的，"自信"我是有的，但是我根底差，技巧上缺陷还很多，所知

---

① 参见一九五六年一月十日傅聪家信摘录（波 24）。

道的扎实的东西也少得很。我的成功随时随地需要十二万分的努力来撑持的。我有时的情绪坏是由于忧虑：在技术上我还是常常遇到挫折，在音乐方面有时也如此。我是极其敏感的人，因此心情不安，又非常担忧别人对我期望高，而我所能做到的却不能满足别人的期望。骄傲，我是绝对没有的，相反，我常常怀疑自己，有时甚至会自卑。

要培养理智，要培养冷静：这确是我最需要的东西。还有，一定要克服许多不必要的敏感。——近来我在看"毛选"，道理都非常对，我也懂，只不知如何应用到日常生活中去。

一九五六年

一月四日深夜

对你的音乐成绩，真能欣赏和体会的（指周围的青年人中）只有恩德一人。她究竟聪明，这两年也很会用头脑思索。她前天拿了谱，又来听了一遍《玛祖卡》，感触更深，觉得你主要都在节奏上见功夫，表现你的诗情；说你在一句中间，前后的音符中间，有种微妙的吞吐，好像"欲开还闭"（是她说的）的一种竞争。学是绝对学不来，也学不得的，只能从总的方面领会神韵，抓住几个关键，懂得在哪些地方可以这样的伸缩一下，至于如何伸缩，那是必须以各人的个性而定的——你觉得她说得不错吗？她又说你在线条走动的时候，固然走得很舒畅，但难得的是在应该停留的地方或是重音上面能够收得住，在应该回旋的开头控制得非常好。恩德还说，你的演奏充满了你自己特有的感情，同时有每个人所感觉到的感情。这两句就是匈牙利的Imre Ungar［伊姆雷·温加尔］说的，"处处叫人觉得是新的，但仍然是合于逻辑的。”可见能感受的艺术家，感受的能力都相差不远，问题是在于实践。恩德就是懂得那么多，而表白得出的那么少。

她随便谈到李先生教琴的种种，有一句话，我听了认为可以给你作参考。就是李先生常常埋怨恩德身子往前向键盘倾侧，说这个姿势自然而然会使人手臂紧张，力量加重，假如音乐不需要加强，你身子往前一倾，就会产生过分的效果。因为来信常常提起不能绝对放松，所以顺便告诉你这一点。还有李先生上回听了你的《玛祖卡》，马上说：“我想阿聪身子是不摇动了，否则决不能控制得这样稳。”

无论你对灌片的成绩怎么看法，我绝对不会错认为你灌音的时候不郑重。去年四月初，你花了五天功夫灌这几支曲子，其认真可想而知。听说世界上灌片最疙瘩的是 Marguerite Long［玛格丽特·朗］，有一次，一个曲子直灌了八十次。还有 Toscanini［托斯卡尼尼］，常常不满意他的片子。有一回听到一套片子，说还好；一看原来就是他指挥的。

去年灌 *Concerto*［《协奏曲》］时，不知你前后弹了几次？是否乐队也始终陪着你常常重新来过？这二点望来信告知。我们都认为华沙乐队不行，与 solo［独奏］不够呼应紧密，倒是你的 solo 常常在尽力承上启下的照顾到乐队部分。

我劝你千万不要为了技巧而烦恼，主要是常常静下心来，细细思考，发掘自己的毛病，寻找毛病的根源，然后想法对症下药，或者向别的师友讨教。烦恼只有打扰你的学习，反而把你的技巧拉下来。共产党员常常强调：“克服困难”，要克服困难，先得镇定！只有多用头脑才能解决问题。同时也切勿操之过急，假如经常能有少许进步，就不要灰心，不管进步得多么少。而主要还在于内心的修养，性情的修养：我始终认为手的紧张和整个身心有关系，不能机械的把“手”

孤立起来。练琴的时间必须正常化，不能少，也不能多；多了整个的人疲倦之极，只会有坏结果。要练琴时间正常，必须日常生活科学化，计划化，纪律化！假定有事出门，回来的时间必须预先肯定，在外面也切勿难为情，被人家随便多留，才能不打乱事先定好的日程。

一月十日聪信摘录（波24）

最近我的心情已经好转了，一方面因为去捷克、南斯拉夫期近，非得用功不可；一开始工作心里就没有负担了。另一方面，爸爸的信和那些理论书对我也很有帮助，只是时间太少。我现在每天差不多练十二小时左右（十二小时完全是必要的），练完后，总是筋疲力尽，身体疲劳，脑子也疲劳，我几乎不大能再用心思考别的问题了。弄我们这一门实在不容易，要有一点成绩，就得日以继夜的劳动，要把脑子所分析的，心里所感受的，都在一双手上滚得烂熟，一点也马虎不得，特别是像我技术基础不很扎实的人。

爸爸来信提起的作品六十八号之四的《玛祖卡》，是萧邦临终前的作品，也是他最后一个作品，所以整个曲子极其凄怨，充满了一种绝望而无力的情感。只有中间一句，音响是强的，好像透出了一点生命的亮光，闪过一些美丽的回忆；但马上又消失了，最后仍是一片黯淡的境界。那是萧邦临终时写下的一首最深刻最凄怆的诗。作品六十三号之二的《玛祖卡》，其实和这一首很相像，而且同是f小调。

作品四十一号第二首，的确像爸爸说的，开头好几次，感情要冒上来了，又压下去了，最后却是极其悲怆的放声恸哭。但我认为这首《玛祖卡》主要的境界也是回忆，有时也不乏光明的影子；那些都是萧邦年轻时代的日子，是他还没有离开祖国的时代的那些日子。我所弹的这些《玛祖卡》，恐怕要算最好的几个了，也是萧邦最好的作品了。作品五十六号之三这一首《玛祖卡》，哲学气息很重，作品大，变化多，是不容易体会的，因此也恐怕要算最难弹的一个《玛祖卡》了。作品五十九号之一的《玛祖卡》好比一个微笑，但是带一点忧郁的微笑，是一种很清明的境界。关于《玛祖卡》，我要说起来，可以说很多很多，但我总觉得纸上谈兵，说不出什么来，因为它们太微妙了。

鲁宾斯坦弹的《e小调第一钢琴协奏曲》，我认为完全不对。当然，他是了不起的钢琴家，所以从许多弹钢琴的风格来说，的确无可批评。但他把这个协奏曲完全变成显示技巧精湛的风格；音的长短顿挫也颇过分，速度也太快，特别是第二乐章，简直不能想象。还有他一碰到快的段落（十六分音符的段落），马上就飞起来了，技巧固然是惊人，但萧邦的快段落却不是李斯特，而是相反，每个音符都是音乐，一飞就全部变成华彩段了。

现在有新的鲁宾斯坦的唱片（同是这个协奏曲），完全不同了，非常的朴实，一点也不飞，听说好极了。

鲁宾斯坦的《玛祖卡》我以前信上提过，有些他弹得实在好得惊人，有些却又实在坏（主要是太夸张，太火爆）。有几个《玛祖卡》，恐怕没人能比他弹得更妙了。他的节奏感非常有力，而尤其有一种潇洒的风度。《我们的时代》，他的弹法却不对；因为他在有几个地方的速度逐渐加快的乐节太过分了，正是犯了节奏的错误。但鲁宾斯坦终究是天才，听他的演奏总能学到许多东西。

萧邦的两支协奏曲，不管从哪个角度来看，都很难。即以技巧论，也不简单。因为它们都需要很好的手指技巧。两支协奏曲听起来很具有钢琴风味，弹起来手指是很别扭的。而最难的问题是对音的长短顿挫的把握，其实这是没法学的。萧邦的音的长短顿挫跟别的作家不同，那样的特殊，就是波兰人最爱说的那种萧邦式的音的长短顿挫。一定要从心里流出来，不能有一点做作。过分了就变成李斯特，太沉着又变成勃拉姆斯，太温柔又变成舒曼，太轻灵又变成德彪西。萧邦是非常真情的，他的音乐最富于情感，却又那样的精妙；他是个真正的诗人。有时他非常充满激情，但从来不沉闷。他色彩变化极多，但从来没有像德彪西那样纯客观的音色变化。他的每个音符都代表他心里流出来的情感。

了解萧邦确实是难，第一要能了解“诗”。

音色变化不能纯粹从音色上去追求，而完全要从音乐本身去体会。音色的变化是从乐曲中的思绪变化出来的。萧邦的音色也绝不同于德彪西。萧邦纯粹是感情的，德彪西纯粹是造型的，而且常常是写景的。

一月二十日、二十日*

亲爱的孩子：昨天接一月十日来信，和另外一包节目单，高兴得很。第一，你心情转好了；第二，一个月由你来两封信，已经是十个多月没有的事了。只担心一件，一天十二小时的工作对身心压力太重。我明白你说的“十二小时绝对必要”的话，但这句话背后有一个很重要的原因：倘使你在十一十二两月中不是常常烦恼，每天保持——不多说——六七小时的经常练琴，我断定你现在就没有一天练十二小时的“必要”。你说是不是？从这个经验中应得出一个教训：以后即使心情有波动，工作可不能松弛。平日练八小时的，在心绪不好时减成六七小时，那是可以原谅的，也不至于如何妨碍整个学习进展。超过这个尺寸，到后来势必要加紧突击，影响身心健康。往者已矣，来者可追，孩子，千万记住：下不为例！何况正规工作是驱除烦恼最有效的灵药！我只要一上桌子，什么苦闷都会暂时忘掉。

(……)

我九日航挂寄出的关于萧邦的文章二十页，大概收到了吧？其中再三提到他的诗意，与你信中的话不谋而合。那文章中引用的波兰作家的话（见第一篇《少年时代》3－4页），还特别说明那“诗意”的特点。又文中提及的两支 *Valse* ［《圆舞曲》］，你不妨练熟了，当做 encore piece ［加奏乐曲］用。我还想到，等你南斯拉夫回来，应当练些 Chopin ［萧邦］的 *Prélude* ［《前奏曲》］。这在你还是一页空白呢！等我有空，再弄些材料给你，关于 *Prélude* 的，关于萧邦的 piano method ［钢琴手法］的。

《协奏曲》第二乐章的情调，应该一点不带感伤情调，如你来信所说，也如那篇文章所说的。你手下表现的 Chopin，的确毫无一般的感伤成分。我相信你所了解的 Chopin 是正确的，与 Chopin 的精神很接近——当然谁也不敢说完全一致。你谈到他的 rubato ［速率伸缩处理］与音色，比喻甚精彩。这都是很好的材料，有空随时写下来。一个人的思想，不动笔就不大会有系统；日子久了，也就放过去了，甚至于忘了，岂不可惜！就为这个缘故，我常常逼你多写信，这也是很重要的“理性认识”的训练。而且我觉得你是很能写文章的，应该随时练习。

你这一行的辛苦，当然辛苦到极点。就因为这个，我屡次要你生活正规化，学习正规化。不正规如何能持久？不持久如何能有成绩？如何能巩固已有的成绩？以后一定要安排好，控制得牢，万万不能“空”与“忙”调配得不匀，免得临时着急，日夜加工的赶任务。而且作品的了解与掌握，就需要长时期的慢慢消化、咀嚼、吸收。这些你都明白得很，问题在于实践！

爸爸 一月二十日

妈妈有几个月不跟你写信了，一方面杂务繁忙，一方面也实在是偷懒，有个那样健笔的爸爸，妈妈就乐得疏懒了。可是每次看到你的信，也跟着你一样忧，一样喜，你生活上精神上有什么波动，与我们是分不开的。阳历年底，本来爸爸的工作告一小段落，可以休息几天。接着你的唱片来了，我们就紧张起来，邮局跑了两次，由市委出了证明文件，没有花一分钱就拿到了。听到你的唱片，如见其人，能不动心么？还要招待朋友来听，一遍二遍，无论多少遍我是听不厌的，心里真像开了花的快乐。电台里在一月二日拿去播送，爸爸帮着写了些介绍的文章，朱健又请爸爸写萧邦的生平，爸爸就日以继夜的翻参考书，看萧邦的传记，几天内就赶出来了。我又跟着忙，帮他抄。这期间又忙着提关于高级知识分子的意见，从各方面搜罗情报，尽量提，为了做好这件工作，爸爸是应该出些力的。所以事实上他一点也没休息，反而工作紧张。

妈妈 一月二十日

一月二十二日晚

亲爱的孩子：今日星期，花了六小时给你弄了一些关于萧邦与德彪西的材料，关于 tempo rubato［速度的伸缩处理］的部分，你早已心领神会，不过看了这些文字更多一些引证罢了。他的 piano method［钢琴手法］，似乎与你小时候从 Paci［百器］那儿学的一套很像，恐怕是李斯特从 Chopin［萧邦］那儿学来，传给学生，再传到 Paci

的。是否与你有帮助，不得而知。

前天早上听了电台放的 Rubinstein［鲁宾斯坦］弹的 *e Min. Concerto*［《e 小调协奏曲》］（当然是老灌音），觉得你的批评一点不错。他的 rubato［音的长短顿挫］很不自然；第三乐章的两段（比较慢的，出现过两次，每次都有三四句，后又转到 minor［小调］的），更糟不可言。转 minor 的二小句也牵强生硬。第二乐章全无 singing［抒情流畅之感］。第一乐章纯是炫耀技巧。听了他的，才知道你弹的尽管 simple［简单］，music［音乐感］却是非常丰富的。孩子，你真行！怪不得斯曼齐安卡前年冬天在克拉可夫就说："想不到这支 *Concerto*［《协奏曲》］会有这许多 music！"

今天寄你的文字中，提到萧邦的音乐有"非人世的"气息，想必你早体会到；所以太沉着不行，太轻灵而客观也不行。我觉得这一点近于李白，李白尽管飘飘欲仙，却不是德彪西那一派纯粹造型与讲气氛的。

二月一日聪信摘录（波 25）

爸爸写的萧邦小传我觉得好极了，充满了诗意，而且萧邦的面貌也很真实。其中波兰作家的话特别有意思。另外，我非常欣赏海涅的那段文字，难道真是天才特别能了解另外一个天才吗？

我说萧邦有"非人世"的气息，却绝无神秘的气息；他只是有时境界很高，很宁静；最主要还是诗的气息。我想音乐家中诗人气息如萧邦那样的，恐怕找不出第二个。他同时代的舒曼，与其说是诗人气息，不如说是文学气息更恰当些。萧邦在音乐家中的独一无二，就像诗人中之李白，世界上 Chopinist 这么难得也就在于此。但我觉得李白的那种境界尤其特殊，像他那样的浩气、才华、幻想的高远，真是前无古人，后无来者的了；在欧洲民族中，这样的例子恐怕更难找了。

二月八日

亲爱的孩子：早想写信给你了，这一向特别忙。连着几天开会。小组讨论后又推我代表小组发言，回家就得预备发言稿；上台念起来，普通话不行，又须事先练几遍，尽量纠正上海腔。结果昨天在大会上发言，仍不免“蓝青”① 得很，不过比天舅舅他们的“蓝青”是好得多。开了会，回家还要作传达报告，我自己也有许多感想，一面和妈妈、阿敏讲，一面整理思想。北京正在开全国政协，材料天天登出来；因为上海政协同时也开会，便没时间细看。但忙里抢看到一些，北京大会上的发言，有些很精彩，提的意见很中肯。上海这次政协开会，比去年五月大会的情况也有显著进步。上届大会是歌功颂德的空话多；这一回发言的人都谈到实际问题了。这样，开会才有意义，对自己，对人民，对党都有贡献。政府又不是要人成天捧场。但是人民的进步也是政府的进步促成的。因为首长的报告有了具体内容，大家发言也跟着有具体内容了。以后我理些材料寄你。

二月一日来信，六日晚就到了，这样快也是破天荒第一次。去捷克录音，单录萧邦，在我们总觉得美中不足。我还是鼓励你到那边跟他们商量一下，坚持一下，别的作品多少录一些。哪怕单是巴赫或韩德尔或贝多芬的一个曲子也好。希望你不要太不好意思！不要太随便

---

① 上海话“不地道”的意思。

让步！他们和艺术家接触多，艺术家的意见比较肯尊重；但若艺术家本人不坚持，那他们当然只凭他们的计划了。

二月十三日

一般小朋友，在家自学的都犯一个大毛病：太不关心大局，对社会主义的改造事业很冷淡。我和名强、酉三、子岐都说过几回，不发生作用。他们只知道练琴。这样下去，少年变了老年，与社会脱节，真正要不得。我说少年变了老年，还侮辱了老年人呢！今日多少的老年人都很积极，头脑开通。便是宋家婆婆也是脑子清楚得很。那般小朋友的病根，还是在于家庭教育。家长们只看见你以前关门练琴，可万万想不到你同样关心琴以外的学问和时局；也万万想不到我们家里的空气绝对不是单纯的，一味的音乐，音乐，音乐的！当然，小朋友们自己的聪明和感受也大有关系；否则，为什么许多保守顽固的家庭里照样会有精神蓬勃的子弟呢？

二月十七日聪信摘录（波 26）

我现在才真正开始认识莫扎特，这样的可爱、温柔、清新。这支协奏曲的三个乐章是一个整体，像一条静静的流水，流得那么自然舒畅；第二乐章的境界特别恬静、和平；莫扎特已感到他不久于人世，但他已超临在生死之上，所唱的乃是未来的理想世界的颂歌。他是爱人生的，他是最温柔的，最能体贴人心的。而讲到幽默、活力，我怀疑没有莫扎特，是否会有普罗科菲耶夫！

他和声转调的大胆、色彩的变化都是了不起的；第一乐章有一段从 b 小调一下子就转到 C 大调！但注意一点（那是我始终一贯的信念），莫扎特和一切伟大的天才创造者一样，那些大胆的创造都不是形式上的，而是从他所要表现的内容出发的。比如那一句 b 小调，表现了一种淡淡的怅惘，马上转到 C 大调，就丢开了怅惘，重新活跃起来。而这两句，除了调性以外，可以说完全相同：真是多迷人的天才！

二月二十九日夜

亲爱的孩子：昨天整理你的信，又有些感想。

关于莫扎特的话，例如说他天真、可爱、清新等等，似乎很多人懂得；但弹起来还是没有那天真、可爱、清新的味儿。这道理，我觉得是"理性认识"与"感情深入"的分别。感性认识固然是初步印象，是大概的认识；理性认识是深入一步，了解到本质。但是艺术的领会，还不能以此为限。必须再深入进去，把理性所认识的，用心灵去体会，才能使原作者的悲欢喜怒化为你自己的悲欢喜怒，使原作者每一根神经的震颤都在你的神经上引起反响。否则即使道理说了一大堆，仍然是隔了一层。一般艺术家的偏于 intellectual［理智］，偏于 cold［冷静］，就因为他们停留在理性认识的阶段上。

比如你自己，过去你未尝不知道莫扎特的特色，但你对他并没发生真正的共鸣；感之不深，自然爱之不切了；爱之不切，弹出来当然也不够味儿；而越是不够味儿，越是引不起你兴趣。如此循环下去，你对一个作家当然无从深入。

这一回可不然，你的确和莫扎特起了共鸣，你的脉搏跟他的脉搏一致了，你的心跳和他的同一节奏了；你活在他的身上，他也活在你身上；你自己与他的共同点被你找出来了，抓住了，所以你才会这样欣赏他，理解他。

由此得到一个结论：艺术不但不能限于感性认识，还不能限于理性认识，必需要进行第三步的感情深入。换言之，艺术家最需要的，除了理智以外，还有一个“爱”字！所谓赤子之心，不但指纯洁无邪，指清新，而且还指爱！法文里有句话叫做“伟大的心”，意思就是“爱”。这“伟大的心”几个字，真有意义。而且这个爱绝不是庸俗的，婆婆妈妈的感情，而是热烈的、真诚的、洁白的、高尚的、如火如荼的、忘我的爱。

从这个理论出发，许多人弹不好东西的原因都可以明白了。光有理性而没有感情，固然不能表达音乐；有了一般的感情而不是那种火热的同时又是高尚、精练的感情，还是要流于庸俗；所谓 sentimental［滥情，伤感］，我觉得就是指的这种庸俗的感情。

一切伟大的艺术家（不论是作曲家，是文学家，是画家……）必然兼有独特的个性与普遍的人间性。我们只要能发掘自己心中的人间性，就找到了与艺术家沟通的桥梁。再若能细心揣摩，把他独特的个性也体味出来，那就能把一件艺术品整个儿了解了。当然不可能和原作者的理解与感受完全一样，了解的多少、深浅、广狭，还是大有出入；而我们自己的个性也在中间发生不小的作用。

大多数从事艺术的人，缺少真诚。因为不够真诚，一切都在嘴里随便说说，当做唬人的幌子，装自己的门面，实际只是拾人牙慧，并非真有所感。所以他们对作家决不能深入体会，先是对自己就没有深入分析过。这个意思，克利斯朵夫（在第二册内）也好像说过的。

真诚是第一把艺术的钥匙。知之为知之，不知为不知。真诚的“不懂”，比不真诚的“懂”，还叫人好受些。最可厌的莫如自以为是，自作解人。有了真诚，才会有虚心，有了虚心，才肯丢开自己去了解别人，也才能放下虚伪的自尊心去了解自己。建筑在了解自己了解别人上面的爱，才不是盲目的爱。

而真诚是需要长时期从小培养的。社会上，家庭里，太多的教训使我们不敢真诚，真诚是需要很大的勇气作后盾的。所以做艺术家先要学做人。艺术家一定要比别人更真诚，更敏感，更虚心，更勇敢，更坚忍，总而言之，要比任何人都 less imperfect［较少不完美之处］！

好像世界上公认有个现象：一个音乐家（指演奏家）大多只能限于演奏某几个作曲家的作品。其实这种人只能称为演奏家而不是艺术家。因为他们的胸襟不够宽广，容受不了广大的艺术天地，接受不了变化无穷的形与色。假如一个人永远能开垦自己心中的园地，了解任何艺术品都不应该有问题的。

有件小事要和你谈谈。你写信封为什么老是这么不 neat［干净］？日常琐事要做得 neat，等于弹琴要讲究干净是一样的。我始终认为做人的作风应当是一致的，否则就是不调和；而从事艺术的人应当最恨不调和。我这回附上一小方纸，还比你用的信封小一些，照样能写得很宽绰。你能不能注意一下呢？以此类推，一切小事养成这种 neat 的习惯，对你的艺术无形中也有好处。因为无论如何细小不足道的事，都反映出一个人的意识与性情。修改小习惯，就等于修改自己的意识与性情。所谓学习，不一定限于书本或是某种技术；否则“随时随地都该学习”这句话，又怎么讲呢？我想你每次接到我的信，连寄书谱的大包，总该有个印象，觉得我的字都写得整整齐齐、清楚明白吧！

四月十八日聪信摘录（波28）

南国的风土之美，又是说不尽的。杜布罗夫尼克在海边，是六世纪时就有的古城，全部白石建成，古色古香，恍如到了希腊时代。那种明朗，那种安静，那种洁白，加上南国的阳光、海风和一片片绿色的森林，秀丽雄壮的山岗，我一辈子没见过比这更美的地方。那海水的蓝，蓝得像宝石一般。我在这城里住了五天，把一切疲劳都忘得干干净净，其余如孟的内哥罗的两个小城市，也是美得不能想象：山高水深，纯洁而又勇敢。大城市如萨格勒布、卢布尔雅那，以至其他的城市，无不各有其美。最大的特色是到处都明朗、干净、和平。我真是爱上了这个国家。

四月二十九日

亲爱的孩子：很奇怪你四月十八日写的信，内容很重要，为何隔了三天才寄呢？邮戳是四月二十一日，到上海是二十八日，路上倒很快；你自己为什么耽误呢？节目单、招贴、明信片等等都没到。过去你也是用航空寄的，怎么此次信到了一天多，那些东西还没到呢？

你信上第一段，很可作为一篇通讯，我想抄下来寄给《中国青年》半月刊。可惜内容还是不够些；例如南国风光，还要写得具体些；与当地人士及艺术家的接触也要多写些才好。你能再补些材料来吗？第一次在 Belgrade［贝尔格莱德］弹两支协奏曲中的萧邦协奏曲是 e min.［e 小调］还是 f min.［f 小调］？望告知！

信上第二三段的事，我已处理：一、把来信抄下一份，二、附我的意见；一式两份寄给文化部夏衍副部长，其中一份请他转呈周总理。因此事涉及文化部及外交部各方面。(……)

你有这么坚强的斗争性，我很高兴。但切勿急躁，妨碍目前的学习。以后要多注意：坚持真理的时候必须注意讲话的方式、态度、语气、声调。要做到越有理由，态度越缓和，声音越柔和。坚持真理原是一件艰巨的斗争，也是教育工作，需要好的方法、方式、手段，还有是耐心。万万不能动火，令人误会。这些修养很不容易，我自己也还离得远呢。但你可趁早努力学习！

经历一次磨折，一定要在思想上提高一步。以后在作风上也要改善一步。这样才不冤枉。一个人吃苦碰钉子都不要紧，只要吸取教训，所谓人生或社会的教育就是这么回事。你多看看文艺创作上所描写的一些优秀党员，就有那种了不起的耐性，肯一再的细致的说服人，从不动火，从不强迫命令。这是真正的好榜样。而且存了这种心思，你也不会再烦恼；而会把斗争当做日常工作一样了。要坚持，要贯彻，但是也要忍耐！

五月十五日聪信摘录（波30）

前天杰老师告诉我，今年八月间在萨尔茨堡将举行莫扎特比赛，包括歌唱、提琴、钢琴、指挥等。钢琴部分的节目有：三支《协奏曲》，二支《奏鸣曲》，一支《幻想曲》或《回旋曲》或《变奏曲》。他的意见是希望我去参加，一则他认为我可能成功，二则也是个很好的学习机会。萨尔茨堡原来是莫扎特的故乡，今年又是大规模的纪念，将集中欧洲最优秀的音乐家和乐队。时间又在暑假，对我学校里的学习不会有任何妨碍。

我自己是很想去的。我自信在这比赛上能有所作为，而且节目很严肃，很有分量，不是那种可以投机取巧的比赛。我不怕比真功夫，只怕投机取巧。

五月二十四日下午

一回家就看到你本月九日的信，及杰老师十五日信。今天又收到你十五日信（邮戳是十七），我急急忙忙把杰老师的信打字抄了三份，又译成中文，也是一式三份；又附了我的意见，一齐寄给文化部去，与此信同时付邮。

我完全赞同你参加莫扎特比赛：第一因为你有把握，第二因为不须你太费力练 technic［技巧］，第三节目不太重，且在暑期中，不妨碍学习。

六月十四日下午

亲爱的孩子：我六月二日去安徽参观了淮南煤矿、佛子岭水库、梅山水库，到十二日方回上海。此次去的人是上海各界代表性人士，由市政协组织的，有政协委员、人民代表，也有非委员代表。看的东西很多，日程排得很紧，整天忙得不可开交。我又和邹韬奋太太（沈粹缜）两人当了第一组的小组长，事情更忙。一回来还得写小组的总结，今晚，后天，下周初，还有三个会要开，才能把参观的事结束。祖国的建设，安徽人民那种急起直追的勇猛精神，叫人真兴奋。各级领导多半是转业的解放军，平易近人，朴素老实，个个亲切可爱。佛子岭的工程全部是自己设计、自己建造的，不但我们看了觉得骄傲，恐怕世界各国都要为之震惊的。科技落后这句话，已经被雄伟的连拱坝打得粉碎了。淮南煤矿的新式设备，应有尽有；地下三百三十公尺深的隧道，跟国外地道车的隧道相仿，升降有电梯，隧道内有电车，有通风机，有抽水机，开采的煤用皮带拖到井上，直接装火车。原始、落后、手工业式的矿场，在解放以后的六七年中，一变而为赶上世界水平的现代化矿场，怎能不叫人说是奇迹呢？详细的情形没功夫和你细谈，以后我可把小组总结抄一份给你。

五月三十一日寄给你夏衍先生的信，想必收到了吧？他说的话的确值得你深思。一个人太顺利，很容易于不知不觉间忘形的。我自己这次出门，因为被称为模范组长，心中常常浮起一种得意的感觉，猛然发觉了，便立刻压下去。但这样的情形出现过不止一次。可见一个人对自己的斗争是一刻也放松不得的。至于报道国外政治情况等等，你不必顾虑。那是夏先生过于小心。《波兰新闻》（波大使馆每周寄我的）上把最近他们领导人物的调动及为何调动的理由都说明了。可见这不是秘密。

(……)

看到内地的建设突飞猛进，自己更觉得惭愧，总嫌花的力量比不上他们，贡献也比不上他们，只有抓紧时间拼下去。从黄山回来以后，每天都能七时余起床，晚上依旧十一时后睡觉。这样可以腾出更多的时间。因为出门了一次，上床不必一小时、半小时的睡不着，所以既能起早，也能睡晚，我很高兴。

你有许多毛病像我，比如急躁情绪，我至今不能改掉多少；我真着急，把这个不易革除的脾气传染给了你。你得常常想到我在家里的“自我批评”，也许可以帮助你提高警惕。

六月二十五日聪信摘录（波31）

我决心要把全部莫扎特的《钢琴协奏曲》学完，那是最好的基础；而莫扎特又是如何了不起的天才！真是发掘不尽的宝藏，真懂得他的人那么少。因为他固然是人世的，同时那么纯洁、宁静、朴实。我现在才懂得为什么卫登堡①那么爱莫扎特。

我相信莫扎特将永远留在我心中。

各封来信中写的祖国各方面的情况令人又兴奋，又感动，又惭愧。夏衍先生的意见确是值得我深思的。我太真诚，太坦白，心中实在只有一片好意，有时却也闯祸；尤其在欧洲住久了，不免更感染了欧洲人那种直言不讳、坦率的作风。譬如关于宗教问题，我并没有自发的提起这个问题；南国记者谈起他们自己的情况，说他们有许多困难是由于宗教之故，听说波兰的情况也是如此，我当时只说了"是"，结果在报纸上发表的却成了我的意见了。

杰老师已收到你的复信。学习问题还得看着办，不必现在就肯定多久赶完。我自己的意见，最好在波兰多耽上四年五年，但一两年后每年回国三个月：一方面提前参加祖国的音乐建设，一方面能继续深造。

---

① Alfred wittenberg［阿尔弗雷德·卫登堡］（1880—1952），驰誉欧洲乐坛的德国犹太小提琴家和钢琴家。一九三九年初受纳粹迫害，流亡到上海，以教琴为生。一九四九年后任教于上海音乐学院，一九五二年七月病逝于上海。一九五一年左右，傅雷为培养熏陶傅聪，经常请他到家给予指教。卫登堡常常在琴上情不自禁的弹奏莫扎特作品，深情的陶醉于他深爱的莫扎特音乐之中。

七月六日

亲爱的孩子：今天收到夏衍先生来信，略称："关于傅聪同志参加莫扎特钢琴比赛之事，接函后（指五月去的信）即与有关方面联系，到最近为止，奥国方面迄未邀请，我国与奥地利尚无外交关系，对方未提邀请，我方不便自动前往，经第三国建议，亦属不妥，故已决定不派人参加。"

此事我今直接函告杰老师；他为此事很热心，应当对他有个交代。

七月二十四日聪信摘录（波32）

七十—七十一两信都已收到。不能参加莫扎特比赛真是可惜。其实，比赛原不邀请，奥国向任何一国都未提出邀请，只是通知而已。所谓邀请，恐怕也就是通知的意思。我国与奥国既无外交关系，宣传材料当然不会寄给我国了。

最近练了很多作品：巴赫《随想曲》，莫扎特《奏鸣曲》，斯卡拉蒂多首《奏鸣曲》，勃拉姆斯《韩德尔主题变奏曲》，弗兰克《恶魔》（钢琴与乐队的交响诗），德彪西《意象集》。另外练出了三个莫扎特协奏曲：F大调（K413）、降B大调（K456）、c小调（K419）。你们也许会奇怪我为什么这样热衷于莫扎特的协奏曲；假如你们听到了这些了不起的作品，就不会奇怪了。他的协奏曲比他的任何其他器乐曲、交响曲都好，比钢琴奏鸣曲价值高得多了。最近看了一本论莫扎特的百科全书，摘录许多世界古今名家的话，一致认为《钢琴协奏曲》是莫扎特在器乐方面最高的成就。在他的三十余首交响曲里，只有五六首是精品。三十余首《弦乐四重奏》里，也只有十首最优秀。而二十八首《钢琴协奏曲》差不多全是精品，表现的内容那么丰富、多样，一首一个面目，这是莫扎特最得心应手的形式。其中有诗意、热情、人情、淡雅、微妙、深邃，都是结合得最完美的，真是发掘不尽的宝藏。事实上，它们却是多么粗暴的被人忽略了；这也是那些谱子难找的缘故。

莫扎特的传记使我很感动，他的信尤其有意思。能找到一本英文的传记寄给我吗？我看了一些阿尔弗雷德·爱因斯坦写的，特别好，很深刻，真懂得莫扎特。莫扎特真是人类最伟大的奇迹之一，真正希腊精神的化身！

七月二十九日

上次我告诉你政府决定不参加 Mozart［莫扎特］比赛，想必你不致闹什么情绪的。这是客观条件限制。练的东西，艺术上的体会与修养始终是自己得到的。早一日露面，晚一日露面，对真正的艺术修养并无关系。希望你能目光远大，胸襟开朗，我给你受的教育，从小就注意这些地方。身外之名，只是为社会上一般人所追求、惊叹，对个人本身的渺小与伟大都没有相干。孔子说的“富贵于我如浮云”，现代的“名”也属于精神上“富贵”之列。

十月三日晨

亲爱的孩子：你回来了，又走了；[1] 许多新的工作、新的忙碌、新的变化等着你，你是不会感到寂寞的；我们却是静下来，慢慢的恢复我们单调的生活，和才过去的欢会与忙乱对比之下，不免一片空虚——昨儿整整一天若有所失。孩子，你一天天的在进步，在发展：这两年来你对人生和艺术的理解又跨了一大步，我愈来愈爱你了，除了因为你是我们身上的血肉所化出来的而爱你以外，还因为你有如此焕发的才华而爱你：正因为我爱一切的才华，爱一切的艺术品，所以我也把你当做一般的才华（离开骨肉关系），当做一件珍贵的艺术品而爱你。你得千万爱护自己，爱护我们所珍视的艺术品！遇到任何一件出入重大的事，你得想到我们——连你自己在内——对艺术的爱！不是说你应当时时刻刻想到自己了不起，而是说你应当从客观的角度重视自己：你的将来对中国音乐的前途有那么重大的关系，你每走一步，无形中都对整个民族艺术的发展有影响，所以你更应当战战兢兢，郑重将事！随时随地要准备牺牲目前的感情，为了更大的感情——对艺术对祖国的感情。你用在理解乐曲方面的理智，希望能普遍的应用到一切方面，特别是用在个人的感情方面。我的园丁工作已经做了一大半，还有一大半要你自己来做的了。爸爸已经进入人生的秋季，许多地方都要逐渐落在你们年轻人的后面，能够帮你的忙将要越来越减少；一切要靠你自己努力，靠你自己警惕，自己鞭策。你说到技巧要理论与实践结合，但愿你能把这句话用在人生的实践上去；那

① 傅聪于一九五六年八月下旬回到上海与父母团聚，并应邀在上海举行了一场钢琴独奏会和两场莫扎特钢琴协奏曲音乐会，并于九月底去京转赴波兰继续留学。

么你这朵花一定能开得更美，更丰满，更有力，更长久！

谈了一个多月的话，好像只跟你谈了一个开场白。我跟你是永远谈不完的，正如一个人对自己的独白是终身不会完的。你跟我两人的思想和感情，不正是我自己的思想和感情吗？清清楚楚的，我跟你的讨论与争辩，常常就是我跟自己的讨论与争辩。父子之间能有这种境界，也是人生莫大的幸福。除了外界的原因没有能使你把假期过得像个假期以外，连我也给你一些小小的不愉快，破坏了你回家前的对家庭的期望。我心中始终对你抱着歉意。但愿你这次给我的教育（就是说从和你相处而反映出我的缺点）能对我今后发生作用，把我自己继续改造。尽管人生那么无情，我们本人还是应当把自己尽量改好，少给人一些痛苦，多给人一些快乐。说来说去，我仍抱着“宁天下人负我，毋我负天下人”的心愿。我相信你也是这样的。

这几日你跟马先生一定谈得非常兴奋。能有一个师友之间的人和你推心置腹，也是难得的幸运。孩子，你不是得承认命运毕竟是宠爱我们的吗？

十月十日深夜—十一日下午

这两天开始恢复工作；一面也补看文件，读完了刘少奇同志在“八大”的报告，颇有些感想，觉得你跟我有些地方还是不够顾到群众，不会用适当的方法去接近、去启发群众。希望你静下来把这次回来的经过细想一想，可以得出许多有益的结论。尤其是我急躁的脾气，应当做为一面镜子，随时使你警惕。感情问题，务必要自己把握住，要坚定，要从大处远处着眼，要顾全局，不要单纯的逞一时之情，要极冷静，要顾到几个人的幸福，短视的软心往往会对人对己造成长时期的不必要的痛苦！孩子，这些话千万记住。爸爸妈妈最不放心的就是这些。

十月十日深夜

说到骄傲，我细细分析之下，觉得你对人不够圆通固然是一个原因，人家见了你有自卑感也是一个原因，而你有时说话太直更是一个主要原因。例如你初见恩德，听了她弹琴，你说她简直不知所云。这说话方式当然有问题。倘能细细分析她的毛病，而不先用大帽子当头一压，听的人不是更好受些吗？有一夜快十点多了，你还要练琴，她劝你明天再练，你回答说：像你那样，我还会有成绩吗？对待人家的好意，用反批评的办法，自然不行。妈妈要你加衣，要你吃肉，你也常用这一类口吻。你惯了，不觉得；但恩德究不是亲姐妹，便是亲姐妹，有时也吃不消。这些毛病，我自己也常犯，但愿与你共勉之！从这些小事情上推而广之，你我无意之间伤害人的事一定不大少，也难怪别人都说我们骄傲了。我平心静气思索以后，有此感想，不知你以为如何？

留波学习问题，且待过了明年再商量。那时以前我一定会去北京，和首长们当面协商。主要是你能把理论课早日赶完，跟杰老师多学些东西。照我前一晌提议的，每个作家挑一二代表作，彻底研究，排好日程，这一二年内非完成不可。

平日仍望坚持牛奶、鸡子、牛油。无论如何，营养第一，休息睡眠第一。为了艺术，样样要多克制自己！再过二年的使徒生活，战战兢兢的应付一切。人越有名，不骄傲别人也会有骄傲之感：这也是常情；故我们自己更要谦和有礼！

十月十一日下午

上海音乐会结束后，傅聪与父母同游杭州九溪十八涧，

这是傅聪与父母的最后一次出游（一九五六年）

一九五七年

二月二十四日

Bronstein［勃隆斯丹］一月二十九日来信（……）告诉我："……在最近的一次音乐会上（我是演奏巴赫《第五号勃兰登堡协奏曲》中的三个独奏者之一），一群刚到的匈牙利音乐家来到后台，由于提到了我是从中国来的，其中一位匈牙利音乐家过来对我说：他在布达佩斯听说了一位非常了不起的中国青年钢琴家，在最近的萧邦钢琴比赛中得了第三名。你显然会明白听到这些话时我的感受！接着他说给他第三名是很不公平的，毫无疑问他应该得第一名。"

上海这个冬天特别冷，阴历新年又下了大雪，几天不融。我们的猫冻死了，因为没有给它预备一个暖和的窠。它平时特别亲近人，死了叫人痛惜，半个月来我时时刻刻都在想起，可怜的小动物，被我们粗心大意，送了命。

三月十四日聪信摘录（波37）

杰老师对我的音乐会非常满意，高兴极了，他是非常严格的学者，难得夸奖学生的，这回是例外。音乐会前后，他都兴奋得很；在场的听众说，杰老师在音乐会中，从头至尾掩饰不住他内心的欢乐，听得真是出神了。他到处提起我，说我是真正的艺术大师，那种微妙只有在中国的诗或绘画中才能找出例子来，每一个小节都是细腻万分。他说他不久要写信给爸爸，告诉你我的巨大进步。这些真是使我又高兴又感动。杰老师是真正懂得我的艺术最主要本质的，而这是多么不容易。没有更能使我感到高兴的，就是从他的口中说出来我的艺术是中国的艺术；对了，假如我的艺术有一些比较难得的品质的话，那是因为我是我的古老而伟大祖国的忠实儿子。

三月十七日夜十一时于北京

亲爱的孩子：三月二日接电话，上海市委要我参加中共中央全国宣传工作会议，四日动身，五日晚抵京。六日上午在怀仁堂听毛主席报告的录音，下午开小组会，开了两天地方小组会，再开专业小组会，我参加了文学组。天天讨论，发言。十一日全天大会发言，十二日下午大会发言，从五点起毛主席又亲自来讲一次话，讲到六点五十分。十三日下午陆定一同志又作总结，宣告会议结束。此次会议，是党内会议，党外人一起参加是破天荒第一次。毛主席每天分别召见各专业小组的部分代表谈话，每晚召各小组召集人向他汇报，性质重要可想而知。主要是因为"百家争鸣"不开展，教条主义顽抗，故主席在最高国务会议讲过话，立即由中宣部电召全国各省市委（宣传文教）领导及党内外高教、科学、文艺、新闻出版的代表人士来京开"全国宣传工作会议"。上海一共来了四十五人（全国一共来三百六十人），北京（即中央的）有三四百人，总数是七百余人。上海代表中，以文艺界为最多，美术音乐只各占一人。高教界也来了不少。我们党外人士大都畅所欲言，毫无顾忌，倒是党内人还有些胆小。大家收获很大，我预备在下一封信内细谈。

我在会议内及会议后，老是忙得不可开交。七年不来京，老朋友都想我，一见面又是长谈，并且不止谈一次。庞伯伯、马先生、钱伯伯、姜椿芳、陈冰夷等都见了二三次，楼伯伯见面更多。周巍峙、王昆两位也见了两三回。夏部长、刘部长、周扬部长都约我去长谈。故此信不能一口气写，先寄上毛主席第一二次讲话记录摘要，是照我笔记本上整理出来的。因是党的会议，报上不公布的，所有文件都拔露，只能由我向你传达。但连日朋友请吃饭，故除了开会，就是东奔西跑，跟你在京情况差不多。我决定十九日回沪，二十日夜到家。明天是否能抽空再写别的报告，当无把握。译文社要我明天下午去谈谈（向编辑同志）翻译问题。

三月十七日夜十一时于北京新侨饭店

大会及小组讨论主要是“人民内部矛盾问题”“知识分子问题”“百家争鸣问题”和“学生闹事问题”。并要求大家尽量提意见，并反映各地各界情况。

三月十八日深夜于北京

毛主席的话和这次会议给我的启发很多，下次再和你谈。

从马先生处知道你近来情绪不大好，你看了上面这些话，或许会好一些。千万别忘了我们处在大变动时代，我国如此，别国也如此。毛主席只有一个，别国没有，弯路不免多走一些，知识分子不免多一些苦闷，这是势所必然，不足为怪的。苏联的失败经验省了我们许多力气；中欧各国将来也会参照我们的做法慢慢的好转。在一国留学，只能集中精力学其所长；对所在国的情形不要太忧虑，自己更不要因之而沮丧。我常常感到，真正积极、真正热情、肯为社会主义事业努力的朋友太少了，但我还是替他们打气，自己还是努力斗争。到北京来我给楼伯伯、庞伯伯、马先生打气。

自己先要锻炼得坚强，才不会被环境中的消极因素往下拖，才有剩余的精力对朋友们喊“加油加油”！你目前的学习环境真是很理想了，尽量钻研吧。室外的低气压，不去管它。你是波兰的朋友，波兰的儿子，但赤手空拳，也不能在他们的建设中帮一手。唯一报答她的办法是好好学习，把波兰老师的本领，把波兰音乐界给你的鼓励与启发带回到祖国来，在中国播一些真正对波兰友好的种子。他们的知识分子彷徨，你可不必彷徨。伟大的毛主席远远的发出万丈光芒，照着你的前路，你得不辜负他老人家的领导才好。

我也和马先生、庞伯伯细细商量过，假如改往苏联学习，一般文化界的空气也许要健全些，对你有好处；但也有一些教条主义味儿，你不一定吃得消；日子长了，你也要叫苦。他们的音乐界，一般比较属于 cold［冷静］型，什么时候能找到一个老师对你能相忍相让，容许你充分自由发展的，很难有把握。马先生认为苏联的学派与教法与你不大相合，我也同意此点。最后，改往苏联，又得在语言文字方面重起炉灶，而你现在是经不起耽搁的。周扬先生听我说了杰老师的学问，说：“多学几年就多学几年吧。”（几个月前，夏部长有信给我，怕波兰动荡的环境，想让你早些回国。现在他看法又不同了。）你该记得，胜利以前的一年，我在上海集合十二三个朋友（内有宋伯伯、姜椿芳、两个裘伯伯等等），每两周聚会一次，由一个人作一个小小学术讲话；然后吃吃茶点，谈谈时局，交换消息。那个时期是我们最苦闷的时期，但我们并不消沉，而是纠集了一些朋友自己造一个健康的小天地，暂时躲一下。你现在的处境和我们那时大不相同，更无须情绪低落。我的性格的坚韧，还是值得你学习的。我的脆弱是在生活细节方面，可不在大问题上。希望你坚强，想想过去大师们的艰苦奋斗，想想克利斯朵夫那样的人物，想想莫扎特、贝多芬；挺起腰来，不随便受环境影响！别人家的垃圾，何必多看？更不必多烦心。作客应当多注意主人家的美的地方；你该像一只久饥的蜜蜂，尽量吮吸鲜花的甘露，酿成你自己的佳蜜。何况你既要学piano［钢琴］，又要学理论，又要弄通文字，整天在艺术、学术的空气中，忙还忙不过来，怎会有时间多想邻人的家务事呢？

亲爱的孩子，听我的话吧，爸爸的一颗赤诚的心，忙着为周围的几个朋友打气，忙着管闲事，为社会主义事业尽一分极小的力，也忙着为本门的业务加工，但求自己能有寸进；当然更要为你这儿子作园丁与警卫的工作：这是我的责任，也是我的乐趣。多多休息，吃得好，睡得好，练琴时少发泄感情，（谁也不是铁打的！）生活有规律些，自然身体会强壮，精神会饱满，一切会乐观。万一有什么低潮来，想想你的爸爸举着他一双瘦长的手臂远远的在支撑你；更想想有这样坚强的党、政府与毛主席，时时刻刻作出许多伟大的事业，发出许多伟大的言论，无形中但是有效的在鼓励你前进！平衡身心，平衡理智与感情，节制肉欲，节制感情，节制思想，对像你这样的青年是有好处的。修养是整个的，全面的；不仅在于音乐，特别在于做人——不是狭义的做人，而是包括对世界、对政局的看法与态度。二十世纪的人，生在社会主义国家之内，更需要冷静的理智，唯有经过铁一般的理智控制的感情才是健康的，才能对艺术有真正的贡献。孩子，我千言万语也说不完，我相信你一切都懂，问题只在于实践！我腰酸背疼，两眼昏花，写不下去了。我祝福你，我爱你，希望你强，更强，永远做一个强者，有一颗慈悲的心的强者！

四月十八日聪信摘录（波38）

这回又迟迟不写信，主要一方面是由于音乐会多，一方面也因为许多新鲜的事物需要多想想。爸爸的三封信及材料，妈妈的信都收到了，真是叫人说不出的兴奋。那些材料我都看了又看，简直都背得了，给我的启发和教育真是无穷，解决了许多我以前没想通的问题，特别因为我在波兰接触到完全不同的环境。使馆的态度，我认为是有严重的教条主义的，使我不能心服，所以毛主席的讲话简直是对我的一个最有力的鼓励。我们的毛主席真是太伟大了，要不是他的英明远见，那波兰的事件不知要闹成什么悲剧呢！我前几个星期心绪不宁，主要因为有许多问题想不通；我究竟是个多多少少能独立思考的人，也多多少少有着理想和热情的人，在我发现许多事实和伟大的马克思主义的理想不符的时候，当然就会因此而感到痛苦。毛主席的话里许多都是我自己也在想的，只是不透彻，看了他的话，真像吃了什么灵芝仙草似的，痛快极了。我重新翻出毛选，一口气从头至尾读了一遍，觉得现在他的话固然有新的发展，但是那种最科学的分析事物的马列主义方法是一贯的。我觉得最主要的，就是要学这种真正的科学的思想方法。

教条主义的严重，就在于完全把人的思想限制住了，我想这是说明人类还没有脱离宗教情绪的控制，人们还是懒得用脑子，盲从究竟是最容易的。中国人虽然从来不是一个宗教民族，但几千年的封建社会，究竟是教条八股的大本营，那些东西根深蒂固，现在常常摇身一变，戴着马克思主义的面具出现。要说帽子，恐怕也要数中国第一，我们各种“主义”帽子之多，在国外是不能想象的：把一切非原则的问题，都提到原则高度上来，美其名曰站稳立场，俨然是马克思主义的忠诚信徒，其实我觉得那只是一种旧教条的新翻版而已。我们现在的人与人之间的关系，我觉得也很不正常，比起欧洲人来，那我们许多同志的生活，是多么枯索啊！兴趣是多么狭隘啊！又是多么缺乏幽默感啊！爸爸的信及毛主席话中提到今日的干部，往往是开会、散会、打扑克，事实正是如此。

说起大国主义，我的感受最深切了。大国主义不一定表现在像苏联的那种方式上面。我们使馆同志对外的种种举动，都是非常谨慎的，也很谦虚（同学也一样），但这个只做了一面，而且有时往往过分；我们的大国主义是在骨子里的，那是几千年封建大帝国的自大。同志们看外国的问题，处处以我们中国人的道德观念、趣味、习惯来断定是非，我认为这是不公平的。

今天要和教条主义作斗争，真是艰苦得很，不过毛主席说得最透彻，看得最远。人是要有这种大智大勇，置生死利害于度外，为真理斗争到底的精神才有价值。毛主席也启发了我看问题要用历史的眼光，其实就是科学的眼光，马列主义所以为真理，正因为是科学。看了毛主席的话，虽然切身痛感斗争之不易，但勇气百倍，乐观得很。

有一个最感迫切的问题，是我们今天对年轻一辈的教育，从留学生中观察，感到教条主义的毒素在我们年轻人中间也深深的扎了根。我们的社会里常常是以规规矩矩，安分守己，实际上是盲从的青年为好青年的标准，其实这是多么武断与狭窄啊！马列主义变成了教条，那就是最顽固的宗教；因为受教条毒害的人，处处以自己对革命事业的忠诚而感到自豪，往往做了错事坏事，还坚信是积了功德。所以毛主席说要和风细雨，治病救人；硬整是只会加深教徒的宗教狂的。

九月十七日＊[①]

亲爱的聪：不接到你的信，心里总是不安。马先生他们是昨天下午到沪的，住锦江饭店，昨晚先通了电话，约好今晨九时去看他们。我们是准时去的，马先生马太太都好，关于你的事也谈了许多，觉得他们两人对你的爱护，比你自己的父母还强，他们把你当做自己的儿女，什么也不计较，你一定要拿行动来报答他们。他们对你的劝告，难能可贵的忠言，一定要牢记在心，而且要拿出实际行动来。(……) 他们还要去南昌，杭州，大概下月五六日在杭州，那么回北京一定要在十日左右了。你现在住在马家，小主人招待你，一定要像个样。他们虽然年纪小，可是很懂事，你要尊重他们，到什么地方去，都应该告诉他们，回去吃饭或不回去吃饭都要讲的清清楚楚。这一切非但是礼貌，而且是人情。

(……)

我们叫你一到北京就跟夏部长通电话，阿敏信上没有提，我们真不放心，事情要分重要次要，你就单凭自己的主观，这是不应该的。文化部报到后，究竟派你在哪个团体里学习？与夏部长或周巍峙同志见了面没有？楼伯伯那里去过没有？我们天天等你的信，希望你将具体情况告诉我们。为了你，真是提心吊胆，一刻也不安宁。[②] 离家前，爸爸对你的忠言，要仔细多想想，你的主观太强，非把“大我”化为“小我”，甚至化为“小小我”不可。至于感情问题，我们也讲

---

① 一九五七年五月后，随着反右运动的深入开展，父亲的信逐渐少了，主要由母亲代笔与傅聪写信联络。

② 傅聪于一九五七年九月上旬回家度假，与父母待了一周，即应召赴京参加文化部的整风反右运动，紧接李德伦和吴祖强之后，作了检查，并接受批判。

尽了，只要你有理智，坚强起来，要摆脱是没有问题的。你要做一个为人民所爱的艺术家，不要做给人唾弃的艺术家。把你的热情化到艺术中去，那才伟大呢！我们也知道你克制的能力最差，这是很大的缺点，都得由你自己去克服。你这一次参加整风学习，机会难得，要冷静观察，虚心学习，多一次锻炼，对你是有好处的。

九月二十五日下午＊

亲爱的聪：收到你二十二日夜写的信，很高兴你经过了一番锻炼后，得到深刻的教育，使你有机会痛改前非；他们向你提的意见，就是你在家时我们提的意见。可知大家对你的爱护是一致的。

(……)

你现在思想方面，固然认识有所提高，但在感情方面是否也认识清楚了呢？（……）你初回家时，晚上在园子里爸爸对你讲的一番话，一番分析，你现在的头脑应该比较冷静，可以好好想一想，是否有所清醒呢！要是一个人的幸福建筑在人家的痛苦上，不是彻头彻尾的个人主义，也就是小资产阶级的意识么！（……）为了国家，为了广大人民，为了你自己的一生，为了你的艺术，是不是应该把事情看得远一些，为了将来的幸福而忍受一下眼前的苦闷呢！

回想二十年前，我跟你爸爸的情形①，那时你五岁，弟弟二岁，我内心的斗争是剧烈的，为了怨恨，不能忍受，我可以一走了之；可是我再三考虑，觉得不是那么简单，我走了，孩子要吃苦，我不应该那么任性、自私，为了一个“我”而牺牲了你们的幸福。我终于委

---

① 系指当年傅雷钟情于成家和妹妹成家榴一事。

曲求全的忍受了下来。反过来想一想，要是你爸爸当时也只为了眼前的幸福而不顾一切，那么，今天还有你们吗？还有我们这个美满的家庭吗？那是不可想象的。所以幸福是拿或多或少的痛苦换来的。眼前的，短时期的幸福往往种下了将来的，长期的，甚至下一代痛苦的根，这是最值得深思的。常常要设身处地的为人家想，这也是化“大我”为“小我”的一例。我们做父母的，决不自私。对人家的婚姻，有美满的，有痛苦的，看也看得多了，因此对你敲敲警钟，无非出于爱子之心。

十月七日 *

一个成了名的艺术家，处处要当心，无意中得罪了人，自己还不知道呢！我现在顺便告诉你，就是要你以后做人，好好提高警惕，待人千万和气，也不要乱批评人家，病从口入，祸从口出，这几句话要牢牢记住。因为不了解你的人，常常会误会你骄傲自大，无缘无故的招来了敌人。你这次经过了一番思想批判，受到了莫大的教育，以后千万要在行动上留意，要痛改前非，思想没有成熟的，不要先讲，谨慎小心是不会错的。爸爸给你的信，要常常看，他为你真是花尽心血，吃不下睡不着，那是常有的。不要懒惰，多写信来，你在这方面是够吝啬的；在你是不费多大力、多大时间，所谓没时间，推托而已。可是给我们的安慰是非笔墨所能写的。希望你走前给我们信，到了莫斯科也写信来，到了华沙更要常常来信，好了，不多谈了，愿你这次的教育对你有大的帮助！

十月二十五日＊

爸爸说，要你第一，注意以后说话，千万不要太主观，千万不要有说服人的态度，这是最犯忌的，因为就是你说的对，但是给人的印象只觉得你骄傲自大，目中无人，好像天下只有你看得清、看得准，理由都是你的。还有一个大毛病，就是好辩，不论大小，都要辩，这也是犯忌的。希望你先把这两个毛病，时加警惕，随时改掉。有了意见不要乱发表，要学得含蓄些。这些话都是他切身感到的，以后他自己也要在这方面努力改变。最近爸爸没有空，过后要写长信给你的。

十二月二十三日＊

作协批判爸爸的会，一共开了十次，前后作了三次检讨，最后一次说是进步了，是否算是结束，还不知道。爸爸经过这次考验，总算有些收获，就是人家的意见太尖锐了或与事实不符，多少有些难受，神经也紧张，人也瘦了许多，常常失眠，掉了七磅。工作停顿，这对他最是痛苦，因为心不定。最近看了些马列主义的书，对他思想问题解决了许多。五个月来，爸爸痛苦，我也跟着不安，所以也瘦了四磅。爸爸说他过去老是看人家好的地方，对有实力的老朋友更是如此，活到五十岁了，才知道看人不是那么简单，老朋友为了自己的利害关系，会出卖朋友，提意见可以乱提，甚至造谣，还要反咬一口，如徐铸成，裘柱常都是，好在爸爸问心无愧，实事求是。可是从会上就看出了一个人的真正品质，使他以后做人要提高警惕。爸爸做人，一向心直口快，从来不知“提防”二字，而且大小事情一律认真对付，不怕暴露思想；这次的教训可太大太深了。我就更连带想起你，你跟爸爸的性格，有许多相同的地方，而且有过之，真令人不寒而栗。

想你在北京整风学习时也经历过一次，应该从中吸取教训，再加上爸爸的例子，你以后一定要审慎，要站稳立场，讲话不能乱讲，不能脱口而出，非思索过不可。看人看事，更不可太简单，常言道“祸从口出，病从口入”，千万牢记在心！你是极易冲动，很难控制的人，加上嫉妒你的人又多，所以一举一动要格外小心，我们最担心的就是这一点，望好自为之。

日子过得真快，阳历元旦就在眼前了，你多少有些应酬吧！波兰女钢琴家斯坦番斯卡来沪演出，情况相当热烈，我们因心绪不佳，没有去听，只在无线电里听。望将近况告知，切盼切盼！祝新年快乐！

十二月二十五日 *

亲爱的聪：前天发出一信，忘了一件重要的事。爸爸在这一年来，尤其在宣传会议前后及其间一段时间，所写给你的信，由你挑选一下，我想这是最真实的思想，写给儿子的信，总是实际的思想情况，不会有虚假的了。希望你立刻寄回来，我想可以交给领导看，这是更能帮助领导了解爸爸的好办法。领导虽然了解，但这就比较实际，可以看出具体情况了。①

---

① 母亲要把家信拿给领导看，以证明父亲受批判是冤枉的。

傅敏一九五八年考入外交学院，成为父母与傅聪在北京时的联络员

一九五八年

一月八日聪信

亲爱的爸爸妈妈：整整两个月没给你们写信了。心里其实常常挂念着，可是提不起笔来。我知道你们的心情也不好，我不愿再给你们添增烦恼。我心里一直没有能完全平静下来，究竟是为什么我自己也说不清，有的时候有一种万事皆空的感觉，沉重得很。最近有一个时期心情又特别坏，工作也不上劲，所以我就写不出信来。这几天安心了些，又开始好好上劲工作了。前天收到妈妈来的两封信，① 我心里更难过，我也说不出什么话来，我能说什么呢？

（……）

至于说到作曲家，我最近最喜欢的第一是巴赫，巴赫太伟大了，他是一片海洋，他也是无边无际的天空，他的力量是大自然的力量，是一个有灵魂的大自然，是一个活的上帝。巴赫使我的心平静。其实巴赫的虔诚没有一点悲观的成分，而是乐观的，充满了朝气，同时却又是那样成熟，那么有智慧。我每天早上起床，一定听一点巴赫的音乐，它好像能使我增加工作、生活的信心。

舒伯特，我仍然迷恋他，他是一个被遗忘了的世界，我最近弹的《a小调钢琴奏鸣曲》，即李赫特在上海弹过的，自己弹了才越来越觉得它的伟大、深刻和朴素。

我也开始认识了萧斯塔科维奇。真是了不起的作曲家，我这儿有他的第一、第五和第十等三个交响曲，小提琴协奏曲和三个四重奏

---

① 参见本书一九五七年十二月二十三日和二十五日两信。

(第三、第四和第五)，我最喜欢他的四重奏。他是近代作曲家中仅有的真正的音乐家之一，他写的都是音乐，他不为新奇而新奇，一切都出自内心，而且在他的音乐里，能找到一种深刻的信仰，像在巴赫、贝多芬身上可以找到的那种。他的四重奏极有深度，同时他又有些与莫扎特相通之处，有的时候是那么天真妩媚。

除了音乐，我的精神上的养料就是诗了。还是那个李白，那个热情澎湃的李白，念他的诗，不能不被他的力量震撼；念他的诗，我会想到祖国，想到出生我的祖国。

我的信会使你们高兴吗？我希望是这样。爸爸心烦的时候，是不是听听音乐什么的，还是艺术能使人宽心。不多写了，祝你们高兴起来，身体好。

你们的孩子 聪　一九五八年一月八日

同时寄出一包信（爸爸来信），[①] 一包节目单。

二月二十八日聪信

亲爱的爸爸妈妈：我又好久没给你们写信了，当然心里常常是在挂念着的。今天收到你们的来信，很高兴，知道大家都平安，心里也就安了。

最近工作颇上劲，上星期在贝德戈什奇演奏了巴赫的《A大调钢琴协奏曲》和舒曼的《a小调钢琴协奏曲》，指挥是捷克人，叫津斯基，到中国去过，大概就是那一位五六年在我的音乐会以后指挥上海乐队的，他不是一个什么独特的指挥，可是个很扎实的音乐家，跟

---

① 即母亲在一九五七年十二月二十五日信中交代的事。

他合作得很好。

巴托克的《第三钢琴协奏曲》也早已练出了，不久大概将演出。萧斯塔科维奇的奏鸣曲也练出了。三月六日在学校里将有一次汇报演出，我将弹巴赫的《萨拉班德和帕蒂德》，这是一个变奏曲；萧斯塔科维奇的《钢琴奏鸣曲》；舒伯特的《 a小调钢琴奏鸣曲》；普罗科菲耶夫的《第五钢琴奏鸣曲》。

最近工作成绩都还不错。

我想要练斯特拉文斯基的《随想曲》，真是很妙的作品，可是很难，主要是记忆难。萧斯塔科维奇已经够我受的了。最近我算了一下，在我的保留曲目里已经有二十支协奏曲了。

比利时首都布鲁塞尔的爱乐团体写信给杰老师，邀请我明年三月去演出，杰老师及学校共同写了一封信给使馆，征求他们同意，一直没有回信。学校及杰老师当然是竭力主张我去的，后来杰老师又写了一封信去使馆，隔了几天，接使馆回音，说国内回复要比利时方面直接写信去音协。我不懂究竟为什么要兜这些圈子，难道文化部不能决定，倒要音协来决定吗？

杰老师为了我，希望我能出去演出，花了不少心血，他一片热心，同时当然也希望自己的学生能有机会为他争一分光，可是恐怕我们的领导很难体会他的这种心情吧！听说，曾有许多国家通过波兰的文化交流组织邀请我去演出，如伦敦、巴黎等。虽然波兰学校方面、音乐界方面都是主张我去演出的，但却无法解决。前几天遇见南斯拉夫全国演出协会的负责人，他说曾好几次向使馆提出邀请我去演出，但根本无回音。我想起在莫斯科曾遇见保加利亚文化部的一位处长，也说曾无数次向中国驻索菲亚大使馆提出邀请我去演出，但从无回音。这些事情都是令人难以理解的。我想置之不理，似乎并非我国外交上的传统！

阿诺索夫前星期去华沙演出，提到苏联的国家交响乐队今年五月将去华访问，他很希望我能去和他们合作演出。他们去中国的时间一定不短，我若是五月底或六月初赶回国，还来得及。

前几天高教部长杨秀峰来波兰，连着几天我们大家都忙着开会听报告，以后要上政治课了，会恐怕是要更多了。

部长找我单独谈了话，对我颇有指责，说我骄傲，脱离政治，说起我在苏联时曾为了广播发脾气。事实上，是我在那里录音后，讲好了要听一遍，选择一下，最后再决定；约好了几次，电台方面都失信，害得我跑了好几次，我便有些火，在回来的路上，在翻译同志面前表现得很气，结果中国同学就反映到上头去了。当然，这样我是不对的，另一方面，可见做人该如何小心。杨部长谈话时态度诚恳至极，使我不能不感动。后来我提起阿诺索夫的建议来，他倒表示颇为热心，说这是可以的。

其余就没什么可写的了，和声课进展尚快，练习很多，很需要花些时间，另外，我也去上了音乐文献的课，我上的是三年级的课，专讲现代音乐。

再谈了，祝你们健康、愉快。

儿 聪上　一九五八年二月二十八日

寄上节目单等。关于国内音乐界也下乡劳动的情形，望来信告知。我无法理解钢琴家去劳动以后怎么办？难道改行？

三月十七日晚[①]

亲爱的孩子：二月二十八日来信直花了十七天才到，真奇怪。来信谈及几点，兹分别就我的看法说明如下：

一、资本主义国家与我们尚未建立外交关系（便是英国与我们，虽互派代办，关系仍很微妙），向例双方文化艺术使节来往，都是由本国的民间团体出面相互邀请的。比国直接向波兰学校提出，在国际惯例上也是相当突兀的。因为你不是波兰人，而你去他国演出，究竟要由本国政府同意。去年春天法国有文化团体来沪，其中一位代表来看过我，我曾与他谈及你去法演出问题，应由他们以法中友协一类的名义，向我们对外文协或音协等提出。便是来看我的那位代表所隶属的来华文化团，也是由我们对外文协以民间团体名义请他们，而非由政府出面的。便是五六年冬法国前总理富尔来访问，也是应我国人民外交协会之邀。故文化部回示使馆的话，完全正确。你不妨向杰老师说明情况，最好由杰老师私人告诉比国，请他们以民间文艺团体名义，写信给中国对外文协或音协。

二、新民主主义国家的情形当然不同，他们是可以向当地我们的使馆提出的。倘提了几次无回音，你不妨向他们说："也许贵国的驻华使馆可以向我们外交部提出。"我觉得以你的地位这样答复人家，不至于犯什么错误。当然你也应同时说明，这是你个人的意思，究竟如何还得由他们自己考虑。这一段话你也不妨告诉杰老师，倘由杰老师方便时对保、南等国的音乐团体说明，比你自己说明更妥当。

---

① 傅聪二月二日信中流露的情绪令父亲担心，父亲只能亲笔写下此信帮助儿子，而不是由母亲代笔。

三、苏联乐队来华访问，约你合作一事，值得仔细考虑。第一，这一下跟着他们跑，要费很多时间；中央是否允许你从头至尾和他们到处演出，临时仍会有变化。倘若回来好几个月，而只有极少时间是和苏联乐队合作，那就得事先想想清楚。第二，你的乐理、和声、波兰文的学习还落后很多，急须赶上去，没有时间可浪费。第三，即使假期内老师出门，你在波兰练曲子恐怕仍比国内快一些，集中一些；而在你目前，最主要的是争取时间多学东西，因为不管你留波时间还有多少，原则上总是所剩有限了。第四，你今年究竟算学完不学完？学校方面的理论课来得及来不及考完？——（这些总不能半途而废吧？）—— 倘使五月中回国了，还要赶回波兰去应考，则对你准备考试有妨碍，对试前的学习也有妨碍。

基于以上理由，我觉得你需要郑重考虑。即使中央主动要你回来一次，你也得从全面学习及来回时间等等方面想周到，向中央说明才对。末了，以后你再不能自费航空来回；为国家着想，航空票开支也太大，而火车来回对你的学习时间又有妨碍。总而言之，希望你全面想问题，要分出你目前的任务何者主要、何者次要；不要单从一个角度看问题。

我也奇怪你和杨部长①谈话时，怎么没提到学习期限问题？你学习到了什么阶段，预料什么时候可以结束，理论课何时可以考完等等，你是否都向杨部长报告？是否今年回来？倘回来，学业是否能正式结束？不结束而回国，对祖国、对波兰，总交代不过去。倘来不及结束，则杨部长是否同意延长学习期限？—— 这些都是与你切身关系最重大的事，来信为何只字未提？我既不明了你的实际情况，便是

① 即当年的教育部长杨秀峰。

想向夏部长写信也无从写起。

孩子，千万记住，留学的日子无论如何是一天天的少下去了，要争取一切机会加紧学习。既然要加政治学习，平日要分去一部分时间，假期中更应利用时间钻研业务。每年回国一次，在体力、时间、金钱、学习各方面都太浪费。希望多考虑。

眼前国内形势一日千里，变化之快之大，非你意料所及；政治思想非要赶上前来不可，一落后，你将来就要吃亏的，尤其你在国外时间耽久的人，更要在思想上与国内形势密切联系。—— 音乐学生下乡情况，不知道。不过我觉得主要是训练培养与劳动人民的息息相关的思想感情，不在乎你能否挑多少斤泥。而且各人情况不同，政府安排也不同，你不必事先多空想。——上海乐队最近下厂下乡演出，照样 encore［加奏］。我们倘以为工农大众不欢迎西洋音乐，非但是主观，也是一种保守思想，说得重一些，也是脱离群众的思想。你别嫌我说话处处带政治性，这是为了你将来容易适应环境，为你在社会主义制度下过得心情愉快作准备。

我左说右说，要你加紧学波兰文，至少要能看书、写信；但你从未报告过具体进度，我很着急。这与国家派你出去的整个期望有关。当然学音乐的人不比学文学的；但若以后你不能用波兰文与老师同学通信，岂不同时使波兰朋友失望，且不说丢了国家的面子！

我身体仍未恢复，主要是神经衰弱。几个月来还是第一次写这样长的信呢。

在莫斯科录音一事，你应深深吸取教训。做人总要谦虚，成绩是大家促成的，不是你一个人的力量。思想上通了，说话态度自然少出毛病。杨部长对你的批评是极中肯的；你早一天醒悟（还要实际上改正），你的前途才早一天更有希望。

三月十七日晚

在国外遇到首长的机会，也许比国内多；谈话之前，应把自己要说的成熟考虑，有需求也要细细想过如何提才最合理——对国家对个人都合理。千万不能老是从“个人第一”出发，大忌大忌！你这次见到杨部长原是你解决学习问题的最好机会，不知你怎么提的，望告知！

八月二十日聪信

亲爱的爸爸妈妈：我已经记不得最后一次是什么时候给你们写信的，反正很久很久了。我始终没有心情提笔，国内和国外迥然两个世界，要寻找共同的语言并非那么容易。对于我一个学音乐的人，心情的平静是太必要了，否则什么也干不成，所以我宁可暂时和国内那个世界隔得远些，至少争取把最后这几个月好好的利用。

今年六月底使馆找我谈话，说国内意见要我立刻回国（在那以前，一点也没有跟我提过回国的事），我说我没有意见，但希望使馆与波方商量。杰老师很伤心，他和校长给使馆写了信，希望让我至少考了毕业再回去，希望到明年二月。使馆又找我谈，我说我争取十一月以前考毕业，使馆才同意了。

最近就是练琴，我又参加达什尼比的音乐节，节目是萧邦的《平稳的行板和大波洛奈兹》，10 支玛祖卡，4 支叙事曲。节目很重，全是最近练的，连加奏的曲子都是新练的。现在马上要练贝多芬的奏鸣曲，要干的事多着呢，我想弹勃拉姆斯的《钢琴协奏曲》考毕业，不知是否来得及。

我就是练琴，忙得很，将来的事想得很少，顾不得那么多了。

我没有什么可写的了，希望你们别为我担心，马家我写过两封信去，并无回信，不知是没收到还是生我的气。

祝你们身体好，心情愉快。

儿 聪上　一九五八年八月二十日①

九月十八日 *

千望万望总算望到了你的信，虽然短短的，但已经给我们不少安慰了，事情也清楚了。我知道你现在正是最忙的时候，既要参加 festival [音乐节]，又要准备考试。但愿你顺利通过。我想提醒你几件要紧的事，千万不要当做耳边风，静静的想想。(一) 你不是有录音机么？乘在波之便，设法把波方替你录的全部录音录在你自己的机器上，将来带回来，至少自己人可以听听。你千万不可糊涂，一定要争取，你有了这样好的条件，不把录音带回国是可惜的。此事现在开始就要着手办了，等到临时想到，就来不及了，你得好好安排一下。(二) 在波兰穿旧的衣袜等，不要随便扔了，回国后正需要旧衣旧鞋。(三) 回国前千万不要买东西，国内各方面都在节约，大家以朴素为主。何况你东西多，反而累赘。(四) 回国前若有余款，可留在使馆，或者根本送给使馆，不要看重个人利益，宁可节约些留给国家。以上四点，要你注意的，千万要做到。

(……)

不多谈了，有空写几行回来！

妈妈 九月十八日

---

① 这是傅聪离波赴英前写给父母的最后一封信。

母亲在寓所前阳台。一九五七年五月后，随着反右运动的深入开展，
父亲的信逐渐少了，主要由母亲与傅聪写信联络

阿敏九月三日下放到北京郊外一个山区，帮助农民搞公社以及扫除文盲等文教工作。他来信说，那边完全是山区，很苦的地方，过去受敌伪的苦很深。那边全是贫农，连富农也没有。思想比较保守，吃的是玉米饽饽，他很习惯，他说有的农民真是可爱，讲明道理，就会接受。他很能适应环境，这使我们很放心。那边交通不便，天天走几十里山路不希奇，但是风景幽美得很。他们同去十五人，分三组，约下放一个半月，到十月中就回学校上课。他非常关心你，我已把你的近况去信告知了。

一九五九年

三月十二日①

一、对外只谈艺术，言多必失，防人利用。

二、行动慎重，有事多与老辈商量，三思而行。

三、生活节俭，用钱要计算。

四、爸爸照常工作。

一九五九年三月十二日

---

① 此系短简，前面无抬头，末尾无落款，只有日期。但字体是父亲的。在一九五七至一九五八年的“反右运动”中，傅雷受到长达一年的错误批判，为了避免引起傅聪的愤懑情绪，影响学业，父母在信中始终没有告知实情。其时傅聪已经听说了关于父亲的政治传言，该年十月，傅聪在波兰甚至听说父亲不仅划为“右派”，而且已被捕入狱。在此景况下，傅聪于一九五八年十二月下旬，为避免“老子揭发儿子，儿子揭发老子”的“父子双亡”后果，在波兰艺术家的协助下，无奈出走英国。国外多年，傅聪谨守父亲教诲，身体力行。

十月一日①

孩子：十个月来我的心绪你该想象得到；我也不想千言万语多说，以免增加你的负担。你既没有忘怀祖国，祖国也没有忘了你，始终给你留着余地，等你醒悟。我相信：祖国的大门是永远向你开着的。

好多话，妈妈已说了，我不想再重复。但我还得强调一点，就是：适量的音乐会能刺激你的艺术，提高你的水平；过多的音乐会只能麻痹你的感觉，使你的表演缺少生气与新鲜感，从而损害你的艺术。你既把艺术看得比生命还重，就该忠于艺术，尽一切可能为保持艺术的完整而奋斗。这个奋斗中目前最重要的一个项目就是：不能只考虑需要出台的一切理由，而要多考虑不宜于多出台的一切理由。其次，千万别做经理人的摇钱树！他们的一千零一个劝你出台的理由，无非是趁艺术家走红的时期多赚几文，哪里是为真正的艺术着想！一个月七八次乃至八九次音乐会实在太多了，大大的太多了！长此以往，大有成为钢琴匠，甚至奏琴的机器的危险！你的节目存底很快要告罄的；细水长流才是办法。若是在如此繁忙的出台以外，同时补充新节目，则人非钢铁，不消数月，会整个身体垮下来的。没有了青山，哪还有柴烧？何况身心过于劳累就会影响到心情，影响到对艺术的感受。这许多道理想你并非不知道，为什么不挣扎起来，跟经理人商量——必要时还得坚持——减少一半乃至一半以上的音乐会呢？我猜你会回答我：目前都已答应下来，不能取消，取消了要赔人损失等等。可是你能否把已定的音乐会一律推迟一些，中间多一些空隙呢？

① 十月一日的两封信为傅聪离波赴英后父母分别写的第一封信。

否则，万一临时病倒，还不是照样得取消音乐会？难道捐税和经理人的佣金真是奇重，你每次所得极微，所以非开这么多音乐会就活不了吗？来信既说已经站稳脚跟，那么一个月只登台一二次（至多三次）也不用怕你的名字冷下去。决定性的仗打过了，多打零星的不精彩的仗，除了浪费精力，报效经理人以外，毫无用处，不但毫无用处，还会因表演的不够理想而损害听众对你的印象。你如今每次登台都与国家面子有关；个人的荣辱得失事小，国家的荣辱得失事大！你既热爱祖国，这一点尤其不能忘了。为了身体，为了精神，为了艺术，为了国家的荣誉，你都不能不大大减少你的演出。为这件事，我从接信以来未能安睡，往往为此一夜数惊！

还有你的感情问题怎样了？来信一字未提，我们却一日未尝去心。我知道你的性格，也想象得到你的环境；你一向滥于用情；而即使不采主动，被人追求时也免不了虚荣心感到得意：这是人之常情，于艺术家为尤甚，因此更需警惕。你成年已久，到了二十五岁也该理性坚强一些了，单凭一时冲动的行为也该能多克制一些了。不知事实上是否如此？要找永久的伴侣，也得多用理智考虑勿被感情蒙蔽！情人的眼光一结婚就会变，变得你自己都不相信：事先要不想到这一着，必招后来的无穷痛苦。除了艺术以外，你在外做人方面就是这一点使我们操心。因为这一点也间接影响到国家民族的荣誉，英国人对男女问题的看法始终清教徒气息很重，想你也有所发觉，知道如何自爱了；自爱即所以报答父母，报答国家。

真正的艺术家，名副其实的艺术家，多半是在回想中和想象中过他的感情生活的。惟其能把感情生活升华才给人类留下这许多杰作。反复不已的、有始无终的，没有结果也不可能有结果的恋爱，只会使人变成唐·璜，使人变得轻薄，使人——至少——对爱情感觉麻痹，无形中流于玩世不恭；而你知道，玩世不恭的祸害，不说别的，先就使你的艺术颓废；假如每次都是真刀真枪，那么精力消耗太大，人寿几何，全部贡献给艺术还不够，怎容你如此浪费！歌德的《少年维特之烦恼》的故事，你总该记得吧。要是歌德没有这大智大勇，历史上也就没有歌德了。你把十五岁到现在的感情经历回想一遍，也会怅然若失了吧？也该从此换一副眼光、换一种态度、换一种心情来看待恋爱了吧？——总之，你无论在订演出合同方面，在感情方面，在政治行动方面，主要得避免"身不由主"，这是你最大的弱点。——在此举国欢腾，庆祝十年建国十年建设十年成就的时节，我写这封信的心情尤其感触万端，非笔墨所能形容。孩子，珍重，各方面珍重，千万珍重，千万自爱！

十月一日 *

亲爱的聪：未接来信之前，我们的心情是沉痛的，痛苦的，你的变化太突兀了，令人无法捉摸。我们做父母的只觉得惭愧，没有给你什么好的感受。我们除了一片热忱的爱子之心之外，但愿你自觉的醒悟过来。一个人身在国外，对祖国的怀念是深切的，不论做人方面、事业方面，处处要保持我们中国人传统的谦虚和大方。

来信说已经跑过许多地方，开过几十次音乐会，总算得到好评，这当然是你辛勤劳动的成果。每次演出都好像上战场，只许成功，不许失败。但是你有没有考虑到，这样多的音乐会，长此下去，会损伤你的健康？我一向知道你不注意起居饮食，为了演出可以废寝忘食，还要跑东跑西，何其劳累。在你年富力强的时候，也许还不觉得，但迟早要影响健康，跟你总算账的。太多的演出，对你学习有妨碍。照理，像你这样的钢琴家，每月至多二三次，那么才有充分时间学习其他东西。须知不进则退，于你是不利的。你应该有个打算，好好的安排，也可以和经纪人商量，总以演出不妨碍学习和休息为主。宁可生活清苦些，节制一些力量（对理财方面也要有打算，要节约，不可滋长浪费的恶习）。俗语说：在家靠父母，出门靠朋友，你孤身海外，更需要处处向长者讨教，与朋友商量，千万不可独断独行。

一九六〇年

一月十日

孩子：看到国外对你的评论很高兴。你的好几个特点已获得一致的承认和赞许，例如你的 tone［音质］，你的 touch［触键］，你对细节的认真与对完美的追求，你的理解与风格，都已受到注意。有人说莫扎特《第二十七钢琴协奏曲》（K595）［（作品五九五号）］第一乐章是 healthy［健康］，extrovert allegro［外向快板］，似乎与你的看法不同，说那一乐章健康，当然没问题，说“外向”（extrovert）恐怕未必。另一批评认为你对 K595［作品五九五号］第三乐章的表达“His［他的］（指你）sensibility is more passive than creative［敏感性是被动的，而非创造的］”，与我对你的看法也不一样。还有人说你弹萧邦的 *Ballades*［《叙事曲》］和 *Scherzo*［《诙谐曲》］中某些快的段落太快了，以致妨碍了作品的明确性。这位批评家对你三月和十月的两次萧邦都有这个说法，不知实际情形如何？从节目单的乐曲说明和一般的评论看，好像英国人对莫扎特并无特别精到的见解，也许有这种学者或艺术家而并没写文章。

伦敦，傅聪凝视着一九五九年二月八日于欧洲首次登台演出之海报，喜悦心情中包含着无限忧伤与思念；关注着他艺术人生的父母却在万里之外，无法聆听他在海外的首演。自此，傅聪赤手空拳，以自己高超琴艺，开始了在世界音乐舞台上的光辉征程。

（……）

有几个人评论你的演奏都提到你身体瘦弱。由此可见你自己该如何保养身体，充分休息。今年夏天务必抽出一个时期去过暑假！来信说不能减少演出的理由，我很懂得，但除非为了生活所迫，下一届订合同务必比这一届合理减少一些演出。要打天下也不能急，要往长里看。养精蓄锐、精神饱满的打决定性的仗比零碎仗更有效。何况你还得学习，补充节目，注意其他方面的修养；除此之外，还要有充分的休息！

你不依靠任何政治经济背景，单凭艺术立足，这也是你对己对人对祖国的最起码而最主要的责任！当然极好，但望永远坚持下去，我相信你会坚持，不过考验你的日子还未来到。至此为止你尚未遇到逆境。真要过了贫贱日子才真正显出“贫贱不能移”！居安思危，多多锻炼你的意志吧。

一月十日夜＊

从来信可看到你立身处事，有原则，有信心，我们心头上的石头也放下了。但愿你不忘祖国对你的培养，首长们的爱护，坚持你的独立斗争，为了民族自尊心，在外更要出人头地的为国争光，不仅在艺术方面，并且在做人方面。我相信你不会随风使舵，也绝不会随便改变主张。你的成功，仍然是祖国的光荣。孩子，你给了我们痛苦，也给了我们欢乐。

最近两个月来，我们有兴致听听音乐了，仅有的几张你灌的唱片，想到你就开着听，好像你就在我们眼前弹奏一般。我常常凭回忆思念你，悲欢离合，有甜蜜，有辛酸，人生犹如梦境，一霎眼我们半世过去了。我们这几年来老了许多，爸爸头发花白，神经衰弱，精力已大大减弱，晚上已不能工作；我的眼光衰退，也常常会失眠，这一切都是老态的表现，无法避免了。

我最担心的是你的身体，看你照片，似乎瘦了，也老了些。我深知你的脾气，为了练琴可以废寝忘食，生活向无规律，在我们身边还可以控制你，照顾你。不知你现在的饮食如何解决的？只要经济上没问题，对你来说，营养是第一，因为你在精神身体方面的消耗太大，不能不注意。衣食寒暖，不能怕麻烦，千万勿逞年轻，任性随便，满不在乎，迟早要算账的。希望以后多多告诉我们生活细节，让我们好像在一起生活一样。

(……)

爸爸的书最近两年没有出新的[①]，巴尔扎克的《赛查·皮罗多盛衰记》尚未付印。另一本《搅水女人》新近译完。丹纳的《艺术哲学》年底才整理插图，整整忙了十天，找插图材料，计算尺寸大小，加插图说明等等，都是琐碎而费手脚的，因为工作时间太长，每天搞到十一二点，做的时候提起精神不觉得怎么累，等到告一段落，精神松下来，人就支持不住，病了三天，也算是彻底休息了三天。你知道爸爸的脾气，他只有病在床上才算真正的休息。

二月一日夜＊

上月底爸爸工作告一段落，适逢过春节，抄了些音乐笔记给你作

---

① 自一九五八年傅雷错划为“右派”后，翻译的书一概停出，出版社要他更名出书，他断然拒绝，说：“要嘛还是署名傅雷，要嘛不印我的译本。”直至一九六一年秋，摘去“右派”帽子后，出版社才恢复出版他的译本。

参考，也许对你有所帮助。原文是法文，有些地方直接译作英文反倒方便。以你原来的认识参照之下，必有感想，不妨来信谈谈。

我们知道你自我批评精神很强，但个人天地毕竟有限，人家对你的好评只能起鼓舞作用；不同的意见才能使你进步，扩大视野：希望用冷静和虚心的态度加以思考。不管哪个批评家都代表一部分群众，考虑批评家的话也就是考虑群众的意见。你听到别人的演奏之后的感想，想必也很多，也希望告诉我们。爸爸说，除了你钻研专业之外，一定要抽出时间多多阅读其他方面的书，充实你的思想内容，培养各方面的知识。——爸爸还希望你看祖国的书报，需要什么书可来信，我们可寄给你。

一九六〇年二月一日夜

十二月号 *Music & Musicians*［《音乐与音乐家》］第二十五页第二栏第九行有一句：Fou Ts'ong delicately fingered *Mozart Concerto K.* 595, as if it were Dresden china.［傅聪演奏《莫扎特钢琴协奏曲》作品五九五号如此精雅，仿佛像特累斯顿的瓷器。］爸爸怕你不懂，要我告诉你：特累斯顿从十八世纪初期起即仿造中国陶瓷器，至今还有出品。批评的人说你演奏的莫扎特仿佛特累斯顿的瓷器。因为你是中国人表演德国人作品，又因为 china（c 字小写）在英文中是瓷器，与"中国"一字双关。

1.

音樂筆記

關於莫札爾德

法國音樂批評家(女)Hélène Jourdan-Morhange：

「That's why it is so difficult to interpret Mozart's music, which is extraordinarily simple in its melodic purity. This simplicity is beyond our reach, as the simplicity of La Fontaine's Fables is beyond children's understanding. 要找到這種自然的境界，必須把我們的感覺(sensations)澄清到immaterial的程度：這是極不容易的，因為勉強做出來的樸素一望而知，正如臨畫之於原作。表現快樂的時候，演奏家也往往過於「作態」，以致歪曲了莫扎爾德的風格。例如斷音(staccato)不一定都等於笑聲，有時可能表示遲疑，有时可能表示遺憾；但小提琴家一看見有斷音標記的音符(用弓來表現，斷音的nuances格外豐富)就把樂句表現為快樂(gay)，這種例子實在太多了。鋼琴家則出以機械的running，而且速度如飛，把arabesque中所含有的grace或joy完全忘了。」 (一九五六年法國「歐羅巴雜誌」莫扎爾德專號)

關於表達莫扎爾德的當代藝術家

舉世公認指揮莫扎爾德最好的是Bruno Walter，其次才是Thomas Beecham。另外Fricsay也獲得好評。—— Krips以Viennese Classicism出名，Scherchen以romantic ardour出名。

父亲用毛笔誊抄音乐笔记邮寄傅聪

七月四日 *

孩子，你孤身海外，不论饮食寒暖，日常生活，都要你自己合理安排。自小到大，你一向看到爸爸生活严肃，有规律，有节制，照理多少对你有些影响。尤其理财一道，你向来糊涂，有多少用多少的办法，必须改变。目前逞着自己年富力强，满不在乎，但是一句老话，“天有不测风云，人有旦夕祸福。”必得留些余地，能积蓄一些总是好的。一方面你终有成家的一天，一方面你也要想到父母有年老力衰的时候。爸爸的眼神经衰退及三叉神经痛，吃了许多西药中药未见大效。每天工作时间只能缩短，否则要眼睛发花，出泪水，头痛。回想五六年前爸爸每日工作十一二小时不讨饶，不可同日而语了。

八月五日

孩子：两次妈妈给你写信，我都未动笔，因为身体不好，精力不支。不病不头痛的时候本来就很少，只能抓紧时间做些工作；工作完了已筋疲力尽，无心再做旁的事。人老了当然要百病丛生，衰老只有早晚之别，绝无不来之理，你千万别为我担忧。我素来对生死看得极淡，只是鞠躬尽瘁，活一天做一天工作，到有一天死神来叫我放下笔杆的时候才休息。如是而已。弄艺术的人总不免有烦恼，尤其是旧知识分子处在这样一个大时代。你虽然年轻，但是从我这儿沾染的旧知识分子的缺点也着实不少。但你四五年来来信，总说一投入工作就什么烦恼都忘了；能这样在工作中乐以忘忧，已经很不差了。我们二十四小时之内，除了吃饭睡觉总是工作的时间多，空闲的时间少；所以即使烦恼，时间也不会太久，你说是不是？不过劳逸也要调节得好：

你弄音乐，神经与感情特别紧张，一年下来也该彻底休息一下。暑假里到乡下去住个十天八天，不但身心得益，便是对你的音乐感受也有好处。何况入国问禁，入境问俗，对他们的人情风俗也该体会观察。老关在伦敦，或者老是忙忙碌碌在各地奔走演出，一点不接触现实，并不相宜。见信后望立刻收拾行装，出去歇歇，即使三五天也是好的。

你近来专攻斯卡拉蒂，发现他的许多妙处，我并不奇怪。这是你喜欢韩德尔以后必然的结果。斯卡拉蒂的时代，文艺复兴在绘画与文学园地中的花朵已经开放完毕，开始转到音乐；人的思想感情正要求在另一种艺术中发泄，要求更直接刺激感官，比较更缥缈更自由的一种艺术，就是音乐，来满足它们的需要。所以当时的音乐作品特别有朝气，特别清新，正如文艺复兴前期绘画中的波提切利，而且音乐规律还不像十八世纪末叶严格，有才能的作家容易发挥性灵。何况欧洲的音乐传统，在十七世纪时还非常薄弱，不像绘画与雕塑早在古希腊就有登峰造极的造诣（雕塑在公元前六至四世纪，绘画在公元前一世纪至公元后一世纪），一片广大无边的处女地正有待于斯卡拉蒂及其以后的人去开垦。写到这里，我想你应该常去大英博物馆，那儿的艺术宝藏可说一辈子也享受不尽；为了你总的（全面的）艺术修养，你也该多多到那里去学习。

我因为病的时候多，只能多接触艺术，除了原有的旧画以外，无意中研究起碑帖来了：现在对中国书法的变迁源流，已弄出一些眉目，对中国整个艺术史也增加了一些体会；可惜没有精神与你细谈。提到书法，忽然想起你在四月号《音乐与音乐家》杂志上的签字式，把聪字写成“聪”。须知末一笔不能往下拖长，因为行书草书，“一”或“灬”才代表“心”字，你只能写成“聪”或“聪”。末一笔可以流露一些笔锋的余波，例如“聪”或“聪”，但切不可余锋太多，变成往下拖的一只脚。望注意。

(……)

身在国外，靠艺术谋生而能不奔走于权贵之门，当然使我们安慰。我相信你一定会坚持下去。这点儿傲气也是中国艺术家最优美的传统之一，值得给西方做个榜样。可是别忘了一句老话：岁寒而后知松柏之后凋；你还没经过“岁寒”的考验，还得对自己提高警惕才好！一切珍重！千万珍重！

八月二十九日

亲爱的孩子：八月二十日报告的喜讯使我们心中说不出的欢喜和兴奋。你在人生的旅途中踏上一个新的阶段，开始负起新的责任来，我们要祝贺你、祝福你、鼓励你。希望你拿出像对待音乐艺术一样的毅力、信心、虔诚，来学习人生艺术中最高深的一课。但愿你将来在这一门艺术中得到像你在音乐艺术中一样的成功！发生什么疑难或苦闷，随时向一两个正直而有经验的中老年人讨教，（你在伦敦已有一年八个月，也该有这样的老成的朋友吧？）深思熟虑，然后决定，切勿单凭一时冲动：只要你能做到这几点，我们也就放心了。

对终身伴侣的要求，正如对人生一切的要求一样不能太苛。事情总有正反两面：追得你太迫切了，你觉得负担重；追得不紧了，又觉得不够热烈。温柔的人有时会显得懦弱，刚强了又近乎专制。幻想多了未免不切实际，能干的管家太太又觉得俗气。只有长处没有短处的人在哪儿呢？世界上究竟有没有十全十美的人或事物呢？抚躬自问，自己又完美到什么程度呢？这一类的问题想必你考虑过不止一次。我觉得最主要的还是本质的善良，天性的温厚，开阔的胸襟。有了这三样，其他都可以逐渐培养；而且有了这三样，将来即使遇到大大小小的风波也不致变成悲剧。做艺术家的妻子比做任何人的妻子都难；你要不预先明白这一点，即使你知道“责人太严，责己太宽”，也不容易学会明哲、体贴、容忍。只要能代你解决生活琐事，同时对你的事业感到兴趣就行，对学问的钻研等等暂时不必期望过奢，还得看你们婚后的生活如何。眼前双方先学习相互的尊重、谅解、宽容。

对方把你作为她整个的世界固然很危险，但也很宝贵！你既已发觉，一定会慢慢点醒她；最好旁敲侧击而勿正面提出，还要使她感到那是为了维护她的人格独立，扩大她的世界观。倘若你已经想到奥里维的故事，不妨就把那部书叫她细读一二遍，特别要她注意那一段插曲。像雅葛丽纳[①]那样只知道 love，love，love！［爱，爱，爱！］的人只是童话中人物，在现实世界中非但得不到 love，连日子都会过不下去，因为她除了 love 一无所知，一无所有，一无所爱。这样狭窄的天地哪像一个天地！这样片面的人生观哪会得到幸福！无论男女，只有把兴趣集中在事业上、学问上、艺术上，尽量抛开渺小的自我（ego），才有快活的可能，才觉得活的有意义。未经世事的少女往往会存一个荒诞的梦想，以为恋爱时期的感情的高潮也能在婚后维持下去。这是违反自然规律的妄想。古语说，“君子之交淡如水”；又有一句话说，“夫妇相敬如宾”。可见只有平静、含蓄、温和的感情方能持久；另外一句的意义是说，夫妇到后来完全是一种知己朋友的关系，也即是我们所谓的终身伴侣。未婚之前双方能深切领会到这一点，就为将来打定了最可靠的基础，免除了多少不必要的误会与

---

① 与奥里维，均《约翰·克利斯朵夫》中的人物。

痛苦。

你是以艺术为生命的人，也是把真理、正义、人格等等看做高于一切的人，也是以工作为乐的人；我用不着唠叨，想你早已把这些信念表白过，而且竭力灌输给对方的了。我只想提醒你几点：第一，世界上最有力的论证莫如实际行动，最有效的教育莫如以身作则；自己做不到的事千万勿要求别人；自己也要犯的毛病先批评自己，先改自己的。第二，永远不要忘了我教育你的时候犯的许多过严的毛病。我过去的错误要是能使你避免同样的错误，我的罪过也可以减轻几分；你受过的痛苦不再施之于他人，你也不算白白吃苦。总的来说，尽管指点别人，可不要给人“好为人师”的感觉。(你还记得巴尔扎克那个中篇吗?）奥诺丽纳的不幸一大半是咎由自取，一小部分也因为丈夫教育她的态度伤了她的自尊心。凡是童年不快乐的人都特别脆弱（也有训练得格外坚强的，但只是少数)，特别敏感，你回想一下自己，就会知道对待你的爱人要如何 delicate［温柔］，如何 discreet［谨慎］了。

我相信你对爱情问题看得比以前更郑重更严肃了；就在这考验时期，希望你更加用严肃的态度对待一切，尤其要对婚后的责任先培养一种忠诚、庄严、虔敬的心情！

八月二十九日＊

亲爱的聪：今天接到你的喜讯，真是说不出的高兴，做母亲的愿望总算实现了。男大当婚，女大当嫁，这是天经地义的事，但愿你跟弥拉姻缘美满，我们为儿女担的心也算告一段落。她既美丽、聪明、温柔，对你是最合适了；我常常讲，聪找的对象一定要有这样的条件，因为我跟你爸爸的结合，能够和平相处，就是一个很显著的例子。只要真正认识对方，了解对方，就是受些委屈，也是不计较的。归根结底，到底自己也有错误的地方。希望你不要太苛求，看事情不要太认真，平易近人，总是给人一种体贴亲切之感。尤其对你终身的伴侣，不可三心二意，要始终如一。只要你们真正相爱，互相容忍，互相宽恕，难免的小波折很快会烟消云散。尤其你自己身上的缺点很多，你太像父亲了，只要有自知之明，你的爱人就会幸福。还有一点要提醒你，以后再也不要怀念童年的初恋，人家早已成了家，不但想了无用，而且无意中流露出来，也徒然增加你现在爱人的误会，那是最犯忌的，也是没有意义的。爸爸已经说了许多，而且都是经验之谈，我们在人生的旅途上走了几十年，非但结合自己的经历，而且朋友之中多多少少悲欢离合的事也看得很多，所以尽量告诉你，目的就是希望你们永远幸福。

九月七日［译自英文］

给儿媳弥拉的英法文信，因大部分内容与中文信重复，金圣华仅摘译部分特别内容，计二十四通，均非全信，不再一一注明。

亲爱的弥拉：人在宇宙中微不足道，身不由己，但对他人来说，却又神秘莫测，自成一套。所以要透彻了解一个人，相当困难，再加上种族、宗教、文化与政治背景的差异，就更不容易。因此，我们以为你们两人决定先订婚一段日子，以便彼此能充分了解，尤其是了解对方的性格，确实是明智之举（但把订婚期拖得太长也不太好，这一点我们以后会跟你们解释）。我以为订婚期间还有一件要紧的事，就是要充分准备去了解现实，面对现实。现实与年轻人纯洁的心灵所想象的情况截然不同。生活不仅充满难以逆料的艰苦奋斗，而且还包含许许多多日常琐事，也许叫人更难以忍受。因为这种烦恼看起来这么渺小，这么琐碎，并且常常无缘无故，所以使人防不胜防。夫妇之间只有彻底谅解，全心包容，经常忍让，并且感情真挚不渝，对生活有一致的看法，有共同的崇高理想与信念，才能在人生的旅途上平安渡过大大小小的风波，成为琴瑟和谐的终身伴侣。

十月七日灯下＊

亲爱的聪：上月二十九日收到你去挪威途中的信。在飞机上写信确是个好办法。很高兴你这回休息了一个月，我相信你有了足够的休息，工作起来更精神饱满了。来信光说有过 Beethoven［贝多芬］Op. 111［作品一一一号］等四个 Sonata［奏鸣曲］的演出。不知在什么地方？伦敦或外省？成绩既然不错，一定有评论可见。你对舒伯特和贝多芬的作品，以及他们不同的人生观的分析，讲得很深，使我们也能体会到其中妙处，这就是你给我们极大的 enjoyment［乐趣］。似乎我们也跟着你浸入音乐中去。爸爸认为你的见解与他去年译给你的论舒伯特的一篇文章，精神上仍然很接近。在挪威演出成绩如何？可惜我们不懂挪威文，就是有评论，我们也看不懂。

你寄来的唱片，绝对不能用。我们已去信捷克，叫他们直接把唱针寄沪，钱向你收，想来想去只有这个办法最简便妥当了。

搬家这件事，的确像你所说劳民伤财。所以事先一定要考虑周密，租金与你经济条件是否合适，当然是个要点，但不要单从一个角度看问题，要几方面平均扯来看，也不要只图眼前。还是多同本地的老辈商量。在一个都市里，往往一区有一区的特色，也有它特殊的不方便，非本地的老资格是不知道的。想弥拉必能帮你很多忙。这一段意思你不妨讲给她听。

弥拉的第二封信，九月二十二日已收到，她的可爱的长信，我们读之再三，真是说不出的高兴。从她的信上，我们深深的体会到，她是个亲切动人而聪明率直的好孩子。爸爸说她从前做过书店找插图材料的工作，其实很不错。为了找材料，不是更有机会进博物馆图书馆么？不是趁此机会可以研究艺术史么？我很庆幸你找到了志趣相投的伴侣，这不是件简单而容易的事。请你告诉她，从她的信上，我们会了解她，我们之间只会越来越接近，我要把她当做自己的女儿一样爱她。我也深切的感谢她，从她那里知道了一些你的生活起居，这是妈妈对儿子最关心的。不知弥拉出院后身体是否完全恢复，希望她多多保重！她的美丽而可爱的照片，太好了。在这两张照片上，似乎你比去年胖了些。是不是国外流行小袖小脚裤？做妈妈的总是老古董，认为不大方，不美观。你除了弹琴以外的照片，是否可寄些来？

十月二十一日［译自英文］

亲爱的弥拉：看来，你对文学已有相当修养，不必再需任何指导，我只想推荐几本书，望你看后能从中汲取教益，尤其在人生艺术方面，有所提高。

莫罗阿：一、《恋爱与牺牲》

二、《人生五大问题》

（两本都是格拉塞版）

巴尔扎克：一、《两个新嫁娘的回忆》

二、《奥诺丽纳》（通常与另两个故事合成一集，即《夏倍上校》与《禁治产》）

因你对一切艺术很感兴趣，可以一读丹纳之《艺术哲学》（Hachette 出版，共两册）。这本书不仅对美学提出科学见解（美学理论很多，但此理论极为有益），并且是本艺术史通论，采用的不是一般教科书的形式，而是以渊博精深之见解指出艺术发展的主要潮流。我于一九五八年及一九五九年译成此书，迄今尚未出版，待出版后，当即寄聪。

你现在大概已经看完《约翰·克利斯朵夫》了吧？（你是看法文版，是吗？）这书是一八七〇年到一九一〇年间知识界之史诗，我相信一定对你大有启发。从聪来信看来——虽然他信中谈得很少，而且只是些无意中的观察所得——自从克利斯朵夫时代以来，西方艺术与知识界并无多大的改变：诚实、勤奋、有创造能力的年轻人，仍然得经历同样的磨难，就说我自己，也还没有度完克利斯朵夫的最后阶段：身为一个激进的怀疑论者，年轻时惯于跟所有形式的偶像对抗，又深受中国传统哲学道德的熏陶，我经历过无比的困难与无穷的痛苦，来适应这信仰的时代。你记不记得老克利斯朵夫与奥里维的儿子，年轻的乔治之间的种种冲突（在《复旦》的第三部）？这就是那些经历过大时代动荡的人的悲剧。书中有某些片段，聪重读之后，也许会有崭新的体会。另一方面，像高脱弗烈特、摩达斯太、苏兹教授、奥里维、雅葛丽纳、爱麦虞限、葛拉齐亚等许多人物，在今日之欧洲仍生活在你的周围。当然，阅读这部经典杰作之后，所引起的种种感情、种种问题与种种思虑，我们不能在这封信中一一讨论，但我相信，看了此书，你的视野一定会扩大不少，你对以前向未留意过的人物与事迹，一定会开始关注起来。

（……）你可敬的父亲也一定可以体会到我的心情，因为他写信给我，把聪演奏会的情况热情的详述了一番。知道聪能以坚强的意志，控制热情，收放自如，使我非常高兴，这是我一向对他的期望。由于这是像你父亲这样的艺术家兼批评家告诉我的，当然极为可信。没有什么比以完美的形式表达出诗意的灵感与洋溢的热情更崇高了。这就是古典主义的一贯理想。为了聪的幸福，我不能不希望他迟早在人生艺术中也能像在音乐艺术中一样，达到和谐均衡的境地。

十月二十一日夜

从你去年开始的信，可以看出你一天天的倾向于 wisdom［智慧］和所谓希腊精神。大概中国的传统哲学和艺术理想越来越对你发生作用了。从贝多芬式的精神转到这条路在我是相当慢的，你比我缩短了许多年。原因是你的童年时代和少年时代所接触的祖国文化（诗歌、绘画、哲学）比我同时期多的多。我从小到大，样样靠自己摸，只有从年长的朋友那儿偶然得到一些启发，从来没人有意的有计划的指导过我，所以事倍功半。

十一月十二日［译自英文］

亲爱的弥拉——亲爱的孩子：在一个艺术家的家里，品味必须高雅，而不流于奢华，别让他为了一时之快而浪费钱财。他的艺术生活正在开始，前途虽然明朗，仍未得到确切的保障。由于他对治家理财之道向来漫不经心，你若能劝勉他在开支方面自我约制，撙节用度，就是对他莫大的帮助。他对人十分轻信（这当然表明他天性纯洁善良），不管是朋友，是陌生人，时常不分好歹的慷慨相待。你或许已经注意到，他很容易上歹徒骗子的当，所以，我们希望你能凭常识与直觉成为他的守护天使。这种常识与直觉，对每个女性来说，无论多么年轻，必然具有；而对多数艺术家来说（我指的是真正的艺术家），无论多么成熟，必然匮缺。过去十年以来，我们不断给予聪这种劝告，但我们深信，恋人的话语有时比父母的忠言有效得多。而事实上，也只有两人长相厮守，才能帮得了身旁的伴侣。

十一月十二日＊［译自英文］

亲爱的弥拉：聪是一个性情相当易变的艺术家，诙谐喜悦起来像个孩子，落落寡欢起来又像个浪漫派诗人。有时候很随和，很容易相处；有时候又非常固执，不肯通融。而在这点上，我要说句公道话，他倒并非时常错误的。其实他心地善良温厚，待人诚恳而富有同情心，胸襟开阔，天性谦和。

十一月十三日

亲爱的孩子：十月二十二日寄你和弥拉的信各一封，想你瑞典回来都看到了吧？——前天（十一月十一日）寄出法译《毛主席诗词》一册、英译关汉卿（元人）《剧作选》一册、曹禺《日出》一册、冯沅君《中国古典文学小史》一册（四册共一包都是给弥拉的）；又陈老莲《花鸟草虫册》一册，计十幅，黄宾虹墨笔山水册页五张（摄影），笺谱两套共二十张，我和妈妈放大照片二张（友人摄），共作一包：以上均挂号平寄，由苏联转，预计十二月十日前后可到伦敦。陈老莲《花鸟草虫册》还是一九五八年印的，在现有木刻水印中技术最好，作品也选的最精；其中可挑六张，连同封套及打字说明，

傅聪与弥拉

送弥拉的爸爸，表示我们的一些心意。余四张可留存，将来装饰你的新居。黄氏作品均系原来尺寸，由专门摄影的友人代制，花了不少功夫。其他笺谱有些也可配小玻璃框悬挂。因国内纸张奇紧，印数极少，得之不易，千万勿随便送人；只有真爱真懂艺术的人才可酌送一二（指笺谱）。木刻水印在一切复制技术中最接近原作，工本浩大，望珍视之。西人送礼，尤其是艺术品，以少为贵，故弥拉爸爸送六张陈老莲已绰乎有余。这不是小气，而是合乎国外惯例，同时也顾到我们供应不易。

《敦煌壁画选》（木刻水印的一种，非石印洋纸的一种）你身边是否还有？我尚留着三集俱全的一套，你要的话可寄你。不过那是绝版了，一九三五年的东西（木刻印数有限制，后来版子坏了，不能再印），更加名贵，你必须特别爱惜才好。（要否望来信！）

看了此次照片，觉得弥拉更美了，她比瑞士时期肉采丰满，想系恢复健康之故。从她信上可以体会到她性格和顺，天真，同时也严肃，对人对事都认真。为了你们的将来，她正式去学家政，令人感动。不过持家之道主要在乎 commen sense（常识），待人接物和处理银钱等等，一切做得合情合理，有计划，有预算。孩子，你该满足了吧，这样一个伴侣对你可有很大帮助。目前你在经历一生最快乐的时期，订了婚，精神有了寄托，只有爱的甜蜜，还没有家庭的责任：你不要“得福不知”！看你照片，身体似乎不坏，精神也平静，我们非常安慰。弥拉极懂音乐，爱好文艺，你们一定相处得很好。在日常工作与休息营养的调节方面，千万多听她的话，别看她年幼，女性在某些事情上比较我们男人实际得多，她们的直觉往往很正确，而且任何年轻的女孩子都有母爱的本能，有些为你身心健康的劝告，更应当多多接受。但愿你脾气好，万万不要像我，要以我的坏脾气作为你的警戒。我最怕在这方面给你不良的影响。你要是能不让爸爸的缺点在你身上发展，便是你对爸爸最好的报答，也是对你的下一代尽了很大的责任。

十一月二十二日［译自法文］

亲爱的孩子：由于聪时常拘于自己的音乐主张，我很想知道他能否从那些有关他弹奏与演技的批评中得到好处。这些批评有时虽然严峻但却充满睿智。不知他是否肯花功夫仔细看看这类批评，并且跟你一起讨论？（举例来说，你父亲刚寄给我的那篇《泰晤士报》上的文章，其中有几段说到聪对舒伯特及贝多芬（作品一一一号）奏鸣曲的演奏，依我看来就很值得好好反省。这样就能根据他人的意见，对自己的长处与短处作客观的分析。）你在艺术方面要求严格，意见中肯，我很放心，因为这样对他会有所帮助，可是他是否很有耐性听取你的意见？还有你父亲，他是艺术界极负盛名的老前辈，聪是否能够虚心聆教？聪还很年轻，对某些音乐家的作品，在艺术与学识方面都尚未成熟，就算对那些他自以为了解颇深的音乐家，例如莫扎特与舒伯特，他也可能犯了自以为是的毛病，沉溺于偏激而不尽合理的见解。我以为他很需要学习和听从朋友及前辈的卓越见解，从中汲取灵感与教益。你可否告诉我，他目前的爱好倾向于哪方面？假如他没有直接用语言表达清楚，你听了他的音乐也一定可以猜度出他在理智与感情方面的倾向。

十一月二十六日晚

亲爱的孩子：自从弥拉和我们通信以后，好像你有了秘书，自己更少动笔了。知道你忙，精神紧张劳累，也不怪你。可是有些艺术问题非要你自己谈不可。你不谈，你我在精神上艺术上的沟通就要中断，而在我这个孤独的环境中更要感到孤独。除了你，没有人再和我交换音乐方面的意见。而我虽一天天的衰老，还是想多吹吹外面的风。你小时候我们指导你，到了今日，你也不能坐视爸爸在艺术的某一部门中落后！—— 十月二十一、十一月十三以及以前的信中已屡次提及，现在不多谈了。

没想到你们的婚期订得如此近，给我们一个措手不及。妈妈今儿整天在外选购送弥拉和你岳母的礼物。不过也许只能先寄弥拉的，下月再寄另外一包裹。原因详见给弥拉信。礼物不能在你们婚前到达伦敦，妈妈总觉得是件憾事。前信问你有否《敦煌壁画选》，现在我给你作为我给你们俩的新婚纪念品（下周作印刷品寄）。

孩子，你如今正式踏进人生的重要阶段了，想必对各个方面都已严肃认真的考虑过：我们中国人对待婚姻——所谓终身大事——比西方人郑重得多，你也决不例外；可是夫妇之间西方人比我们温柔得多，delicate［优雅］得多，真有我们古人相敬如宾的作风（当然其中有不少虚伪的，互相欺骗的），想你也早注意到，在此订婚四个月内也该多少学习了一些。至于经济方面，大概你必有妥善的打算和安排。还有一件事，妈妈和我争执不已，不赞成我提出。我认为你们都还年轻，尤其弥拉，初婚后一二年内光是学会当家已是够烦了，是否需要考虑稍缓一二年再生儿育女，以便减轻一些她的负担，让她多轻松一个时期？妈妈反对，说还是早生孩子，宁可以后再节育。但我说晚一些也不过晚一二年，并非十年八年；说不说由我，听不听由你们；知无不言，言无不尽，朋友之间尚且如此，何况父母子女！有什么忌讳呢？你说是不是？我不过表示我的看法，决定仍在你们。而且即使我不说，也许你们已经讨论过这个问题了。弥拉的意思很对，你们该出去休息一个星期。我老是觉得，你离开琴，沉浸在大自然中，多沉思默想，反而对你的音乐理解与感受好处更多。人需要不时跳出自我的牢笼，才能有新的感觉、新的看法，也能有更正确的自我批评。

十二月二日

来信提到批评家音乐听得太多而麻痹，确实体会到他们的苦处。同时我也联想到演奏家太多沉浸在音乐中和过度的工作或许也有害处。追求完美的意识太强太清楚了，会造成紧张与疲劳，反而妨害原有的成绩。你灌唱片特别紧张，就因为求全之心太切。所以我常常劝你劳逸要有恰当的安排，最要紧维持心理的健康和精神的平衡。一切做到问心无愧，成败置之度外，才能临场指挥若定，操纵自如。也切勿刻意求工，以免画蛇添足，丧失了 spontaneity［真趣］；理想的艺术总是如行云流水一般自然，即使是慷慨激昂也像夏日的疾风猛雨，好像是天地中必然有的也是势所必然的境界。一露出雕琢和斧凿的痕迹，就变为庸俗的工艺品而不是出于肺腑，发自内心的艺术了。我觉得你在放松精神一点上还大有可为。不妨减少一些工作，增加一些深思默想，看看效果如何。别老说时间不够；首先要从日常生活的琐碎事情上——特别是梳洗穿衣等等，那是我几年来常嘱咐你的——节约时间，挤出时间来！要不工作，就痛快休息，切勿拖拖拉拉在日常猥琐之事上浪费光阴。不妨多到郊外森林中去散步或者上博物馆欣赏名画，从造型艺术中去求恬静闲适。你实在太劳累了！我一向认为音乐家的神经比别的艺术家更需要保护，这也是有科学与历史根据的。这一段希望细细到到译给弥拉听，让她以后在这方面多帮助你，代我们督促你多休息！你知道我说的休息绝不是懒散，而是调节你的身心，尤其是神经，目的仍在于促进你的艺术，不过用的方法比一味苦干更合理更科学而已！

你的中文并不见得如何退步，你不必有自卑感。自卑感反会阻止你表达的流畅。Do take it easy！［一定要放松些，慢慢来！］主要是你目前的环境多半要你用外文来思想，也因为很少机会用中文讨论文艺、思想等等问题。稍缓我当寄一些旧书给你，让你温习温习词汇和句法的变化。我译的旧作中，《嘉尔曼》和服尔德的文字比较最洗炼简洁，可供学习。新译不知何时印，印了当然马上寄。但我们纸张不足，对十九世纪的西方作品又经过批判与重新估价，故译作究竟哪时会发排，完全无法预料。

十二月二日 *

亲爱的聪：知道你们婚期确定以来，我们抱着激动兴奋的心情天天都在盘算日子。你们幸福，我们也跟着幸福。所谓骨肉之亲，所谓爱子情深，只有真爱子女的父母才能深切的体会其中的滋味。我们常常沉浸在回忆中，把你的一生重新温过一遍，想着你在襁褓中的痴肥胖，又淘气又可爱的童年，顽强而多事的少年，一直到半生不熟的去罗马尼亚，出发去参加萧邦的比赛为止：童年时所受的严格的家庭教育，少年时代的发奋用功，出国后的辛勤劳苦，今天的些少成绩，真像电影中一个个的镜头，历历在目，包括了多少辛酸和多少欢乐！如今你到了人生的高潮，也是一生中最幸福的阶段，开始成家立业了。我们做父母的怎不喜极而涕！尤其做母亲的，想到儿子今后的饮食寒暖，身边琐事，有这样一个理想的弥拉来照顾应付，你也不再觉得孤独，我从此可以交卸责任，一切放心了。可爱的弥拉，虽然我们之间只能从通信中互相了解，可是已感到她性情淳厚，温柔体贴，绝非虚荣浮夸的女孩子。（她说过她的信永远代替不了你的，你看她多么懂得做父母的心！）这是你的福气，也显出你眼光不差。最后我还得叮咛几句：希望你们二人处理相亲相爱之外，永远能互相尊重事事商量，切勿独断专行。生活要严肃，有规律，有节制；经济方面要有计划预算，用钱要适当，总之，行事不可凭冲动，图一时之快，必须深思熟虑；你个人更不可使性。当然，人生永远在学习中，过失难免，只要接受教训，就是深入一步了。

我们觉得最遗憾的是没有尽父母之职，不能代你们做些事，美中不足的又不能参加你们的婚礼。日期如此匆促，使我措手不及，不知买什么送你们好。寄出包裹限制甚严，只能在极小的范围内选购。我接连跑了二天，把东西分做二包，总算很顺利的一次寄出了。一个包直寄你岳母处，内织锦缎二件：黑底大金花的送梅纽因夫人，绿色小花的给弥拉。一个包寄Club①，内“和光绉”衣料一件，给弥拉做件中国旗袍（最好做夹的，要配个里子），做时可请教中国朋友设计，也不妨问问恩德。要是弥拉不喜欢旗袍，那么随便她做裙子也好，做单纯的robe［罩袍］也好。淡绿色圆形绣花靠枕一对，淡红色缎子靠枕一对，古绣衣袖一对（作小台布用，放在玻璃底下最美，必须避免

---

① 傅聪当时在伦敦的住地。

灰尘），绒花一朵（不理想）。这一些中国产品的小礼物，算不了什么，只能补充你们布置新房的点缀。物少心意重，想你们一定会喜欢的。《敦煌壁画选》要过一个月再寄，因为海关认为一次已寄了二个包，数量太多，故只能当场原封带回。但愿我们早寄的（十一月十一日寄出）一些陈老莲水印画片，能于你们婚前收到，立刻配起框子，就可悬挂。中国人的家多少该有些中国风味，你们看对不对？

十二月二十四日［译自英文］

亲爱的孩子：由于你们两人都很年轻，没有实际经验，我想把我们理财的方法告诉你们，也许会对你们有所帮助。我们结婚二十九年，你母亲天天都把用掉的每一分钱记在账簿上，从未间断过。如没有这种长期家庭式簿记制度，即使有了预算，也无济于事。每天晚上或第二天早晨，她核查支出与用剩的余款，就像小铺的账房，当然不如账房那么专注用心。一发现收支不符，而她又无论如何也记不起漏掉的项目是什么（我们两人记忆力都差），她就把不符之处列为："忘记项目"。每个月底她把全部用途加起来，跟预算比较并分析每一项不同的支出：衣、食、住、书籍费、应酬费、零用钱等——为了这项"比较研究"，她有一本特殊的分析账簿。假如我们的支出超过预算，她就会设法找出原因，以免下个月重蹈覆辙；每年年终，把全部收支相加之后，她就提出一个新的预算。所有这些工作已经成为她生活的常规，而且这也真是个好习惯：只有靠这种办法，人才可以逐渐学会如何处理钱财，如何攒下积蓄，以防意外并养育儿女。我们有些好朋友时常说钱到了我们手中，仿佛比在他们手里更能派用场了。

生活要过得体面而省俭；要小心而勿小气；慷慨而勿易于上当；

享受生活乐趣，但切勿为满足一时欲望而过分奢侈，即使当时觉得这种欲念不可或缺也罢。这是种极不容易的艺术，只有性格坚强的人，运用明智，意志力与极大的耐性，再经过一些大大小小的惨痛教训，才办得到！这种人生艺术我们不能期望很快就学会，因此最好及早开始，尤其是在婚姻生活开始的时候。

聪看到这些话，也许会耸耸肩膀，可是，亲爱的孩子，请严肃考虑这个问题，你的幸福大部分有赖于如何解决这个问题。你如今不是单身汉了！别忘了在人生艺术上成功与在任何其他艺术中的成功一样，也值得钦慕与重视，也需要高度的聪慧与才智。主宰人生艺术的不外是调度钱财的能力。不错，假如我们需要或短缺金钱，过分无度为钱财所役，损人利己征物敛财，好比吝啬鬼，守财奴，资本家……那么，金钱确是万恶的。可是那些分明有钱而不知善用的人，可真是咎由自取！啊！亲爱的孩子，我们衷心希望你们在生活中各方面都美满幸福！为了你们好，宁愿让聪觉得我们唠唠叨叨，而不愿在操持家务最重要的篇章上保持缄默。弥拉学过家政，自然明白在家常琐务上能不厌其烦，一丝不苟，就是不出大纰漏的最佳保证。因此，弥拉在钱财上必须抓紧，而聪也必须乐于跟她合作。我知道你们两人对我所说的都很清楚，但要紧的是能知行合一，而不仅是纸上谈兵而已。

一九六一年

一九六〇年十二月三十一日——一九六一年一月五日［译自英文］

亲爱的孩子：你并非是一个不知感恩的人，但你很少向人表达谢意。朋友对我们的帮助、照应与爱护，不必一定要报以物质，而往往只需写几封亲切的信，使他们快乐，觉得人生充满温暖。既然如此，为什么要以没有时间为推搪而不声不响呢？你应该明白我两年来没有跟勃隆斯丹太太通信是有充分的理由的。沉默很容易招人误会，以为我们冷漠忘恩，你很懂这些做人之道，但却永远不能以此来改掉懒惰的习惯。人人都多少有些惰性，假如你的惰性与偏向不能受道德约束，又怎么能够实现我们教育你的信条："先为人，次为艺术家，再为音乐家，终为钢琴家"？

十二月三十一日

亲爱的聪，我们很高兴得知你对这一次的录音感到满意，并且将于七月份在维也纳灌录一张唱片。你在马耳他用一架走调的钢琴演奏必定很滑稽，可是我相信听众的掌声是发自内心的。你的信写得不长，也许是因为患了重伤风的缘故。信中对马耳他废墟只字未提，可见你对古代史一无所知；可是关于婚礼也略而不述却使我十分挂念，这一点证明你对现实毫不在意，你变得这么像哲学家，这么脱离世俗了吗？或者更坦白的说，你难道干脆就把这些事当做无关紧要的事吗？但是无足轻重的小事从某一观点以及从精神上来讲就毫不琐屑了。生活中崇高的事物，一旦出自庸人之口，也可变得伧俗不堪的。你知道得很清楚，我也不太看重物质生活，不太自我中心，我也热爱艺术，喜欢遐想；但是艺术若是最美的花朵，生活就是开花的树木。生活中物质的一面不见得比精神的一面次要及乏味，对一个艺术家而言，尤其如此。你有点过分偏重知识与感情了，凡事太理想化，因而忽略或罔顾生活中正当健康的乐趣。

逆境中的父亲（一九六〇年）

傅聪与弥拉结婚照，右一弥拉的父亲梅纽因

不错，你现在生活的世界并非万事顺遂，甚至是十分丑恶的；可是你的目标，诚如你时常跟我说起的，是抗御一切诱惑，不论是政治上或经济上的诱惑，为你的艺术与独立而勇敢斗争，这一切已足够耗尽你的思想与精力了。为什么还要为自己无法控制的事情与情况而忧虑？注意社会问题与世间艰苦，为人类社会中丑恶的事情而悲痛是磊落的行为。故此，以一个敏感的年轻人来说，对人类命运的不公与悲苦感到愤慨是理所当然的，但是为此而郁郁不乐却愚不可及，无此必要。你说过很多次，你欣赏希腊精神，那么为什么不培养一下恬静与智慧？你在生活中的成就老是远远不及你在艺术上的成就。我经常劝你不时接近大自然及造型艺术，你试过没有？音乐太刺激神经，需要其他较为静态（或如你时常所说的较为“客观”）的艺术如绘画、建筑、文学等等来平衡，在十一月十三日的信里，我引了一小段 Fritz Busch［弗里茨·布施］的对话，他说的这番话在另外一方面看来对你很有益处，那就是你要使自己的思想松弛平静下来，并且大量减少内心的冲突。

记得一九五六至一九五七年间，你跟我促膝谈心时，原是十分健谈的，当时说了很多有趣可笑的故事，使我大乐；相反的，写起信来，你就越来越简短，而且集中在知识的问题上，表示你对现实漠不关心，一九五七年以来，你难道变了这么多吗？或者你只是懒惰而已？我猜想最可能是因为时常郁郁寡欢的缘故。为了抵制这种倾向，你最好少沉浸在自己内心的理想及幻想中，多生活在外在的世界里。

一月五日

一月五日 *

亲爱的聪、弥拉：今天接到你们从 Malta［马耳他］寄来的信，我们左等右等，无日不在想念你们，真是望眼欲穿了。看到你们二人的信，好像你们的一举一动，一言一笑都在眼前，心里的高兴与温暖是无法言喻的。弥拉说接到我们的信很高兴，可是你们的信，我们也是一样要翻来覆去的看几遍呢，隔了几天还会拿出来温呢！

弥拉虽年轻，但从她几次来信，我深深的感觉到她相当成熟、体贴，使我回想自己结婚的时候比弥拉还年轻：二十岁还不到；当年我幼稚无知，怎么可以同今日的弥拉相比呢！还不是慢慢受了你爸爸的熏陶与影响，才对人生和艺术有所理解，而视野也变得广阔的吗？弥拉对你的了解，比我当时对你爸爸的了解，要深切得多，你太幸运了。现在你们开始共同生活，组织小家庭，中国有句老话"开门七件事，柴米油盐酱醋茶"，看来都是麻烦猥琐的事，但是为了生活，有什么办法呢？关于日常安排，你一定要多听弥拉的主意，因为我们女人总比较实际，不像你一天到晚老在音乐里，在云端里做梦。而且你有时也得从梦境中回到现实世界上来，体验体验家庭生活的繁琐与乐趣。你要知道 art of living［生活的艺术］也不是一件容易的事，里面也有不少学问，也许比别的学问更加高深，也得一边学一边做。尤其重要的理财一道，你向来不屑理会，钱糊里糊涂来，糊里糊涂去。现在有弥拉帮你管，你只要开诚布公，尽可让她预算，让她安排，或者共同研究一下，每个月必得从收入中储蓄一部分！——我正在看萧邦的传记，他父亲就是一个艰苦奋斗的人，也是极重视孩子教育的人，常常警告萧邦，一定要 save money［储蓄］，以防万一。现在你成了家，不是 bohemian［流浪汉］了，为了二人的生活安全，责任更重，还要为未来的孩子着想。总之 play safe first！［稳扎稳打，谨慎行事是第一位的！］你想，要是你的父母过去生活无计划、无规律，你怎么会得到充分的教育，会有今日呢？虽然我们孜孜不倦的教导你，但是在生活的规律和用钱的得当两点上，始终没对你产生影响，我为之深感遗憾，也是觉得惭愧的，因为总是我们教育的方式方法不好。但是你还年轻，学起来还来得及，何况弥拉这方面比你能干得多，那么好了，就让她来补你的不足。千万别自作聪明，与弥拉闹别扭；我完全相信她的能力（你别低估了她）和善良的心地，倘若她有时在实际问题上坚持，那一定是为了使你的生活过得美满，为你们两人的前途打算。

婚姻究竟是终身大事，你来信不但对结婚的情形只字不提，便是体会及感想也一句没有，这一点不但爸爸觉得奇怪，我也感到意外。下次来信能不能补充些呢？除了 5 roses［五朵玫瑰花］以外，你还送弥拉什么呢？难道你对新娘竟是一点饰物也不送么？有没有 wedding ring［结婚戒指］？

一月二十三日［译自英文］

亲爱的孩子们：我认为敦煌壁画代表了地道的中国绘画精粹，除了部分显然受印度佛教艺术影响的之外，那些描绘日常生活片段的画，确实不同凡响：创作别出心裁，观察精细入微，手法大胆脱俗，而这些画都是由一代又一代不知名的画家绘成的（全部壁画的年代跨越五个世纪）。这些画家，比起大多数名留青史的文人画家来，其创作力与生命力，要强得多。真正的艺术是历久弥新的，因为这种艺术对每一时代的人都有感染力，而那些所谓的现代画家（如弥拉信中所述）却大多数是些骗子狂徒，只会向附庸风雅的愚人榨取钱财而已。我绝对不相信他们是诚心诚意的在作画。听说英国有“猫儿画家”及用“一块旧铁作为雕塑品而赢得头奖”的事，这是真的吗？人之丧失理智，竟至于此？

最近我收到杰维茨基教授的来信，他去夏得了肺炎之后，仍未完全康复，如今在疗养院中，他特别指出聪在英国灌录的唱片弹奏萧邦时，有个过分强调的 retardo［缓慢处理］——比如说，*Ballad*［《叙事曲》］弹奏得比原曲长两分钟。杰教授说在波兰时，他对你这种倾向，曾加抑制，不过你现在好像又故态复萌。我很明白演奏是极受当时情绪影响的，不过聪的 retardo mood［缓慢处理手法］出现得有点过分频密，倒是不容否认的，因为多年来，我跟杰教授都有同感。

亲爱的孩子，请你多留意，不要太耽溺于个人的概念或感情之中，我相信你会时常听自己的录音（我知道，你在家中一定保有一整套唱片），在节拍方面对自己要求越严格越好！弥拉在这方面也一定会帮你审核的。一个人拘泥不化的毛病，毫无例外是由于有特殊癖好及不切实的感受而不自知，或固执得不愿承认而引起的。趁你还在事业的起点，最好控制你这种倾向，杰教授还提议需要有一个好的钢琴家兼有修养的艺术家给你不时指点，既然你说起过有一名协助过 Annie Fischer［安妮·费希尔］的匈牙利女士，杰教授就大力鼓励你去见见她，你去过了吗？要是还没去，你在二月三日至十八日之间，就有足够的时间前去求教，无论如何，能得到一位年长而有修养的艺术家指点，一定对你大有裨益。

敦煌壁画：飞天

凡重要的人名地名（尤其是人名）均以红筆批註於後。原文

×Herculanum

△Pompéi

全部外文均照法文寫法，与英文略有不同，祇寫于譯語。

法國 丹納著 藝術哲学 第四编

希臘的雕塑

諸位先生，㊀

前幾年我給你們講了意大利和尼德蘭的藝術史，在表現人體方面，這是近代兩個獨創的重要学派。為結束這個課程，我只要再給你們介紹最偉大最有特色的一派，就是古代希臘的一派。——這一次我不講繪畫。除了水瓶，除了龐貝依与赫叩雷尼阿姆㊁的一些寶石鑲嵌些小型的壁画以外，古代繪畫的巨製都已毀滅，無法加以精確的敘述。並且希臘人表現人體還有一種更全民性的藝術，更適合風俗習慣与民族精神的藝術，或許也更普遍更完美的藝術，就是彫塑。所以我今年用希臘彫塑作為講課的題目。

不幸在這方面跟別的方面一樣，古代只留下一個廢墟。我們所保存的古代彫像，和毀滅的部分相比簡直微不足道。廟堂上色相莊嚴的巨型神像，原是偉大的時代用來表現它的思想的，我們却只有兩個頭像㊂可以作為推想巨型彫像的根據；菲狄阿斯的真跡，我們一件

㊀丹納的《藝術哲学》原是在巴黎美術学校講課（一八六五—六九）的稿子，故出版時仍保留講課形式。

㊁意大利南部的龐貝依与赫叩雷尼阿姆，因為紀元七十九年被維蘇威火山埋在地下的古城。龐貝依于一七四八年發現，開始發掘；赫叩雷尼阿姆于一七一九年發現，一七三九年起發掘。

㊂［原註］一个是于東的頭，現在羅多維齊別墅［羅馬］，一个是奧德里高里出土的邱比特的頭［現在羅馬梵諦岡］。

（12×40＝480）

一九六一年初父亲为傅聪副录《艺术哲学》第四编《希腊的雕塑》墨迹之一

二月五日上午—八日晨

亲爱的孩子：上月二十四日宋家婆婆①突然病故，卧床不过五日。初时只寻常小恙，到最后十二小时才急转直下。人生脆弱一至于此！我和你妈妈为之四五天不能入睡，伤感难言。古人云秋冬之际，尤难为怀；人过中年也是到了秋冬之交，加以体弱多病，益有草木零落，兔死狐悲之感。但西方人年近八旬尚在孜孜矻矻，穷究学术，不知老之“已”至：究竟是民族年轻，生命力特别旺盛，不若数千年一脉相承之中华民族容易衰老欤？抑是我个人未老先衰，生意索然欤？想到你们年富力强，蓓蕾初放，艺术天地正是柳暗花明，窥得无穷妙境之时，私心艳羡，岂笔墨所能尽宣！

因你屡屡提及艺术方面的希腊精神（Hellenism），特意抄出丹纳《艺术哲学》中第四编“希腊的雕塑”译稿六万余字，钉成一本。原书虽有英译本，但其中神话、史迹、掌故太多，倘无详注，你读来不免一知半解；我译稿均另加笺注，对你方便不少。我每天抄录一段，前后将近一月方始抄完第四编。奈海关对寄外文稿检查甚严，送去十余日尚无音信，不知何时方能寄出，亦不知果能寄出否。思之怅怅。此书原系一九五七年“人文”向我特约，还是王任叔②来沪到我家当面说定，我在一九五八至一九五九年间译完，已搁置一年八个月。目前纸张奇紧，一时决无付印之望。

二月五日上午

---

① 我国老一辈戏剧家宋春舫的夫人，傅雷挚友宋奇之母。

② 时任人民文学出版社社长。

记得你在波兰时期，来信说过艺术家需要有 single-minded-ness［一心一意］，分出一部分时间关心别的东西，追求艺术就短少了这部分时间。当时你的话是特别针对某个问题而说的。我很了解（根据切身经验），严格钻研一门学术必须整个儿投身进去。艺术——尤其音乐，反映现实是非常间接的，思想感情必须转化为 emotion［感情］才能在声音中表达，而这一段酝酿过程，时间就很长；一受外界打扰，酝酿过程即会延长，或竟中断。音乐家特别需要集中（即所谓 single-mindedness），原因即在于此。因为音乐是时间的艺术，表达的又是流动性最大的emotion，往往稍纵即逝——不幸，生在二十世纪的人，头脑装满了多多少少的东西，世界上又有多多少少东西时时刻刻逼你注意；人究竟是社会的动物，不能完全与世隔绝；与世隔绝的任何一种艺术家都不会有生命，不能引起群众的共鸣。经常与社会接触而仍然能保持头脑冷静，心情和平，同时能保持对艺术的新鲜感与专一的注意，的确是极不容易的事。你大概久已感觉到这一点。可是过去你似乎纯用排斥外界的办法（事实上你也做不到，因为你对人生对世界的感触与苦闷还是很多很强烈），而没头没脑的沉浸在艺术里，这不是很健康的做法。我屡屡提醒你，单靠音乐来培养音乐是有很大弊害的。以你的气质而论，我觉得你需要多多跑到大自然中去，也需要不时欣赏造型艺术来调剂。假定你每个月郊游一次，上美术馆一次，恐怕你不仅精神更愉快、更平衡，便是你的音乐表达也会更丰富、更有生命力、更有新面目出现。亲爱的孩子，你无论如何应该试试看！

如今你有弥拉代为料理日常琐事，该是很幸福了。但不管你什么理由，某些道义上的责任是脱卸不了的，不能由弥拉代庖。希望能尽量挤出时间，不时给两位以前的老师写几行，短一些无妨，但决不可几月几年的沉默下去！你在本门艺术中意志很强，为何在道义上不同样拿出意志来节约时间，履行你的义务呢？—— 孩子，你真不知道我多么希望你在人生各方面都有进步！倘你在尊师方面有行动表现，你真是给你爸爸最大的快乐。你要以与亲友通信作为精神上的调剂，就不会视执笔为畏途了。心理一改变，事情就会轻松，试过几回即会明白。

一月九日与林先生①的画同时寄出的一包书，多半为温习你中文着眼，故特别挑选文笔最好的书——至于艺术与音乐方面的书，英文中有不少扎实的作品。暑中音乐会较少的期间，也该尽量阅读。

二月八日晨

三月二十八日晨［译自英文］

亲爱的弥拉：我会再劝聪在琐屑小事上控制脾气，他在这方面太像我了，我屡屡提醒他别受我的坏习惯影响。父母的缺点与坏脾气应该不断的作为孩子的借鉴，不然的话，人的性格就没有改善的指望了。你妈妈却是最和蔼可亲、平易近人的女性（幸好你属于她那一类型），受到所有亲朋戚友的赞美，她温柔婉约，对聪的为人影响极大。多年来要不是经常有妈妈在当中任劳任怨，小心翼翼，耐心调停，我与聪可能不会像今日一般和睦相处，因为我们两人都脾气急躁，尤其对小事情更没有耐性。简言之，我们在气质上太相似了，一般来说，这是艺术家或诗人的气质，可是在诗人画家的妻子眼中看来，这种气质却一点诗情画意都没有！我只能劝你在聪发脾气的时候

① 林风眠，大画家，父亲挚友。

别太当真，就算他有时暴跳如雷也请你尽量克制，把他当做一个顽皮的孩子，我相信他很快会后悔，并为自己蛮不讲理而惭愧。我明白，要你保持冷静，很不容易，你还这么年轻！但是，这是平息风浪、避免波及的唯一方式，要不然，你自己的情绪也会因此变坏，那就糟了——这是家庭关系的致命伤！希望你在这一点上能原谅聪，正如妈妈一向原谅我一般，因为我可以向你担保，对小事情脾气暴躁，可说是聪性格中唯一的严重缺点。

另一方面，我们认为有一点很重要，就是聪在未来，应该把演奏次数减少，我在二月二十一日一信（E－No. 11 T2）中，已经对你提过。一个人为了工作神经过度紧张，时常会发起脾气来。评论中屡次提到聪在演奏第一项节目时，表现得很紧张。为了音乐，下一季他应该减少合约。把这问题好好的讨论一下，不仅是为他在公众场所的演出水平，也更是为你俩的幸福。假如成功与金钱不能为你们带来快乐，那么为什么要为这许多巡回演出而疲于奔命呢？假如演出太多不能给你们家庭带来安宁，那么就酌情减少，倘若逾越分寸，世上就绝没有放纵无度而不自食其果的事！一切要合乎中庸之道，音乐亦不例外。这就是我一再劝聪应该时常去参观画廊的原因，欣赏造型艺术是维系一个人身心平衡的最佳方式。

三月二十八日夜＊

亲爱的聪：许多话都在英文信上仔细谈了，想你一定体会到我们做父母的一番热心与关切。我最担心的是你的性情脾气，因为你们父子的气质太相同了；虽然如此，我总觉得你还有我的成分，待人接物比较柔和，可是在熟人面前、亲人前面，你也会放肆（人人都有这个倾向)。弥拉太了解你了，她多么温柔可爱，千万不可伤害她，千万不可把你爸爸对妈妈的折磨加在弥拉身上。虽然我们女人会理解你们，原谅你们，总不是夫妇长久相处的好办法。有时你对小事情太认真、太固执、太啰嗦；你该避免不必要的争执，徒伤和气。你看弥拉多能干，年纪轻轻，搬家、设计、布置，一人独当，你享现成福，岂不幸运？我真想不到她在实际生活上如此多才，你该知足了。记得你五六、五七两年回家，什么事都左一遍右一遍的叮嘱，千不放心，万不放心，把我烦死了。你自己也跟我说："妈，我跟爸爸一样的烦噢!"还有一次你跟我讲："妈，你看我现在脾气好多了，你看怎样?"那时你笑眯眯的，温和可爱，做妈妈的能不更心疼么？但愿你有自知之明，尽量改掉自己的缺点。这次从南非远行回来，该好好休息一番，在新安顿的家里好好享受一番，看看我们给你的画、画片、照片、书籍等等，也足够你们消遣了。

四月九日—十五日［译自英文］

亲爱的弥拉：聪一定记得我们有句谈到智者自甘淡泊的老话，说人心不知足，因此我们不应该受羁于贪念与欲望。这是人所尽知的常识，可是真要实践起来，却非经历生活的艰辛不可。一个人自小到大从未为钱发愁固然十分幸运，从未见过自己的父母经济发生困难也很幸运；但是他们一旦自己成家，就不善理财了。一个人如果少年得志，他就更不善理财，这对他一生为害甚大。众神之中，幸运女神最为反复无常，不怀好意，时常袭人于不备。因此我们希望聪减少演出，降低收入，减少疲劳，减轻压力，紧缩开支，而多享受心境的平静以及婚姻生活的乐趣。亲爱的弥拉，这对你也更好些。归根结底，我相信你们俩对精神生活都比物质生活看得更重，因此就算家中并非样样舒裕也无关紧要——至少目前如此。真正的智慧在于听取忠言，立即实行，因为要一个人生来就聪明是不可能的，身为女人，你不会时常生活在云端里，由于比较实际，你在持家理财上，一定比聪学得更快更容易。

我四岁丧父，二十五岁丧母，所以在现实生活中没有人给我指点（在学识与文化方面亦复如此）。我曾经犯过无数不必要的错误，做过无数不必要的错事，回顾往昔，我越来越希望能使我至爱的孩子们摆脱这些可能遇上但避免得了的错误与痛苦。此外，亲爱的弥拉，因为你生活在一个紧张的物质世界里，我们传统的一部分，尤其是中国的生活艺术（凡事要合乎中庸之道）也许会对你有些好处。你看，我像聪一样是个理想主义者，虽然有时方式不同。你大概觉得我太迂腐，太道貌岸然了吧？

（……）

这两星期我在校阅丹纳《艺术哲学》的译稿，初稿两年前就送给出版社了，但直到现在，书才到排字工人的手中。你知道，从排字到印刷，还得跨一大步，等一大段时日。这是一部有关艺术、历史及人类文化的巨著，读来使人兴趣盎然，获益良多，又有所启发。你若有闲暇，一定得好好精读和研究学习此书。

四月九日

亲爱的孩子，果然不出所料，你的信我们在十三号收到。从伦敦的邮戳看来是七号寄的，所以很快，这封信真好！这么长，有意思及有意义的内容这么多！妈妈跟我两人把信念了好几遍，（每封你跟弥拉写来的信都要读三遍！）每遍都同样使我们兴致勃勃，欣喜莫名！

你真不愧为一个现代的中国艺术家，有赤诚的心、凛然的正义感，对一切真挚、纯洁、高尚、美好的事物都衷心热爱，我的教育终于开花结果。你的天赋禀资越来越有所发挥；你是对得起祖国的儿子！你在非洲看到欧属殖民地的种种丑恶行径而感到义愤填膺，这是难怪的，安德烈·纪德（Andre Gide）三十年前访问比属刚果，写下《刚果之行》来抗议所见的不平，当时他的印象与愤怒也与你相差无几。你拒绝在南非演出是绝对正确的；当地的种族歧视最厉害，最叫人不可忍受。听到你想为非洲人义演，也使我感到十分高兴。了不起！亲爱的孩子！我们对你若非已爱到无以复加，就要为此更加爱你了。

(……)

你们俩就算有时弄得一团糟也不必介怀，只要你们因此得到教训，不再重蹈覆辙就行了，没有人可以自诩从不犯错，可是每个人都能够越来越少犯错误。在私人生活方面，孩子气很可爱，甚至很富有诗意，可是你很明白在严肃的事情及社交场合上，我们必须十分谨慎，处处小心，别忘了英国人基本上是清教徒式的，他们对世情俗务的要求是十分严苛的。

(……)

聪的长信给我们很多启发，你跟我在许多方面十分相像，由于我们基本上都具有现代思想，很受十九世纪的西方浪漫主义以及他们的“世纪病”的影响。除了勤勉工作或专注于艺术、哲学、文学之外，我们永远不会真正感到快乐，永远不会排除“厌倦”，我们两人都很难逃避世事变迁的影响。现在没时间讨论所有这些以及其他有关艺术的问题，日后再谈吧！

我得提醒聪在写和讲英文时要小心些，我当然不在乎也不责怪你信中的文法错误，你没时间去斟酌文字风格，你的思想比下笔快，而且又时常匆匆忙忙或在飞机上写信，你不必理会我们，不过在你的日常会话中，就得润饰一下，选用比较多样化的形容词、名词及句法，尽可能避免冗赘的字眼及词句，别毫无变化的说“多妙”或“多了不起”，你大可选用“宏伟”“堂皇”“神奇”“神圣”“超凡”“至高”“高尚”“圣洁”“辉煌”“卓越”“灿烂”“精妙”“令人赞赏”“好”“佳”“美”等等字眼，使你的表达方式更多姿多彩，更能表现出感情、感觉、感受及思想的各种层次，就如在演奏音乐一般。要是你不在乎好好选择字眼，长此以往，思想就会变得混沌、单调、呆滞，没有色彩，没有生命。再没有什么比我们的语言更能影响思想的方式了。

四月十五日

四月二十日 *

亲爱的聪：接到你南非归途中的长信，我一边读一边激动得连心都跳起来了。爸爸没念完就说了几次 Wonderful! Wonderful! ［好极了！好极了！］孩子，你不知给了我们多少安慰和快乐！从各方面看，你的立身处世都有原则性，可以说完全跟爸爸一模一样。对黑人的同情，恨殖民主义者欺凌弱小，对世界上一切丑恶的愤懑，原是一个充满热情、充满爱，有正义感的青年应有的反响。你的民族傲气，爱祖国爱事业的热忱，态度的严肃，也是你爸爸多少年来从头至尾感染你的；我想你自己也感觉到。孩子，看到你们父子气质如此相同，正直的行事如此一致，心中真是说不出的高兴。你们谈艺术、谈哲学、谈人生，上下古今无所不包，一言半语就互相默契，彻底了解；在父子两代中能够有这种情形，实在难得。我更回想到五六、五七两年你回家的时期，没有一天不谈到深更半夜，当时我就觉得你爸爸早已把你当做朋友看待了。

但你成长以后和我们相处的日子太少，还有一个方面你没有懂得爸爸。他有极 delicate［细致］极 complex［复杂］的一面，就是对钱的看法。你知道他一生清白，公私分明，严格到极点。他帮助人也有极强的原则性，凡是不正当的用途，便是知己的朋友也不肯通融（我亲眼见过这种例子）。凡是人家真有为难而且是正当用途，就是素不相识的也肯慨然相助。就是说，他对什么事都严肃看待，理智强得不得了。不像我是无原则的人道主义者，有求必应。你在金钱方面只承继了妈妈的缺点，一些也没学到爸爸的好处。爸爸从来不肯有求于人。这两年来营养之缺乏，非你所能想象，因此百病丛生，神经衰弱、视神经衰退、关节炎、三叉神经痛，各种慢性病接踵而来。他虽然一向体弱，可也不至于此伏彼起的受这么多的折磨。他自己常叹衰老得快，不中用了。我看着心里干着急。有几个知己朋友也为之担心，但是有什么办法呢？大家都一样。人家提议："为什么不上饭店去吃几顿呢？""为什么不叫儿子寄些食物来呢？"他却始终硬挺，既不愿出门，也不肯向你开口；始终抱着置生命于度外的态度（我不知道你有没有体会到爸爸这几年来的心情？他不愿，我也不愿与你提，怕影响你的情绪）。后来我实在看不下去，便在去年十一月二十六日的信末向你表示……你来信对此不提及。今年一月五日你从 Malta［马耳他］来信还是只字不提，于是我不得不在一月六日给你的信上明明白白告诉你："像我们这样的父母，向儿子开口要东西是出于不得已，这一点你应该理解到。爸爸说不是非寄不可，只要回报一声就行，免得人伸着脖子等。"二月九日我又写道："我看他思想和心理活动都很复杂，每次要你寄食物的单子，他都一再踌躇，仿佛向儿子开口要东西也顾虑重重，并且也怕增加你的负担。你若真有困难，应当来信说明，免得他心中七上八下。否则也该来信安慰安慰他。每次单子都是我从旁做主的。”的确，他自己也承认这一方面有复杂的心理（complex），有疙瘩存在，因为他觉得有求于人，即使在骨肉之间也有屈辱之感。你是非常敏感的人，但是对你爸爸妈妈这方面的领会还不够深切和细腻。我一再表示，你好像都没有感觉，从来没有正面安慰爸爸。

他不但为了自尊心有疙瘩，还老是担心增加你的支出，每次 order［嘱寄］食物，心里矛盾百出，屈辱感、自卑感，一股脑儿都会冒出来，甚至信也写不下去了。他有他的隐痛：一方面觉得你粗心大意，对我们的实际生活不够体贴，同时也原谅你事情忙，对我们实际生活不加推敲，而且他也说艺术家在这方面总是不注意的，太懂实际生活，艺术也不会高明。从这几句话你可想象出他一会儿烦恼一会儿譬解的心理与情绪的波动。此外他再三劝你跟弥拉每月要 save money［节省金钱］，要做预算，要有计划，而自己却要你寄这寄那，多花你们的钱，他认为自相矛盾。尤其你现在成了家，开支浩大，不像单身的时候没有顾忌。弥拉固然体贴可爱，毫无隔膜，但是我们做公公婆婆的在媳妇面前总觉脸上不光彩。中国旧社会对儿女有特别的看法，说什么养子防老等等；甚至有些父母还嫌儿子媳妇不孝顺，这样不称心，那样不满意，以致引起家庭纠纷。我们从来不曾有过老派人依靠儿女的念头，所以对你的教育也从来没有接触到这个方面。正是相反，我们是走的另一极端：只知道抚育儿女，教育儿女，尽量满足儿女的希望是我们的责任和快慰，从来不想到要儿女报答。谁料到一朝竟会真的需要儿子依靠儿子呢？因为与一生的原则抵触，所以对你有所要求时总要感到委屈，心里大大不舒服，烦恼得无法解脱。

(……)

真想不到我们有福气，会有弥拉这样温柔可爱的媳妇，常常写那么亲切真诚的信来，使我们在寂寞的生活中添加不少光彩、温暖、兴奋与激动。我们看着你们的信，好像面对面谈话一样亲热。你们的信我们至少要从头至尾看上三遍，可以说每个字都要研究过，体会过，咂摸其中意味，互相讨论，还要举一反三，从中看出其他的细节，想象你们的生活，伦敦的情形以及一切西方世界的动静。我希望你们尽管忙，也要学学我们的榜样。聪，你倘能特别注意，字里行间自会理解许多东西，并不限于道德教训和嘱咐。我的笔很笨拙，说了一大堆，还是不能全部表达我心里的意思，多多少少的词不达意，只有你多加功夫，深深体会了。

四月二十五日

亲爱的孩子：寄你“武梁祠石刻片”四张，乃系普通复制品，属于现在印的画片一类。

楣片一称拓片，是吾国固有的一种印刷，原则上与过去印木版书、今日印木刻铜刻的版画相同。惟印木版书画先在版上涂墨，然后以白纸覆印；拓片则先覆白纸于原石，再在纸背以布球蘸墨轻拍细按，印讫后纸背即成正面；而石刻凸出部分皆成黑色，凹陷部分保留纸之本色（即白色）。木刻铜刻上原有之图像是反刻的，像我们用的图章；石刻原作的图像本是正刻，与西洋的浮雕相似，故复制时方法不同。

古代石刻画最常见的一种只勾线条，刻画甚浅；拓片上只见大片黑色中浮现许多白线，构成人物鸟兽草木之轮廓；另一种则将人物四周之石挖去，如阳文图章，在拓片上即看到物像是黑的，具有整个形体，不仅是轮廓了。最后一种与第二种同，但留出之图像呈半圆而微凸，接近西洋的浅浮雕。武梁祠石刻则是第二种之代表作。

给你的拓片，技术与用纸都不高明，目的只是让你看到我们远祖雕刻艺术的些少样品。你在欧洲随处见到希腊罗马雕塑的照片，如何能没有祖国雕刻的照片呢？我们的古代遗物既无照相，只有依赖拓片，而拓片是与原作等大，绝未缩小之复本。

武梁祠石刻在山东嘉祥县武氏祠内，为公元二世纪前半期作品，正当东汉（即后汉）中叶。武氏当时是个大地主大官僚，子孙在其墓畔筑有享堂（俗称祠堂）专供祭祀之用。堂内四壁嵌有石刻的图画。武氏兄弟数人，故有武荣祠武梁祠之分，惟世人混称为武梁祠。

同类的石刻画尚有山东肥城县之孝堂山郭氏墓，则是西汉（前汉）之物，早于武梁祠约百年（公元一世纪），且系阴刻，风格亦较古拙厚重。“孝堂山”与“武梁祠”为吾国古雕刻两大高峰，不可不加注意。此外尚有较晚出土之四川汉墓石刻，亦系精品。

石刻画题材自古代神话，如女娲氏补天、三皇五帝等传说起，至圣、贤、豪杰烈士、诸侯之史实轶事，无所不包——其中一部分你小时候在古书上都读过。原作每石有数画，中间连续，不分界线，仅于上角刻有题目，如《老莱子彩衣娱亲》《荆轲刺秦王》等。惟文字刻画甚浅，年代剥落，大半无存；今日之下欲知何画代表何人故事，非熟悉《春秋》《左传》《国策》不可；我无此精力，不能为你逐条考据。

荆轲刺秦王画像石拓片（武梁祠石刻第二层。第一层刻管仲射小白的故事，第三层刻伏羲女娲的故事）

三.

石刻畫題材自古代神話，如女媧氏補天，三皇五帝等傳說起，至聖賢、豪傑烈士、諸侯之史實軼事，無所不包。——其中一部分你小時候在古書上都讀過。原作每石有數畫，中間連續，不分界限，僅於上角刻有題目，如老萊子綵衣娛親，荊軻刺秦王等等。惟文字刻劃甚淺，年代剝落，大半無存；今日之下欲知何畫代表何人故事，非熟悉春秋左傳國策不可；我無此精力，不能為你逐條考據。

武梁祠全部石刻共占五十餘石，題材綜數更遠過於此。我僅有拓片二十餘紙，亦是殘帙，缺漏甚多，茲挑出拓印較好之四紙寄你，但線條仍不夠分明，遒勁生動飄逸之美幾無從體會，只能說聊勝於無而已。

一九六一年四月廿五日 爸 此即陽文圖章

此種信紙即是木刻印刷，今亦不復製造，值得細看一下。

另附法文說明一份，專供彌拉閱讀，讓她也知道一些中國古藝術的梗概與中國史地的常識。希望她為你譯成英文，將解釋給你外國友人聽；我知道大部分歷史與雕塑名詞你都不見得會用英文說。——倘裝在框內，拓片只可以非常小心的壓平，切勿用力拉直拉平，無數皺下去的地方都代表原作的細節，將紙完全拉直拉平就會失去本來面目！務望與彌拉細說！

一九六一年四月二十五日父信墨迹

武梁祠全部石刻共占五十余石，题材总数更远过于此。我仅有拓片二十余张，亦是残帙，缺漏甚多，兹挑出拓印较好之四纸寄你，但线条仍不够分明，遒劲生动飘逸之美几无从体会，只能说聊胜于无而已。

一九六一年四月二十五日

此种信纸（这封信是用木刻水印笺纸写的）即是木刻印刷，今亦不复制造，值得细看一下。

另附法文说明一份，专供弥拉阅读，让她也知道一些中国古艺术的梗概与中国史地的常识。希望她为你译成英文，好解释给你外国友人听；我知道大部分历史与雕塑名词你都不见得会用英文说。倘装在框内，拓片只可非常小心的压平，切勿用力拉直拉平，无数皱下去的地方都代表原作的细节，将纸完全拉直拉平就会失去本来面目，务望与弥拉细说。

又汉代石刻画纯系吾国民族风格。人物姿态衣饰既是标准汉族气味，雕刻风格亦毫无外来影响。南北朝（公元四世纪至六世纪）之石刻，如河南龙门、山西云冈之巨大塑像（其中很大部分是更晚的隋唐作品——相当于公元六至八世纪），以及敦煌壁画等等，显然深受佛教艺术、希腊罗马及近东艺术之影响。

附带告诉你这些中国艺术演变的零星知识，对你也有好处，与西方朋友谈到中国文化，总该对主流支流、本土文明与外来因素，心中有个大体的轮廓才行。以后去大英博物馆巴黎罗浮美术馆，在远东艺术室中亦可注意及之。巴黎还有专门陈列中国古物的 Musēe Guimet [吉美博物馆]，值得参观！

五月一日

中国诗词最好是木刻本，古色古香，特别可爱。可惜不准出口，不得已而求其次，就挑商务影印本给你。以后还会陆续寄，想你一定喜欢。《论希腊雕塑》一编六万余字，是我去冬花了几星期功夫抄的，也算是我的手泽，特别给你作纪念。内容值得细读，也非单看一遍所能完全体会。便是弥拉读法文原著，也得用功研究，且原著对神话及古代史部分没有注解，她看起来还不及你读译文易懂。为她今后阅读方便，应当买几部英文及法文的比较完整的字典才好。我会另外写信给她提到。

一月九日寄你的一包书内有老舍及钱伯母[①]的作品，都是你旧时读过的。不过内容及文笔，我对老舍的早年作品看法已大大不同。从前觉得了不起的那篇《微神》，如今认为太雕琢，过分刻画，变得纤巧，反而贫弱了。一切艺术品都忌做作，最美的字句都要出之自然，好像天衣无缝，才经得起时间考验而能传世久远。比如“山高月小，水落石出”不但写长江中赤壁的夜景，历历在目，而且也写尽了一切兼有幽远、崇高与寒意的夜景；同时两句话说得多么平易，真叫做“天籁”！老舍的《柳家大院》还是有血有肉，活得很——为温习文字，不妨随时看几段。没人讲中国话，只好用读书代替，免得词汇字句愈来愈遗忘——最近两封英文信，又长又详尽，我们很高兴，但为了你的中文，仍望不时用中文写，这是你唯一用到中文的机会了。写错字无妨，正好让我提醒你。不知五月中是否演出较少，能抽空写信来？

---

① 钱锺书夫人杨绛。

最近有人批判王氏①的“无我之境”，说是写纯客观，脱离阶级斗争。此说未免褊狭。第一，纯客观事实上是办不到的。既然是人观察事物，无论如何总带几分主观，即使力求摆脱物质束缚也只能做到一部分，而且为时极短。其次能多少客观一些，精神上倒是真正获得松弛与休息，也是好事。人总是人，不是机器，不可能二十四小时只做一种活动。生理上即使你不能不饮食睡眠，推而广之，精神上也有各种不同的活动。便是目不识丁的农夫也有出神的经验，虽时间不过一刹那，其实即是无我或物我两忘的心境。艺术家表现出那种境界来未必会使人意志颓废。例如念了“寒波淡淡起，白鸟悠悠下”两句诗，哪有一星半点不健全的感觉？假定如此，自然界的良辰美景岂不成年累月摆在人面前，人如何不消沉至于不可救药的呢？相反，我认为生活越紧张越需要这一类的调剂，多亲近大自然倒是维持身心平衡最好的办法。近代人的大病即在于拼命损害了一种机能（或一切机能）去发展某一种机能，造成许多畸形与病态。我不断劝你去郊外散步，也是此意。幸而你东西奔走的路上还能常常接触高山峻岭，海洋流水，日出日落，月色星光，无形中更新你的感觉，解除你的疲劳。

另一方面，终日在琐碎家务与世俗应对中过生活的人，也该时时到野外去洗掉一些尘俗气，别让这尘俗气积聚日久成为宿垢。弥拉接到我黄山照片后来信说，从未想到山水之美有如此者。可知她虽家居瑞士，只是偶尔在山脚下小住，根本不曾登高临远，见到神奇的景色。在这方面你得随时培养她。此外我也希望她每天挤出时间，哪怕半小时吧，作为阅读之用。而阅读也不宜老拣轻松的东西当做消遣；

---

① 即王国维。

应当每年选定一二部名著用功细读。比如丹纳的《艺术哲学》之类，若能彻底消化，做人方面，气度方面，理解与领会方面都有进步，不仅仅是增加知识而已。巴尔扎克的小说也不是只供消闲的。像你们目前的生活，要经常不断的阅读正经书不是件容易的事，需要很强的意志与纪律才行。望时常与她提及你老师勃隆斯丹近七八年来的生活，除了做饭、洗衣、照管丈夫孩子以外，居然坚持练琴，每日一小时至一小时半，到今日每月有四五次演出。这种精神值得弥拉学习。

六一年五月一日

我们与萧伯母的关系，她对你从小的爱护关切，最近几月来对我们食物方面的帮助，都该和弥拉谈谈，让她知道你父亲的朋友是怎样的患难之交，同时也可感染她缓急相助，古道热肠的做人之道。你说对么？

五月二十三日—二十五日下午

亲爱的孩子：越知道你中文生疏，我越需要和你多写中文；同时免得弥拉和我们隔膜，也要尽量写英文。有时一些话不免在中英文信中重复，望勿误会是我老糊涂。从你婚后，我觉得对弥拉如同对你一样负有指导的责任：许多有关人生和家常琐事的经验，你不知道还不打紧，弥拉可不能不学习，否则如何能帮助你解决问题呢？既然她自幼的遭遇不很幸福，得到父母指点的地方不见得很充分，再加西方人总有许多观点与我们有距离，特别在人生的淡泊、起居享用的俭朴方面，我更认为应当逐渐把我们东方民族（虽然她也是东方血统，但她的东方只是徒有其名了！）的明智的传统灌输给她。前信问你有关她与生母的感情，务望来信告知。这是人伦至性，我们不能不关心弥拉在这方面的心情或苦闷。

（……）

林先生的画寄至国外无问题。我也最高兴让我们现代的优秀艺术家在西方多多露面。要不是有限制，我早给你黄先生的作品了。但我仍想送一二张去文管会审定，倘准予出口，定当寄你。林先生的画价本不高，这也是他的好处。可是我知道国外看待一个陌生的外国画家，多少不免用金钱尺度来衡量；为了维持我国艺术家在国外的地位，不能不让外国朋友花较多的钱（就是说高于林先生原定价）。以欧洲的绘画行市来说，五十镑一幅还是中等价钱。所以倘是你的朋友们买，就让他们花五十磅一幅吧。钱用你的名义汇给我，汇出后立即来信通知寄出日期和金额。画由我代选，但望说明要风景还是人物，或是花卉—— 倘你自己也想要，则切实告知要几张，风景或人物，或花卉，你自购部分只消每幅二十镑，事实上还不需此数，但做铅皮筒及寄费为数也不很小。目前我已与林先生通过电话，约定后天由妈妈去挑一批回家，再由我细细看几天，复选出几张暂时留存，等你汇款通知到后即定做铅皮筒（也不简单，因为材料和工匠皆极难找到），做好即寄。倘用厚的马粪纸做成长筒，寄时可作印刷品，寄费既廉，而且迅速；无奈市上绝无好马粪纸可买。关于林先生的画价，我只说与你一人知道，即弥拉亦不必告知！

你必须先收到朋友的钱再汇款，切勿代垫！有时朋友们不过随口说说，真要付款时又变卦了。所以你得事先完全问个确实，并收到了钱再汇出。我们一家都太老实，把人家的话句句当真，有时弄得自己为难，这种教训受得多了，不能不预先告诉你。还有，希望你关于此事速速问明朋友，马上复信。我把林先生的作品留在家中，即使是三四张吧，长久不给人回音，也是我最不喜欢的！为了伦敦进口时的关税，最好别人要的，直接由我们寄去，但地址人名一定要写得非常清楚，切切！

四月二十六日寄你的四幅石刻画像，大概此信到时也可收到。记得你初至伦敦时有位太太借琴给你，她家也藏中国画，你可考虑是否送她一幅石刻，一方面还她人情，一方面也是海外希见的中国真迹复制品。但此物得之不易，等闲之辈切勿随便赠送。

丹纳原书的确值得细读，而且要不止一遍的读，你一定会欣赏。暂时寄你的只限于希腊部分，也足够你细细回味和吸收了。

你说的很对，“学然后知不足”，只有不学无术或是浅尝即止的人才会自大自满。我愈来愈觉得读书太少，聊以自慰的就是还算会吸收、消化、贯通。像你这样的艺术家，应当无书不读，像 Busoni［布索尼］、Hindemith［欣德米特］那样。就因为此，你更需和弥拉俩妥善安排日常生活，一切起居小节都该有规律有计划，才能挤出时间来。当然，艺术家也不能没有懒洋洋的耽于幻想的时间，可不能太多，否则成了习惯就浪费光阴了。没有音乐会的期间也该有个计划，哪几天招待朋友，哪几天听音乐会，哪几天照常练琴，哪几天读哪一本书。一朝有了安排，就不至于因为无目的无任务而感到空虚与烦躁了。这些琐琐碎碎的项目其实就是生活艺术的内容。否则空谈“人生也是艺术”，究竟指什么呢？对自己有什么好处呢？但愿你与弥拉多谈谈这些问题，定出计划来按部就班的做去。最要紧的是定的计划不能随便打破或打乱。你该回想一下我的作风，可以加强你实践的意志。你初订婚时不是有过指导弥拉的念头吗？现在成了家，更当在实际生活中以身作则，用行动来感染她！

正如你说的，你和我在许多地方太相像了，不知你在小事情的脾气上是否常常把爸爸作为你的警戒？弥拉还是孩子，你更得优容些，多用善言劝导，多多坐下来商量，切勿遇事烦躁，像我这样。你要能不犯你爸爸在这方面的错误，我就更安心更快活了。

五月二十三日

在空闲（即无音乐会）期间有朋友来往，不但是应有的调剂，使自己不致与现实隔膜，同时也表示别人喜欢你，是件大好事。主要是这些应酬也得有限度有计划。最忌有求必应，每会必到，也最忌临时添出新客新事。西方习惯多半先用电话预约，很少人会做不速之客——即使有不速之客，必是极知己的人，不致妨碍你原定计划的——希望弥拉慢慢能学会这一套安排的技术。原则就是要取主动，不能处处被动！

孩子，来信有句话很奇怪。沉默如何就等于同意或了解呢？不同意或不领会，岂非也可用沉默来表现吗？在我，因为太追求逻辑与合理，往往什么话都要说得明白，问得明白，答复别人也答复得分明；沉默倒像表示躲避，引起别人的感觉不是信任或放心，而是疑虑或焦急。过去我常问到你经济情况，怕你开支浩大，演出太多，有伤身体与精神的健康；主要是因为我深知一个艺术家在西方世界中保持独立多么不容易，而唯有经济有切实保障才能维持人格的独立。并且父母对儿女的物质生活总是特别关心。再过一二十年，等你的孩子长成以后，你就会体验到这种心情。

二十四日

以下两页，望细看几遍，内容有曲折，不能粗心大意！

妈妈今天上午拿了一批林先生的画回家；我替你挑了一幅《睡莲》，一幅人物（东方式仕女），专为你的，届时你若不喜欢，可调换别的。我们拟先送二百元与林先生。接信望即寄四十镑来——上次是送你的，海关无条件放行；此次要多寄几张，海关就得问我们要外汇。故预备凭你四十镑的汇款通知单去寄，即无问题。大概可寄你四五幅至六七幅，看你来信而定。其中两张是你的，其余由朋友们挑。一时无人买的暂存你处，陆续有主，再陆续汇款来。下次来信望告知：（一）上次寄你岳父的画，伦敦付了多少关税？要说清楚是一张的税还是两张的；（二）朋友中肯定要的有几人？要几张？（三）可能要的有几人？几张？——我将根据你的答复决定寄你数量。（四）画到伦敦而你们俩都出门了，则如何？是否可先致函邮局及海关声明，要求暂代保留，勿退回？望即打听清楚此法是否可行！

预计你为此事的复信，六月二十五日左右可到沪；我们那时才能开始装裱，做铅皮筒，还要等你的四十镑汇到；画寄出当在七月中旬。若走苏联，到伦敦当在八月底九月初；若走海道，当在九月底。以上都要说与弥拉知道，让她届时酌量情形办事。

同时希望你切实做到：（一）整批寄到时付的关税要平均摊在每幅画上。故事先必须向友人声明，除画款五十镑另加进口关税，届时由你凭税单计算，平均各自负担。—— 否则你白垫了钱，人家也不见情分。（二）友人画款未收到时，勿代垫。收到后再汇。（三）未售出之画须妥善保存，装在原寄铅皮筒内，以免受潮。

关于画价，笔墨较少的可酌量减为三十五镑，届时我将另有单子给你。但若对方不在乎，则亦不必减价。反之，若有真正爱好而财力不充的，则五十镑的画亦可酌减，由你作主即行；但对朋友仍不能当场答应，要说明等写信问过画家后方能决定。否则出足五十镑的友人知道了会疑心你从中渔利。做事最要防为人当了差，反蒙不白之冤。这也是不可不学会的人情世故！原则仍是五十镑一幅，由你机动掌握就是。

林风眠渔翁图

林先生本人对此毫无意见，能十足收到一百一幅即满足。他说确有外国人在上海买了他的作品在香港和巴黎等地卖到几倍以上，赚他的钱！我们当然涓滴不沾，皆归作者。林与我们是多年朋友，当然不会要你花四五十镑一幅的代价的，且已当面说过。而他售向国外的画，我觉得应当让他多得一些报酬，因为国外艺术品代价本来大大的高于国内，我们只是按具体情形办事。

此次有我选定暂存家中的，有像送你一类富于梦境的神仙世界（黄山），也有像送你岳父那样非常富丽、明快，近于柏辽兹的 orchestration［配器］的（以上各一）。又有比较清谈的西湖风景（绿、黑、白三个色调）；一幅是水墨的渔翁——捕鱼鸟 ——小艇和芦苇；一幅是几条船，帆樯交错，色调是黑与棕色；一幅是对比强烈（棕色、蓝、黑、白），线条泼辣的戏剧人物（倘你喜欢此幅，可与仕女调换，或由你多买一幅，随你吧）。告诉你大概的题材与色调，征求友人们意见时也可比较具体。

（……）

以上说的关于朋友选画及画价等等，该细细告诉弥拉，她也需要学习这些起码的做人之道！

二十五日下午 又及

五月二十四日［译自英文］

亲爱的孩子们：每次妈妈连续梦见你们几晚，就会收到你们的信，这次也不例外，她不但梦见你们两个，也梦见弥拉从窗下经过，妈妈叫了出来：弥拉！妈妈说，弥拉还对她笑呢！

从现在起，我得多写中文信，好让聪多接触母语，同时我还会继续给你们用英文写信。

你们在共同生活的五个月当中，想必学习了不少实际事务，正如以前说过，安顿一个新家，一定使你们上了扎实的第一课。我希望，你们一旦安顿下来之后，就会为小家庭施行一个良好的制度。也许在聪演奏频繁的季节，一切还不难应付；反而是在较为空闲必须应付俗务社交的日子，如何安排调度，就煞费周章了。以我看来，最主要的是控制事情，而勿消极的为事情所控制。假如你们有一两个星期闲暇，不是应该事先有个计划，哪几天招待朋友，哪几天轻松一下，哪几天把时间花在认真严肃的阅读与研究之上？当然，要把计划付诸实行必须要有坚强的意志，但这不是小事，而是持家之道，也是人生艺术的要素。事前未经考虑，千万不要轻率允诺任何事，不论是约会或茶会，否则很容易会为践诺而苦恼。为人随和固然很好，甚至很有人缘，但却时常会带来不必要的麻烦，我常常特别吝惜时间（在朋友中出了名），很少跟人约会，这样做使我多年来脑筋清静，生活得极有规律。我明白，你们的生活环境很不相同，但是慎于许诺仍是好事，尤其是对保持聪的宁静，更加有用。

六月二十六日晚

亲爱的孩子：六月十八日信（邮戳十九）今晨收到。虽然花了很多钟点，信写得很好。多写几回就会感到更容易更省力。最高兴的是你的民族性格和特征保持得那么完整，居然还不忘记“一箪食（读如“嗣”）一瓢饮，回也不改其乐”，唯有如此，才不致被西方的物质文明湮没。你屡次来信说我们的信给你看到和回想到另外一个世界，理想气息那么浓的、豪迈的、真诚的、光明正大的、慈悲的、无我的（即你此次信中说的 idealistic，generous，devoted，loyal，kind，selfless）世界。我知道东方西方之间的鸿沟，只有豪杰之士，领悟颖异、感觉敏锐而深刻的极少数人方能体会。换句话说，东方人要理解西方人及其文化和西方人理解东方人及其文化同样不容易。即使理解了，实际生活中也未必真能接受。这是近代人的苦闷：既不能闭关自守，东方与西方各管各的生活，各管各的思想，又不能避免两种精神两种文化两种哲学的冲突和矛盾。当然，除了冲突与矛盾，两种文化也彼此吸引，相互之间有特殊的魅力使人神往。东方的智慧、明哲、超脱，要是能与西方的活力、热情、大无畏的精神融合起来，人类可能看到另一种新文化出现。西方人那种孜孜矻矻，白首穷经，只知为学，不问成败的精神还是存在（现在和克利斯朵夫的时代一样存在），值得我们学习。你我都不是大国主义者，也深恶痛绝大国主义，但你我的民族自觉、民族自豪和爱国热忱并无一星半点的排外意味。相反，这是一个有根有蒂的人应有的感觉与感情。每次看到你有这种表现，我都快活得心儿直跳，觉得你不愧为中华民族的儿子！妈妈也为之自豪，对你特别高兴，特别满意。

分析你岳父的一段大有见地，但愿作为你的借鉴。你的两点结论，不幸的婚姻和太多与太早的成功是艺术家最大的敌人，说得太中肯了。我过去为你的婚姻问题操心，多半也是从这一点出发。如今弥拉不是有野心的女孩子，至少不会把你拉上热衷名利的路，让你能始终维持艺术的尊严，维持你严肃朴素的人生观，已经是你的大幸。还有你淡于名利的胸怀，与我一样的自我批评精神，对你的艺术都是一种保障。但愿十年二十年之后，我不在人世的时候，你永远能坚持这两点。恬淡的胸怀，在西方世界中特别少见，希望你能树立一个榜样！

说到弥拉，你是否仍和去年八月初订婚时来信说的一样预备培养她？不是说培养她成一个什么专门人才，而是带她走上严肃、正直、坦白、爱美、爱善、爱真理的路。希望以身作则，鼓励她多多读书，有计划有系统的正规的读书，不是消闲趋时的读书。你也该培养她的意志：便是有规律有系统的处理家务、掌握家庭开支、经常读书等等，都是训练意志的具体机会。不随便向自己的 fancy［幻想，一时的爱好］让步，也不随便向你的 fancy 让步，也是锻炼意志的机会。孩子气是可贵的，但决不能损害 taste［品味，鉴赏力］，更不能影响家庭生活、起居饮食的规律。有些脾气也许一辈子也改不了，但主观上改，总比听其自然或是放纵（即所谓 indulging）好，你说对吗？弥拉与我们通信近来少得多，我们不怪她，但那也是她道义上感情上的一种责任。我们原谅她是一回事，你不从旁提醒她可就不合理，不尽你督促之责了。做人是整体的，对我们经常写信也表示她对人生对家庭的态度。你别误会，我再说一遍，别误会我们嗔怪她，而是为了她太年轻，需要养成一个好作风，处理实际事务的严格的态度。以上的话主要是为她好，而不是仅仅为我们多得一些你们消息的快乐。可是千万注意，和她提到给我们写信的时候，说话要和软，否则反而会影响她与我们的感情。翁姑与媳妇的关系与父母子女的关系大不相同，你慢慢会咂摸到，所以处理要非常细致。

最近几次来信，你对我们托办的事多半有交代，我很高兴。你终于在实际生活方面也成熟起来了，表示你有头有尾，责任感更强了。你的录音机迄未置办，我很诧异；照理你布置新居时，应与床铺在预算表上占同样重要的地位。在我想来，少一两条地毯倒没关系，少一架好的录音机却太不明智。足见你们俩仍太年轻，分不出轻重缓急。但愿你去美洲回来就有能力置办！

(……)

我早料到你读了《希腊的雕塑》以后的兴奋。那样的时代是一去不复返的了，正如一个人从童年到少年那个天真可爱的阶段一样。也如同我们的先秦时代、两晋六朝一样。近来常翻阅《世说新语》(正在寻一部铅印而篇幅不太笨重的预备寄你)，觉得那时的风流文采既有点儿近古希腊，也有点儿像文艺复兴时期的意大利；但那种高远、恬淡、素雅的意味仍然不同于西方文化史上的任何一个时期。人真是奇怪的动物，文明的时候会那么文明，谈玄说理会那么隽永，野蛮的时候又同野兽毫无分别，甚至更残酷。奇怪的是这两个极端就表现在同一批人同一时代的人身上。两晋六朝多少野心家，想夺天下、称孤道寡的人，坐下来清谈竟是深通老庄与佛教哲学的哲人！

韩德尔的神剧固然追求异教精神，但他毕竟不是公元前四五世纪的希腊人，他的作品只是十八世纪一个意大利化的日耳曼人向往古希腊文化的表现。便是《赛米里》吧，口吻仍不免带点儿浮夸（pompous)。这不是韩德尔个人之过，而是民族与时代之不同，绝对勉强不来的。将来你有空闲的时候（我想再过三五年，你音乐会一定可大大减少，多一些从各方面进修的时间)，读几部英译的柏拉图、色诺芬一类的作品，你对希腊文化可有更多更深的体会。再不然你一朝去雅典，尽管山陵剥落（如丹纳书中所说）面目全非，但是那种天光水色（我只能从亲自见过的罗马和那不勒斯的天光水色去想象)，以及巴台农神庙的废墟，一定会给你强烈的激动，狂喜，非言语所能形容，好比四五十年以前邓肯在巴台农废墟上光着脚不由自主的跳起舞来（《邓肯（Duncun）自传》，倘在旧书店中看到，可买来一读)。真正体会古文化，除了从小“泡”过来之外，只有接触那古文化的遗物。我所以不断寄吾国的艺术复制品给你，一方面是满足你思念故国，缅怀我们古老文化的饥渴，一方面也想用具体事物来影响弥拉。从文化上、艺术上认识而爱好异国，才是真正认识和爱好一个异国；而且我认为也是加强你们俩精神契合的最可靠的链锁。

石刻画你喜欢吗？是否感觉到那是真正汉族的艺术品，不像敦煌壁画云冈石刻有外来因素。我觉得光是那种宽袍大袖、简洁有力的线条、浑合的轮廓、古朴的屋宇车辆、强劲雄壮的马匹，已使我看了怦然心动，神游于两千年以前的天地中去了（装了框子看更有效果）。

六月二十六日晚七时

吃过晚饭，又读了一遍（第三遍）来信。你自己说写得乱七八糟，其实并不。你有的是真情实感，真正和真实的观察、分析、判断，便是杂乱也乱不到哪里去。中文也并未退步；你爸爸最挑剔文字，我说不退步你可相信是真的不退步。而你那股热情和正义感不知不觉洋溢于字里行间，教我看了安慰、兴奋……有些段落好像是我十几年来和你说的话的回声……你没有辜负园丁！

老好人往往太迁就，迁就世俗，迁就褊狭的家庭愿望，迁就自己内心中不大高明的因素；而真理和艺术需要高度的原则性和永不妥协的良心。物质的幸运也常常毁坏艺术家。可见艺术永远离不开道德——广义的道德，包括正直、刚强、斗争（和自己的斗争以及和社会的斗争）、毅力、意志、信仰……

的确，中国优秀传统的人生哲学，很少西方人能接受，更不用说实践了。比如“富贵于我如浮云”在你我是一条极崇高极可羡的理想准则，但像巴尔扎克笔下的那些人物，正好把富贵作为人生最重要的，甚至是唯一的目标。他们那股向上爬，求成功的蛮劲与狂热，我个人简直觉得难以理解。也许是气质不同，并非多数中国人全是那么淡泊。我们不能把自己人太理想化。

你提到英国人的抑制（inhibition），其实正表示他们犷野强悍的程度，不能不深自敛抑，一旦决堤而出，就是莎士比亚笔下的那些人物，如麦克白斯、奥赛罗等等，岂不 wild［狂放］到极点？

Bath［巴斯］在欧洲亦是鼎鼎大名的风景区和温泉疗养地，无怪你觉得是英国最美的城市。看了你寄来的节目，其中几张风景使我回想起我住过的法国内地古城：那种古色古香，那种幽静与悠闲，至今常在梦寐间出现。说到这里，希望你七月去维也纳，百忙中买一些美丽的风景片给我。爸爸坐井观天，让我从纸面上也接触一下贝多芬、莫扎特、舒伯特住过的名城！

见到你岳父母，千万代我问候。这是应有的礼貌，为了你爸爸你决不可疏忽，切切切切！

六月二十六日夜 *

亲爱的聪：我的英文太糟，不能写，请你从头至尾翻给弥拉听。因为有些事让她多知道些，对我们更了解得透彻。我跟弥拉一样的懒散，有时也很拖拉，譬如写信吧，只要爸爸写了，我就懒了，反正他的话，就是我的话。

我没有一天不想念你们，看到你的信，总是说不出的高兴，见信如见其人，好像长篇大论跟我们谈天说地。这次你虽花了那么多时间写中文，可是给我更多亲切之感。身为中国人而不能写中文，岂不笑话？你自幼爸爸多少教了你一些古文，还算有根底的，所以不管怎样，你的信写得丰富自然，辞藻也用得恰当。

自从你跟萧伯母双管齐下寄食物来，营养方面调剂了些，至少牛油就没有断过，爸爸以点心为主，中饭夜饭光是蔬菜也不在乎了。经常花了你不少钱，心里不免内疚。孩子，你对我们的作用太大了，能不伤感吗！请你告诉弥拉，下月寄食物时，牛油调换一种淡的，现在寄来的，口味太咸了。

(……)

你为人忠厚，有求必应，对钱满不在乎，从不提防人家，这多少跟我相像，虽有优点也有缺点。我现在并不叫你吝啬，可也不能做"冤头"、做"傻瓜"，所以林先生的画，一定要收到了款再放手。既然你已有过经验，当然会有警惕性。你这次来信，尤其使得我高兴，我们问你的，你都有交代，有答复，甚至十五镑的下落也已查过，可知你对人事方面比较实际，成熟，大大进步了。

我希望你多多写中文，与我们通信是你唯一写中文的机会，而且有了真情实感，写起来不觉得苦，你说对么？你为我们通宵写信，未免太伤身体，能在白天或不太晚最好。不多谈了，望你跟弥拉多多保重！

六月二十七日［译自英文］

最亲爱的弥拉：要是我写一封长长的中文信给聪，而不给你写几行英文信，我就会感到不安。写信给你们两个，不仅是我的责任，也是一种抑止不住的感情，想表达我对你的亲情与挚爱。最近十个月来，我们怎么能想起聪而不同时想到你呢？在我们心目中，你们两个已经不知不觉的合二而一了。但是为了使聪不致于忘记中文，我必须多用中文给他写信，所以你看，每次我给你们写信时就不得不写两封。

(……)

妈妈和我都很高兴见到聪在现实生活中变得成熟些了，这当然是你们结合的好影响。你们结婚以来，我觉得聪更有自信了。他的心境更为平静，伤感与乖戾也相应减少，虽则如此，他的意志力，在艺术方面之外，仍然薄弱，而看来你在这方面也不太坚强。最好随时记得这一点，设法使两人都能自律，都能容忍包涵。在家中维持有条理的常规，使一切井井有条，你们还年轻，这些事很难付诸实行并坚持下去，可是养成良好习惯，加强意志力永远是件好事，久而久之，会受益无穷。

一个人（尤其在西方）一旦没有宗教信仰，道德规范就自动成为生活中唯一的圭臬。大多数欧洲人看到中国人没有宗教（以基督教的眼光来看），而世世代代以来均能维系一个有条有理、太平文明的社会，就大感惊异，秘密在于这世上除了中国人，再没有其他民族是这样自小受健全的道德教训长大的。你也许已在聪的为人方面看到这一点，我们的道德主张并不像西方的那么“拘谨”，而是一种非常广义的看法，相信人生中应诚实不欺，不论物质方面或精神方面，均不计报酬，像基督徒似的冀求一个天堂。我们深信，人应该为了善、为了荣誉、为了公理而为善，而不是为了惧怕永恒的惩罚，也不是为了求取永恒的福祉。在这一意义上，中国人是文明世界中真正乐观的民族。在中国，一个真正受过良好教养和我们最佳传统与文化熏陶的人，在不知不觉中自然会不逐名利，不慕虚荣，满足于一种庄严崇高，但物质上相当清贫的生活。这种态度，你认为是不是很理想很美妙？

亲爱的孩子，有没有想过我在 E－No. 17 信中所引用的孟德斯鸠的名言：“树人如树木，若非善加栽培，必难欣欣向荣？”假如你想听取孟德斯鸠的忠言，成为一棵“枝叶茂盛”的植物，那么这是开始自我修养的时候了。开始时也许在聪忙于演出的日子，你可以有闲暇读些正经书，我建议你在今夏看这两本书：丹纳的《艺术哲学》和 Etiemble［埃蒂昂勃勒］的《新西游记》（这本书我有两册，是作者送的，我会立即寄一本给你）。读第一本书可使你对艺术及一般文化历史有所认识，第二本可促进你对现代中国的了解。

如果你可以在旧书店里找到一本罗素的《幸福之路》，也请用心阅读，这本书虽然是三十年前写的，可是因为书中充满智慧及富有哲理的话很多，这些话永远不会过时，所以对今日的读者，仍然有所裨益。希望你也能念完《约翰·克利斯朵夫》。像你这样一位年轻的家庭主妇要继续上进，终身坚持自我教育，是十分困难的，我可以想象得出你有多忙，可是这件事是值得去努力争取的。妈妈快四十九岁了，仍然“挣扎”着每天要学习一些新东西（学习英语）。我有没有告诉过你，勃隆斯丹太太跟一般中产阶级的家庭主妇一样忙，可是她仍然每天坚持练琴（每日只练一小时至一小时半，可是日久见功），还能演奏及上电台播音。这种勇气与意志的确叫人激赏，几乎可说是英雄行径！

七月七日［译自英文］

最亲爱的弥拉：谢谢你寄来的 Magidoff［马吉道夫］所写关于你爸爸的书，这本书把我完全吸引住了，使我丢下手边的工作，不顾上海天气的炎热（室内摄氏三十二度），接连三个下午把它看完。过去五六年来很少看过这么精彩动人、内容翔实的书，你在五月十日的信中说，这本书写得不太好，可是也许会让我们觉得很新奇。传记中的无数细节与插曲是否合乎事实，我当然不像你爸爸或家里人一般有资格去评论，可是有一点我可以肯定：这本书对我来说不仅仅是新奇而已，并且对艺术家、所有看重子女教育的父母以及一般有教养的读者都启发很深。我身为一个文学工作者，受过中国哲学思想的熏陶，在教养孩子的过程中经过了无数试验和失误，而且对一切真、善、美的事物特别热爱，念起 Magidoff［马吉道夫］这本书来，感到特别兴奋，读后使我深思反省有生以来的种种经历，包括我对人生、道德、美学、教育等各方面的见解与思想变迁。我在教育方面多少像聪一样，从父母那里继承了优点及缺点，虽然程度相差很远。例如，我教育子女的方式非常严格，非常刻板，甚至很专制，我一直怕宠坏孩子，尤其是聪。我从来不许他选择弹琴作为终生事业，直到他十六岁，我对他的倾向与天分不再怀疑时才准许，而且迟至十八岁，我还时常提醒他的老师对他不要过分称赞。像你的祖母一样，我一直不断的给聪灌输淡于名利权势，不慕一切虚荣的思想。在教育的过程中，我用了上一代的方法及很多其他的方法，犯了无数过错，使我时常后悔莫及，幸而两个孩子都及早脱离了家庭的规范与指导。聪一定告诉过你，他十五岁时一个人在昆明待了两年，不过，他在处世方面并没有学得更练达，这一方面归咎于他早年在家庭所受的教育不健全；一方面归咎于我自己的缺点，又由于他性格像妈妈，有点过分随和，所以很难养成自律的习惯以及向世界挑战的勇气。

（……）

在艺术方面，你父亲的荣誉，他的独特与早熟，一生经历过无数危机，在外人眼中却一帆风顺，处处都树立榜样，表演了一出最感人最生动的戏剧，在心理及美学方面，发人深省，使我们得以窥见一位名人及大音乐家的心灵。这本书也给年轻人上了最宝贵的一课（不论是对了解音乐或发展演奏及技巧而言），尤其是聪。甚至你，亲爱的弥拉，你也该把这本书再读一遍，我相信读后可以对你父亲有更进一步的了解（顺便一提，没有人可以夸口彻底了解自己的亲人，尽管两人的关系有多亲密）：了解他的性格，他那崇高的品德以及辉煌的艺术成就。此外，把这本书用心细读，你可以学习很多有关人生的事：你父亲在二次世界大战期间英勇慷慨的事迹，他在柏林（在犹太难民营中）以及在以色列对自己信念所表现出的大智大勇，使你可以看出，他虽然脾气随和，性情和蔼，可是骨子里是个原则坚定、性格坚强的人。一旦你们必须面对生活中真正严重的考验时，这些令人赞赏的品格一定可以成为你俩不能忽视的楷模。我在中文信中告诉了聪，希望能有时间为这本精彩的书写篇长评，更确切的说，是为你父亲非凡的一生写篇长评。我现在所说的只是个粗略的概梗（而且是随便谈的），漫谈我看了这本书之后的印象与心得，要使你充分了解我的兴奋，寥寥数语是不足尽道的。

七月七日晚

我已有几次问你弥拉是否开始怀孕，因为她近来信少，与你半年前的情形相仿。若是怀孕而不舒服，则下面的话只当没说！否则妈妈送了她东西，她一个字都没有，未免太不礼貌。尤其我们没有真好的东西给她（环境限制），可是“礼轻心意重”，总希望受的人接受我们一份情意。倘不是为了身体不好，光是忙，不能成为一声不出的理由。这是体统和规矩问题。我看她过去与后母之间不大融洽，说不定一半也由于她太“少不更事”。——但这事你得非常和缓的向她提出，也别露出是我信中嗔怪她，只作为你自己发觉这样不大好，不够

kind［周到］，不合乎做人之道。你得解释，这不过是一例，做人是对整个社会，不仅仅是应付家属。但对近亲不讲礼貌的人也容易得罪一般的亲友。——以上种种，你需要掌握时机，候她心情愉快的当口委婉细致、心平气和、像对知己朋友进忠告一般的谈。假如为了我们使你们小夫妇俩不欢，是我极不愿意的。你总得让她感觉到一切是为她好，帮助她学习 live the life［待人处世］；而绝非为了父母而埋怨她。孩子，这件微妙的任务希望你顺利完成！对你也是一种学习和考验。忠言逆耳，但必须出以一百二十分柔和的态度，对方才能接受。

六一年七月十七日晚

在过去的农业社会里，人的生活比较闲散，周围没有紧张的空气，随遇而安、得过且过的生活方式还能对付。现在时代大变，尤其在西方世界，整天整月整年社会像一个瞬息不停的万花筒，生存竞争的剧烈，想你完全体会到了。最好做事要有计划，至少一个季度事先要有打算，定下的程序非万不得已切勿临时打乱。你是一个经常出台的演奏家，与教授、学者等等不同：生活忙乱得多，不容易控制。但愈忙乱愈需要有全面计划，我总觉得你太被动，常常 be carried away［失去自制力］，被环境和大大小小的事故带着走，从长远看，不是好办法。过去我一再问及你经济情况，主要是为了解你的物质基础，想推测一下再要多少时期可以减少演出，加强学习——不仅仅音乐方面的学习。我很明白在西方社会中物质生活无保障，任何高远的理想都谈不上。但所谓物质保障首先要看你的生活水准，其次要看你会不会安排收支，保持平衡，经常有规律的储蓄。生活水准本身就是可上可下，好坏程度、高低等级多至不可胜计的；究竟自己预备以哪一种水准为准，需要想个清楚，弄个彻底，然后用坚强的意志去贯彻。唯有如此，方谈得到安排收支等等的理财之道。孩子，光是瞧不起金钱不解决问题；相反，正因为瞧不起金钱而不加控制，不会处理，临了竟会吃金钱的亏，做物质的奴役。单身汉还可用颜回的刻苦办法应急，有了家室就不行，你若希望弥拉也会甘于素衣淡食就要求太苛，不合实际了。为了避免落到这一步，倒是应当及早定出一个中等的生活水准使弥拉能同意，能实践，帮助你定计划执行。越是轻视物质越需要控制物质。你既要保持你艺术的尊严，人格的独立，控制物质更成为最迫切最需要的先决条件。孩子，假如你相信我这个论点，就得及早行动。

经济有了计划，就可按照目前的实际情况定一个音乐活动的计划。比如下一季度是你最忙，但也是收入最多的季度：那笔收入应该事先做好预算；切勿钱在手头，散漫使花，而是要作为今后减少演出的基础——说明白些就是基金。你常说音乐世界是茫茫大海，但音乐还不过是艺术中的一支，学问中的一门。望洋兴叹是无济于事的，要钻研仍然要定计划——这又跟你的演出的多少、物质生活的基础有密切关系。你结了婚，不久家累会更重；你已站定脚跟，但最要防止将来为了家累，为了物质基础不稳固，不知不觉的把演出、音乐为你一家数口服务。古往今来——尤其近代，多少艺术家（包括各个部门的）到中年以后走下坡路，难道真是他们愿意的吗？多半是为家庭拖下水的，而且拖下水的经过完全出于不知不觉。孩子，我为了你的前途不能不长篇累牍的告诫。现在正是设计你下一阶段生活的时候，应当振作精神，面对当前，眼望将来，从长考虑。何况我相信三五年到十年之内，会有一个你觉得非退隐一年二年不可的时期。一切真有成就的演奏家都逃不过这一关。你得及早准备。

最近三个月，你每个月都有一封长信，使我们好像和你对面谈天一样：这是你所能给我和你妈妈的最大安慰。父母老了，精神上不免一天天的感到寂寞。唯有万里外的游子归鸿使我们生活中还有一些光彩和生气。希望以后的信中，除了艺术，也谈谈实际问题。你当然领会到我做爸爸的只想竭尽所能帮助你进步，增进你的幸福，想必不致嫌我烦琐吧？

八月一日

亲爱的孩子：二十四日接弥拉十六日长信，快慰之至。几个月不见她手迹着实令人挂心，不知怎么，我们真当她亲生女儿一般疼她；从未见过一面，却像久已认识的人那样亲切。读她的信，神情笑貌跃然纸上。口吻那么天真那么朴素，taste［品味］很好，真叫人喜欢。成功的婚姻不仅对当事人是莫大的幸福，而且温暖的光和无穷的诗意一直照射到、渗透入双方的家庭。敏读了弥拉的信也非常欣赏她的人品。孩子，我不能不再一次祝贺你的幸运。二年半以来这是你音乐成就以外最大的收获了：相信你一定会珍惜这美满的婚姻，日后开出鲜艳的花来！

今晨（八月一日）又接汇款五十镑，想必是你友人中有一位已经把汇款先交给你了。可是林先生的画都未签名，五月至六月我们选画时疏忽未注意，（你看爸爸一生如此细心，照样出岔子！）等到画交给荣宝斋装裱完成才发觉，而林先生却远行内蒙未归。据代他料理杂务的学生说，要八月底九月初回沪，比原定日期延长了两个月。他家留有图章，已去盖好；但转念一想，没有签名总不够郑重。倘林先生能于九月五日前回来，画可于九月十日前寄出，则十月底可到伦敦。你在十一月初除五日一场演出外，还有空闲料理画事。倘购画的友人不在乎签名，有了图章即行，我们当然可提早寄你，不过总觉不大妥当。你看怎么办？

弥拉报告中有一件事教我们特别高兴：你居然去找过了那位匈牙利太太！（姓名弥拉写得不清楚，望告知！）多少个月来（在杰老师心中已是一年多了），我们盼望你做这一件事，一旦实现，不能不为你的音乐前途庆幸。写到此，又接你明信片；那么原来希望本月四日左右接你长信，又得推迟十天了。但愿你把技巧改进的经过与实际谈得详细些，让我转告李先生，好慢慢帮助国内的音乐青年，想必也是你极愿意做的事。本月十二至二十七日间，九月二十三日以前，你都有空闲的时间，除了出门休息（想你们一定会出门吧）以外，尽量再去拜访那位老太太，向她请教。尤其维也纳派（莫扎特、贝多芬、舒伯特），那种所谓 repose［和谐恬静］的风味必须彻底体会。好些评论对你这方面的欠缺都一再提及。至于追求细节太过，以致妨碍音乐的朴素与乐曲的总的轮廓，批评家也说过很多次。据我的推想，你很可能犯了这些毛病。往往你会追求一个目的，忘了其他，不知不觉钻入牛角尖（今后望深自警惕）。可是深信你一朝醒悟，信从了高明的指点，你回头是岸，纠正起来是极快的，只是别矫枉过正，往另一极端摇摆过去就好了。

像你这样的年龄与经验，随时随地吸收别人的意见非常重要。经常请教前辈更是必需。你敏感得很，准会很快领会到那位前辈的特色与专长，尽量汲取——不到汲取完了决不轻易调换老师。

六一年八月一日

“After reading that, I found my conviction that Handel's music, specially his oratorio is the nearest to the Greek spirit in music 更加强了. His optimism, his radiant poetry, which is as simple as one can imagine but never vulgar, his directness and frankness, his pride, his majesty and his almost physical ecstasy. I think that is why when an English chorus sings *Hallelujah* they suddenly become so wild, taking off completely their usual English inhibition, because at that moment they experience something really thrilling, something like ecstasy. . . ”

“读了丹纳的文章，我更相信过去的看法不错：韩德尔的音乐，尤其神剧，是音乐中最接近希腊精神的东西。他有那种乐天的倾向、豪华的诗意，同时亦极尽朴素，而且从来不流于庸俗，他表现率直、坦白，又高傲又堂皇，差不多在生理上到达一种狂喜与忘我的境界。也许就因为此，英国合唱队唱 Hallelujah ［哈利路亚］ 的时候，会突然变得豪放，把平时那种英国人的抑制完全摆脱干净，因为他们那时有一种真正激动心弦，类似出神的感觉。……”

为了帮助你的中文，我把你信中一段英文代你用中文写出。你看看是否与你原意有距离。ecstasy ［狂喜与忘我境界］ 一字含义不一，我不能老是用出神两字来翻译。像这样不打草稿随手翻译，在我还是破题儿第一遭。

八月十九日

近几年来常常想到人在大千世界、星云世界中多么微不足道，因此更感到人自命为万物之灵实在狂妄可笑。但一切外界的事物仍不断对我发生强烈的作用，引起强烈的反应和波动，忧时忧国不能自已；另一时期又觉得转眼之间即可撒手而去，一切于我何有哉！这一类矛盾的心情几乎经常控制了我：主观上并无出世之意，事实上常常浮起虚无幻灭之感。个人对一切感觉都敏锐、强烈，而常常又自笑愚妄。不知这是现代中国知识分子的共同苦闷，还是我特殊的气质使然。即使想到你，有些安慰，却也立刻会想到随时有离开你们的可能，你的将来，你的发展，我永远看不见的了，你十年二十年后的情形，对于我将永远是个谜，正如世界上的一切，人生的一切，到我脱离尘世之时都将成为一个谜——个人消灭了，茫茫宇宙照样进行，个人算得什么呢！

八月三十一日夜—九月二日中午

亲爱的孩子：八月二十四日接十八日信，高兴万分。你最近的学习心得引起我许多感想。杰老师的话真是至理名言，我深有同感。会学的人举一反三，稍经点拨，即能跃进。不会学的不用说闻一以知十，连闻一以知一都不容易办到，甚至还要缠夹，误入歧途，临了反抱怨老师指引错了。所谓会学，条件很多，除了悟性高以外，还要足够的人生经验。暑假中教敏读王尔德《温德米尔夫人的扇子》，life is a speculation 一句，我解释了几遍，似乎他仍不甚了了。现代青年头脑太单纯，说他纯洁固然不错，无奈遇到现实，纯洁没法作为斗争的武器，倒反因天真幼稚而多走不必要的弯路。玩世不恭、cynical［愤世嫉俗］的态度当然为我们所排斥，但不懂得什么叫做 cynical 也反映入世太浅，眼睛只会朝一个方向看。周总理最近批评我们的教育，使青年只看见现实世界中没有的理想人物，将来到社会上去一定感到失望与苦闷。胸襟眼界狭小的人，即使老辈告诉他许多旧社会的风俗人情，也几乎会骇而却走。他们既不懂得人是从历史上发展出来的，经过几千年上万年的演变过程才有今日的所谓文明人，所谓社会主义制度下的人，一切也就免不了管中窥豹之弊。这种人倘使学文学艺术，要求体会比较复杂的感情，光暗交错、善恶并列的现实人生，就难之又难了。要他们从理论到实践，从抽象到具体，样样结合起来，也极不容易。但若不能在理论→实践、实践→理论、具体→抽象、抽象→具体中不断来回，任何学问都难以入门。

(……)

最后你提到你与我气质相同的问题，确是非常中肯。你我秉性都过敏，容易紧张。而且凡是热情的人多半流于执著，有 fanatic［狂热］倾向。你的观察与分析一点不错。我也常说应该学学周伯伯那种潇洒、超脱、随意游戏的艺术风格，冲淡一下太多的主观与肯定，所谓 positivism［自信独断］。无奈向往是一事，能否做到是另一事。有时个性竟是顽强到底，什么都扭它不过。幸而你还年轻，不像我业已定型；也许随着阅历与修养，加上你在音乐中的熏陶，早晚能获致一个既有热情又能冷静、能入能出的境界。总之，今年你请教 Kabos［卡波斯］太太后，所有的进步是我与杰老师久已期待的；我早料到你并不需要到四十左右才悟到某些淡泊、朴素、闲适之美——像去年四月《泰晤士报》评论你两次萧邦音乐会所说的。附带又想起批评界常说你追求细节太过，我相信事实确是如此，你专追一门的劲也是 fanatic［狂热］得厉害，比我还要执著。或许近两个月以来，在这方面你也有所改变了吧？注意局部而忽视整体，雕琢细节而动摇大的轮廓固谈不上艺术；即使不妨碍完整，雕琢也要无斧凿痕，明明是人工，听来却宛如天成，才算得艺术之上乘。这些常识你早已知道，问题在于某一时期目光太集中在某一方面，以致耳不聪、目不明，或如孟子所说“明察秋毫而不见舆薪”。一旦醒悟，回头一看，自己就会大吃一惊，正如一九五五年时你何等欣赏米开兰琪利，最近却弄不明白当年为何如此着迷。

八月三十一日夜

早在一九五七年李赫特在沪演出时，我即觉得他的舒伯特没有grace［优雅］。以他的身世而论，很可能于不知不觉中走上神秘主义的路。生活在另外一个世界中，那世界只有他一个人能进去，其中的感觉、刺激、形象、色彩、音响都另有一套，非我们所能梦见。神秘主义者往往只有纯洁、朴素、真诚，但缺少一般的温馨妩媚。便是文艺复兴初期的意大利与佛兰德斯宗教画上的grace［优雅］也带一种圣洁的他世界的情调，与十九世纪初期维也纳派的风流蕴藉，熨帖细腻，同时也带一些淡淡的感伤的柔情毫无共通之处。而斯拉夫族，尤其俄罗斯民族的神秘主义又与西欧的罗马正教一派的神秘主义不同。听众对李赫特演奏的反应如此悬殊也是理所当然的。二十世纪六十年代的人还有几个能容忍音乐上的神秘主义呢？至于捧他上天的批评只好目之为梦呓，不值一哂。

从通信所得的印象，你岳父说话不多而含蓄甚深，涵养功夫极好，但一言半语中流露出他对人生与艺术确有深刻的体会。以他成年前所受的教育和那么严格的纪律而论，能长成为今日这样一个独立自由的人，在艺术上保持鲜明的个性，已是不大容易的了；可见他秉性还是很强，不过藏在内里，一时看不出罢了。他自己在书中说："我外表是赫夫齐芭，内心是雅尔太。"①但他坚强的个性不曾发展到他母亲的路上，没有那种过分的民族自傲，也算大幸。

尽管那本传记经过狄安娜夫人校阅，但其中并无对狄安娜特别恭

---

① 赫夫齐芭和雅尔太是梅纽因的大妹妹和小妹妹。

维的段落，对诺拉[1]亦无贬词——这些我读的时候都很注意。上流社会的妇女总免不了当面一套，背后一套：为了在西方社会中应付，也有不得已的苦衷。主要仍须从大事情大原则上察看一个人的品质。希望你竭力客观，头脑冷静，前妻的子女对后母必有成见，我们局外人只能以亲眼目睹的事实来判断，而且还须分析透彻。年轻人对成年人的看法往往不大公平，何况对待后母！故凡以过去的事为论证的批评最好先打个问号，采取保留态度，勿急于下断语。家务事曲折最多，单凭一面之词难以窥见真相。

(……)

你与弥拉之间能如此融洽也是不容易的了。她年幼未经世事，偶有差错亦在意料之中。但若与一般（不论国内国外）同年龄的女子相比，恐怕弥拉也是属于纯洁、懂事、肯刻苦一类的了。凡事不能有绝对标准，只能用比较的眼光看待一切。要一个像她那样出身的女孩子接近你的理想，必须以极大的忍耐，极长的时间，做感染与教育的工作。（“娇气”是家庭与社会共同培养出来的，故最难革除。）主要仍在于以身作则。你既有自知之明，相信你定会以容忍的态度应付。只要共同的理想不变，高远的目标始终成为双方追求的对象，心爱你那种艺术气氛中的弥拉自会一天一天进步的，假如你自己也在一天一天的进步。

(……)

弥拉初婚时来信一本正经提及要作预算，要储蓄：我们非常快慰。八个月来不知执行情况如何？此次访美访澳，收入较多，务须作好长久计划，万不能在外见物即买。弥拉年轻，你该多出主意。最好

---

① 梅纽因的前妻。

在去美以前就平心静气与她商量商量，以免临时为了用钱而争执。在外四个月，演出紧张，你们二人尤其要“和平共处”，不能有细小风波，切记切记。

九月一日

昨天乘凉前后，独自想了很多，心中很难过：觉得对敏的责备不太公平。我对他从小起就教育不够：初期因他天资差，开窍迟，我自己脾气又不好；后期完全放任，听凭学校单独负责；他入大学后我也没写长信（除了一次以外）与他。像五四至五七，五九至现在我写给你的那样的信，一封也不曾给敏写过。无论在学业方面，做人方面，我都未尽教导之责。当然他十年来思想演变与你大异，使我没法多开口；但总觉得对你给的很多，对他给的太少，良心上对不起他。今后要想法补救一下才是。

这封信陆陆续续写了三天，和你谈话是永远谈不完的。唯一的安慰是发现你逐渐成熟，愈来愈了解我，减少我精神上孤独寂寞之感。你每来一次信，就仿佛你回家来看我们一次！

九月二日中午

九月是你比较空闲的一月，我屡次要你去博物馆看画，无论如何在这个月中去一二回！先定好目标看哪一时期的哪一派，集中看，切勿分散精力。早期与中期文艺复兴（意大利派）也许对你理解斯卡拉蒂更有帮助。造型艺术与大自然最能培养一个人身心的 relax［舒泰］！

九月十三日灯下—十四日下午

亲爱的孩子：林先生的作品八幅，总算于今日下午航空寄出了。从五日起九天之内，妈妈跑了七次，外贸局的许可证真不容易领到。事实上一切手续都已备齐，并非不准出口；但不积压几天似乎显不出掌印的尊严。所谓 red tape［官僚习气］，世界各国都一样。以后但望你有办法在外装裱，不装裱的可在信内寄，事情就简单多了。前信要你探听的两点务望照办，并来信告知结果。

画到以后，立即通知我们，并写明收到日期。一则妈妈辛苦了一场，连日睡觉也没睡好，让她早早知道事情圆满成功；二则花了四十余元航空费，我们也急欲知道究竟迅速到什么程度。

其次，画一到，就该于一两日内决定你自己究竟要哪两张，选定后马上送去配框子，（原来你已配好的林画画框，或许背后还有地方，可将新画压一张在下面，如我们常用的办法。那么你只要添一新框即行，否则多了框子也麻烦。）装上框子，才是保护作品最可靠的办法。送卡波斯太太的也该迅速选定。大尺寸而且裱的层数多，老卷着不大好，尤其幅数多，不能卷得太小太紧，（我们因为邮寄，不能不卷得较紧，你收到后却须大大放松着卷。白铅皮的芯子你不能再用，卷松时将芯子留在里面，反而要损害作品！）存放待售各件，保藏需特别小心，既要防潮，又要防鼠齿。你们俩离英将达四个月，不可不事先妥善安放，最好外面里面裹柏油纸，倘存放在大箱子或柜子内，四周多放些樟脑精，一般的樟脑丸（如弹子大小的那种）是化学制品；樟脑精是天然树脂，味道浓烈，放多了连耗子也受不了，所以比较保险。以上种种千万细说与弥拉听。总之，这批画不但以艺术品论应当小心保护，抑且代人办事（一方面对林先生、一方面对国外友人）也得郑重周到；妈妈为之流了多少汗，费了多少手脚，也值得你加倍珍惜。她除了寄递时奔走七次以外，从五月起上林先生家先后五次，电话不计其数；为了装裱荣宝斋也去过三回。我们不是诉苦或是丑表功，只不过要你知道这件小事做来大不容易，要你们俩特别重视，把以后的几步也做得尽善尽美！

九月十三日灯下

你工作那么紧张，不知还有时间和弥拉谈天吗？我无论如何忙，要是一天之内不与你妈谈上一刻钟十分钟，就像漏了什么功课似的。时事感想，人生或大或小的事务的感想，文学艺术的观感，读书的心得，翻译方面的问题，你们的来信，你的行踪……上下古今，无所不谈，拉拉扯扯，不一定有系统，可是一边谈一边自己的思想也会整理出一个头绪来，变得明确；而妈妈今日所达到的文化、艺术与人生哲学的水平，不能不说一部分是这种长年的闲谈熏陶出来的。去秋你信中说到培养弥拉，不知事实上如何做？也许你父母数十年的经历和生活方式还有值得你参考的地方。以上所提的日常闲聊便是熏陶人最好的一种方法。或是饭前饭后或是下午喝茶（想你们也有英国人喝 tea 的习惯吧）的时候，随便交换交换意见，无形中彼此都得到不少好处：启发，批评，不知不觉的提高自己，提高对方。总不能因为忙，各人独自生活在一个小圈子里。少女少妇更忌精神上的孤独。共同的理想、热情，需要长期不断的灌溉栽培，不是光靠兴奋时说几句空话所能支持的。而一本正经的说大道理，远不如日常生活中琐琐碎碎的一言半语来得有效——只要一言半语中处处贯彻你的做人之道和处世的原则。孩子，别因为埋头于业务而忘记了你自己定下的目标，别为了音乐的艺术而抛荒生活的艺术。弥拉年轻，根基未固，你得耐性细致、孜孜不倦的关怀她，在人生琐事方面、读书修养方面、感情方面，处处观察、分析、思索，以诚挚深厚的爱做原动力，以冷静的理智做行动的指针，加以教导、加以诱引，和她一同进步！倘或做这些工作的时候有什么困难，千万告诉我们，可帮你出主意解决。你在音乐艺术中固然只许成功，不许失败；在人生艺术中、婚姻艺术中也只许成功，不许失败！这是你爸爸妈妈最关心的，也是你一生幸福所系。而且你很明白，像你这种性格的人，人生没法与艺术分离，所以要对你的艺术有所贡献，家庭生活与夫妇生活更需要安排得美满。语重心长，但愿你深深体会我们爱你和爱你的艺术的热诚，从而在行动上彻底实践！

我老想帮助弥拉，但自知手段笨拙，深怕信中处处流露出说教口吻和家长面孔。青年人对中年老年人另有一套看法，尤其西方少妇。你该留意我的信对弥拉起什么作用：要是她觉得我太古板、太迂等等，得赶快告诉我，让我以后对信中的措辞多加修饰。我决不嗔怪她，可是我极需要知道她的反应来调节我教导的方式方法。你务须实事求是，切勿粉饰太平，歪曲真相：日子久了，这个办法只能产生极大的弊害。你与她有什么不协和，我们就来解释、劝说；她与我们之间有什么不协和，你就来解释、劝说，这样才能做到所谓“同舟共济”。我在中文信中谈的问题，你都可挑出一二题目与她讨论；我说到敏的情形也好告诉她：这叫做旁敲侧击，使她更了解我们。我知道她家务杂务、里里外外忙得不可开交，故至今不敢在读书方面督促她。我屡屡希望你经济稳定，早日打定基础，酌量减少演出，使家庭中多些闲暇，一方面也是为了弥拉的进修（要人进修，非给相当时间不可）。我一再提议你去森林或郊外散步，去博物馆欣赏名作，大半为了你，一小半也是为了弥拉。多和大自然与造型艺术接触，无形中能使人恬静旷达（古人所云“荡涤胸中尘俗”，大概即是此意），维持精神与心理的健康。在众生万物前面不自居为“万物之灵”，方能祛除我们的狂妄，打破纸醉金迷的俗梦，养成淡泊洒脱的胸怀，同时扩大我们的同情心。欣赏前人的遗迹，看到人类伟大的创造，才能不使自己被眼前的局势弄得悲观，从而鞭策自己，竭尽所能的在尘世留下些少成绩。以上不过是与大自然及造型艺术接触的好处的一部分，其余你们自能体会。

你对狄阿娜夫人与岳父的意见，大概决不会与外人谈到吧？上流社会，艺术界，到处都有搬嘴舌的人，必须提防。别因为对方在这些问题上与你看法相同，便流露出你的心腹（一个人上当最多就是在这种场合）。特别对你岳父的意见，你务必“讳莫如深”，只跟我们谈；便是弥拉前面也不宜透露，她还没有到年纪，不能冷静分析从小崇拜的父亲。再说，一个名流必有或多或少忌妒的人：社会上对你岳父的议论都得用自己的头脑来分析过，与事实核对过；否则不能轻易信服。

九月十四日晨

前几日细细翻阅你一九六〇、一九六一两年的节目，发觉你练的新作品寥寥无几。一方面演出太多，一方面你的表达方式与技术正在波动与转变，没有时间精力与必要的心情练新作品。这些都不难理解；但为长久之计，不能不及早考虑增加“曲码”的问题。预计哪一年可腾出较多的时间，今后的日课应如何安排以便挤出时间来，起居生活的细节应如何加速动作，不让占去很多工作时间……都有待于仔细筹划。

九月十四日下午又书

十月五日夜*

亲爱的聪：我抱着满腔愉快的心情告诉你一个好消息，我日夜盼望的那么一天终于到来，爸爸的问题解决了，已于九月三十日报上发表（就是“摘掉帽子”）。爸爸是一九五八年四月底戴上右派帽子的，他是文艺界中最后一个，当时阿敏就要告诉你，我们怕刺激你，立即去信阻止，所以你大概有些不清不楚。这完全是党的宽大以及他数十年如一日的辛勤工作的结果，但他自己认为谈不上什么自我改造。他认为本来“戴帽子”与“摘帽子”都是他们的事，与他无关。

好些多年不见的朋友，见报后都非常高兴的打电话来道贺，有的上门来看他，都表示无限兴奋。近在咫尺的林医生，整整三年不来往，他一知道就来看爸爸，林伯伯除了头发更秃了些，略微瘦了些，还是老样子：精神充沛，热情洋溢，相互之间，毫无隔阂，我们谈了四个多钟点，痛快极了。他对声乐研究的工作，信心十足，三年来已做出了不少成绩，以前歧视他的人也哑口无言了。足见事实胜于雄辩，现在他的事业愈来愈信服人，得到党的支持，发展下去是无可限量的。

爸爸这四年来深居简出，闭门思过。领导上多方照顾，使他能安心工作，忘记一切，可是这几年来身体衰弱，精神疲劳，那股劲已大不如前了。他自己觉得力量有限，今后唯有在自己小小工作范围内，发挥能力，报效国家。你是特别关心爸爸的，所以我急于告诉你，让你更愉快更奋发的为祖国争光。

很高兴昨天收到弥拉的信，预料你也该有信，你这样忙，我也不见怪你，希望你能于出发前来信，回答我们以前的许多问题。

孩子，你跟爸爸相似的地方太多了，连日常生活也如此相似，老关在家里练琴，听唱片，未免太单调。要你出去走走，看看博物馆，无非是调剂生活，丰富你的精神生活。你的主观、固执，看来与爸爸不相上下，这个我是绝对同情弥拉的，我决不愿意身受折磨会在下一代的儿女身上重现——你是自幼跟我在一起，生活细节也看得多，你是最爱妈妈的，也应该是最理解妈妈的。我对你爸爸性情脾气的委曲求全，逆来顺受，都是有原则的，因为我太了解他，他一贯的秉性乖戾，嫉恶如仇，是有根源的——当时你祖父受土豪劣绅的欺侮压迫，二十四岁上就郁闷而死，寡母孤儿（你祖母和你爸爸）悲惨凄凉的生活，修道院式的童年，真是不堪回首。到成年后，孤军奋斗，爱真理，恨一切不合理的旧传统和杀人不见血的旧礼教，为人正直不苟，对事业忠心耿耿，我爱他，我原谅他。为了家庭的幸福，儿女的幸福，以及他孜孜不倦的事业的成就，放弃小我，顾全大局。爸爸常常抱恨自己把许多坏脾气影响了你，所以我们要你及早注意，克制自己，把我们家上代悲剧的烙印从此结束，而这个结束就要从你开始，才能不再遗留到后代身上去。现在弥拉还年轻，有幻想，有热情，多少应该满足她活跃的青春的梦，偶尔看看电影，上博物馆，陶醉在过去的历史的成果中，欣赏体会；周末去郊外或公园散步闲游，吸收自然界的美，要过这种有计划有调节的生活，人生才有意思。我们是年老了，可是心里未尝不向往这种生活呢！目前你赶巡回演出的节目，一切都谈不上，可是让你心中有数，碰到有时间有机会的时候，千万争取利用，不可随便放弃。好孩子，你是爱父母的，那么千言万语，无非要你们更美满更幸福，总要接受父母的劝告，让我们也跟着你们快活，何乐而不为呢。

知道你近几月来手头紧，我心里很不安，我们要你寄许多药物食物，多少有影响吧？我不明白你们日常开支是否有个预算，还是毫无计划的有一钱用一钱，还是为了结婚，布置新居用过了头，亏空了。

希望你们巡回演出回来后，好好合理安排，要经济实惠，脱尽浮夸，并把过去用度的方法回顾一下，取消不合理不必要的用度，接受教训，开支平衡，那么你可以少开一些音乐会，多一些时间花在其他艺术活动里，那么身心自然更为愉快，而你的艺术修养更丰富多样了。

十月五日深夜

亲爱的孩子：等了好久，昨晚才收到弥拉的信。没料到航空寄的画竟和信一样快。我挑选的作品你们俩都喜爱，可见我与你们的眼光与口味完全一致，也叫我非常高兴。

（……）

八九两月你统共只有三次演出，但似乎你一次也没去郊外或博物馆。我知道你因技术与表达都有大改变，需要持续加工和巩固；访美的节目也得加紧准备；可是两个月内毫不松散也不是办法。两年来我不知说了多少次，劝你到森林和博物馆走走，你始终不能接受。孩子，我多担心你身心的健康和平衡；一切都得未雨绸缪，切勿到后来悔之无及。单说技巧吧，有时硬是别扭，倘若丢开一个下午，往大自然中跑跑，或许下一天就能顺利解决。人的心理活动总需要一个酝酿的时期，不成熟时硬要克服难关，只能弄得心烦意躁，浪费精力。音乐理解亦然如此。我始终觉得你犯一个毛病，太偏重以音乐本身去领会音乐。你的思想与信念并不如此狭窄，很会海阔天空的用想象力；但与音乐以外的别的艺术，尤其大自然，实际上接触太少。整天看谱、练琴、听唱片……久而久之会减少艺术的新鲜气息，趋于抽象、闭塞，缺少生命的活跃与搏击飞纵的气势。我常常为你预感到这样一个危机，不能不舌敝唇焦，及早提醒，要你及早防止。你的专业与我的大不同。我是不需要多大创新的，我也不是有创新才具的人：长年关在家里不致在业务上有什么坏影响。你的艺术需要时时刻刻的创造，便是领会原作的精神也得从多方面（音乐以外的感受）去探讨：正因为过去的大师就是从大自然，从人生各方面的材料中"泡"出来的，把一切现实升华为 emotion［感情］与 sentiment［情操］，所以表达他们的作品也得走同样的路。这些理论你未始不知道，但似乎并未深信到身体力行的程度。另外我很奇怪：你年纪还轻，应该比我爱活动；你也强烈的爱好自然，怎么实际生活中反而不想去亲近自然呢？我记得很清楚，我二十二三岁在巴黎、瑞士、意大利以及法国乡间，常常在月光星光之下，独自在林中水边踏着绿茵，呼吸浓烈的草香与泥土味、溪水味，或是借此舒散苦闷，或是沉思默想。便是三十多岁在上海，一逛公园就觉得心平气和，精神健康多了。太多与刺激感官的东西（音乐便是刺激感官最强烈的）接触，会不知不觉失去身心平衡。你既憧憬希腊精神，为何不学学古希腊人的榜样呢？你既热爱陶潜、李白，为什么不试试去体会"采菊东篱下，悠然见南山"的境界（实地体会）呢？你既从小熟读克利斯朵夫，总不致忘了克利斯朵夫与大自然的关系吧？还有造型艺术，别以家中挂的一些为满足，干吗不上大英博物馆去流连一下呢？大概你会回答我说没有时间，做了这样就得放弃那样。可是暑假中比较空闲，难道去一两次郊外与美术馆也抽不出时间吗？只要你有兴致，便是不在假中，也可能特意上美术馆，在心爱的一两幅画前面呆上一刻钟半小时。不必多，每次只消集中一两幅，来回统共也花不了一个半小时，无形中积累起来的收获可是不小呢！你说我信中的话，你"没有一句是过耳不入"的，好吧，那么在这方面希望你思想上慢慢酝酿，考虑我的建议，有机会随时试一试，怎么样？行不行呢？我一生为你的苦心，你近年来都体会到了。可是我未老先衰，常有为日无多之感，总想尽我仅有的一些力量，在我眼光所能见到的范围以内帮助你，指导你，特别是早早指出你身心与艺术方面可能发生的危机，使你能预先避免。“语重心长”这四个字形容我对你的态度是再贴切没有了。只要你真正爱你的爸爸，爱你自己，爱你的艺术，一定会郑重考虑我的劝告，接受我数十年如一日的这股赤诚的心意！

你也很明白，钢琴上要求放松先要精神上放松，过度的室内生活与书斋生活恰恰是造成现代知识分子神经紧张与病态的主要原因；而萧然意远、旷达恬静、不滞于物、不凝于心的境界只有从自然界中获得，你总不能否认吧？

还有很重要的一点：弥拉比你小五岁，应该是喜欢活动的年纪。你要是闭户家居，岂不连带她感到岑寂枯索？而看她的气质，倒也很爱艺术与大自然，那就更应该同去欣赏，对彼此都有好处。只有不断与森林、小溪、花木、鸟兽、虫鱼和美术馆中的杰作亲炙的人，才会永远保持童心、纯洁与美好的理想。培养一个人，空有志愿有什么用？主要从行动着手！无论多么优秀的种籽，没有适当的环境、水土、养分，也难以开花结果，说不定还会中途变质或夭折。弥拉的妈妈诺拉本性何尝不好、不纯洁，就是与伊虚提之间缺少一个共同的信仰与热爱，缺少共同的 devotion［努力目标］，才会如此下场。即使有了共同的理想与努力的目标，仍然需要年纪较长的伙伴给她熨帖的指点，带上健全的路，帮助她发展，给她可能发展的环境和条件。你切不可只顾着你的艺术，也得分神顾到你一生的伴侣。二十世纪登台演出的人更非上一世纪的演奏家可比，他要紧张得多，工作繁重得多，生活忙乱得多，更有赖于一个贤内助。所以分些精神顾到弥拉（修养、休息、文娱活动……），实际上仍是为了你的艺术；虽然是间接的，影响与后果之大却非你意想所及。你首先不能不以你爸爸的缺点——脾气暴躁为深戒，其次不能期待弥拉也像你妈妈一样和顺。在西方女子中，我与你妈妈都深切感到弥拉已是很好的好脾气了，你该知足，该约制自己。天下父母的心总希望子女活得比自己更幸福；只要我一旦离开世界的时候，对你们俩的结合能有确切不移的信心，也是我一生极大的酬报了！

十一月至明春二月是你去英后最忙的时期，也是出入重大的关头；旅途辛苦，演出劳累，难免神经脆弱，希望以最大的忍耐控制一切，处处为了此行的使命与祖国荣辱攸关着想。但愿你明年三月能够以演出与性情脾气双重的成功报告我们，那我们真要快乐到心花怒放了！——放松，放松！精神上彻底的轻松愉快，无挂无碍，将是你此次双重胜利的秘诀！

另一问题始终说服不了你，但为你的长久利益与未来的幸福不得不再和你唠叨。你历来厌恶物质，避而不谈；殊不知避而不谈并不解决问题，要不受物质之累，只有克服物质、控制物质，把收支情况让我们知道一个大概，帮你出主意妥善安排。唯有妥善安排才能不受物质奴役。凡不长于理财的人少有不吃银钱之苦的。我和你妈妈在这方面自问还有相当经验可给你作参考。你怕烦，不妨要弥拉在信中告诉我们。她年少不更事，只要你从旁怂恿一下，她未始不愿向我们学学理财的方法。你们早晚要有儿女，如不及早准备，临时又得你增加演出来弥补，对你的艺术却无裨益。其次要弥拉进修、多用些书本功夫，也该给她时间；目前只有一个每周来两次的 maid［女佣］，可见弥拉平日处理家务还很忙。最好先逐步争取，经济上能雇一个每日来帮半天的女佣。每年暑假至少要出门完全休息两星期。这种种都得在家庭收支上调度得法，订好计划，方能于半年或一年之后实现。当然主要在于实际执行而不仅仅是一纸空文的预算和计划。唱片购买也以随时克制为宜，勿见新即买。我一向主张多读谱，少听唱片，对一个像你这样的艺术家帮助更大。读谱好比弹琴用 urtext,[①] 听唱片近乎用某人某人 edit［编］的谱。何况我知道你十年二十年后不一定永远当演奏家；假定还可能向别方面发展，长时期读谱也是极好的准备。我一心一意为你打算，不论为目前或将来，尤其为将来。你忙，没空闲来静静的分析，考虑；倘我能代你筹划筹划，使我身后你还能得到我一些好处——及时播种的好处，那我真是太高兴了。

十二月十七日［译自英文］

亲爱的孩子们：两个月以来，我的工作越来越重。翻译每天得花八小时，再加上额外工作，如见客、看信、回信等等，我的头脑通常每天得保持活跃十一二小时，几乎连休息的时间也没有。甚至星期天，由于有那么多信件以及平时未完的事有待清理，也是整日忙碌的。你看，在脑力活动上聪就像我，我并非不想去公园里散散步或者逛逛古董铺，实在是没有这种闲暇，工作对我来说变成一种激情，一种狂热，只有拼命工作才能对我有所裨益，使我在临睡之前，多少有些自我满足的感觉，弥拉也许会说："有其父必有其子！"

---

① 德文字，相当于英文的 original text，原谱版本，通常指一九〇〇年以前未经他人编辑、整理或注释的原始曲谱。

父亲（一九六一年）

父母在寓所小花园合影（一九六一年）

一九六二年

一月十日聪信摘录

伴着我跟纽约交响乐团一起演出的客座指挥是位法国老先生，名叫保罗·巴雷。他很了不起，标准法国人，音乐表现方面很沉着，但是极有智慧兼且反应敏锐。我为他弹奏全首协奏曲，而他没要求我作任何解释。排演时，一切都十全十美，他指挥的全曲优美动人，每一句乐曲与我的演奏配合无间。他实在对我很好，既友善又语带鼓励，并充满热情，一次我弹完协奏曲（此曲在纽约共演出四次）后上前致谢，他在笑容中带着泪水，告诉我这是他一直想象中的萧邦：浪漫而有诗意，但雄赳赳、永远带有阳刚气息；可是多数钢琴家弹奏的萧邦叫他作呕。

一月二十一日下午—二十一日夜

读来信，感触万端。年轻的民族活力固然旺盛，幼稚的性情脾气少接触还觉天真可爱，相处久了恐怕也要吃不消的。我们中国人总爱静穆，沉着，含蓄，讲 taste［品味，鉴赏力］，遇到 silly［愚蠢，糊涂］的表现往往会作恶。生命力旺盛也会带咄咄逼人的意味，令人难堪。我们朋友中即有此等性格的，我常有此感觉。也许我自己的 dogmatic［固执，武断］气味，人家背后已在怨受不了呢。我往往想，像美国人这样来源复杂的民族究竟什么是他的定型，什么时候才算成熟。他们二百年前的祖先不是在欧洲被迫出亡的宗教难民（新旧教都有，看欧洲哪个国家而定；大多数是新教徒——来自英法。旧教徒则来自荷兰及北欧），便是在事业上栽了筋斗的人，不是年轻的淘金者便是真正的强盗和杀人犯。这些人的后代，反抗与斗争性特别强是不足为奇的，但传统文化的熏陶欠缺，甚至于绝无仅有也是想象得到的。只顾往前直冲，不问成败，什么都可以孤注一掷，一切只问眼前，冒起危险来绝不考虑值不值得，不管什么场合都不难视生命如鸿毛：这一等民族能创业，能革新，但缺乏远见和明智，难于守成，也不容易成熟；自信太强，不免流于骄傲，看事太轻易，未免幼稚狂妄。难怪资本主义到了他们手里会发展得这样快，畸形得这样厉害。我觉得他们的社会好像长着一个癌：少数细胞无限制的扩张，把其他千千万万的细胞吞掉了；而千千万万的细胞在未被完全吞掉以前，还自以为健康得很，"自由""民主"得很呢！

（……）

Paul Paray［保罗·巴雷］一段写得很动人——不，其实是事情很动人。所谓天涯无处无知己，不独于萧邦为然，于你亦然，对每个人都一样！这种接触对一个青年艺术家就是一种教育。你岳父的传记中不少此类故事。惟其东零西碎还有如此可爱的艺术家，在举世拜金潮的时代还能保持一部分干净的园地，鼓舞某些纯洁的后辈前进。但愿你建议与 Max Rudolf［马克斯·鲁道夫］合作，灌片公司肯接受。

一月二十一日下午

没想到澳洲演出反比美洲吃重，怪不得你在檀香山不早写信。重温巴托克，我听了很高兴，有机会弹现代的东西就不能放过，便是辛苦些也值得。对你的音乐感受也等于吹吹新鲜空气。

你能讨祖岳父母的喜欢，着实不容易。听弥拉口气，她的祖父母不大容易喜欢人，即使最亲近的家属也如此。我猜想两老的脾气大概和我差不多吧？

这次弥拉的信写得特别好，细腻、婉转，显出她很了解你，也对你的艺术关切到一百二十分。从头至尾感情丰富，而且文字也比以前进步。我得大大夸奖她一番才好。此次出门，到处受到华侨欢迎，对她也大有教育作用，让她看看我们的民族的气魄，同时也能培养她的热情豪侠。我早知道你对于夫妇生活的牢骚不足为凭。第一，我只要看看我自己，回想自己的过去，就知道你也是遇事挑剔，说话爱夸大，往往三分事实会说成六七分；其次青年人婚后，特别是有性格的人，多半要经过长时期的摸索方始能逐渐知情识性，相处融洽。恐怕此次旅行，要不是她始终在你身旁，你要受到许多影响呢。琐碎杂务最打扰人，尤其你需要在琴上花足时间，经不起零星打搅。我们一年多观察下来，弥拉确是本性善良、绝顶聪明的人，只要耐着性子，多过几年，一切小小的对立自会不知不觉的解决的。总而言之，我们不但为你此次的成功感到欣慰，也为你们两人一路和谐相处感到欣慰！

一月二十一日夜

一月二十二日*

亲爱的聪、弥拉：收到你们长信的时候，正要吃中饭，我们两人高兴得一面看，一面吃，根本食物不知味，草草了事。你们告诉我们许多新鲜事儿，心里的快活，不知如何表达，你们的信实在太动人了，尤其那些老朋友的情景，回想当年，能不慨然！希望你们澳洲巡回演出完了，再报告我们好消息，把所见所闻写得越仔细越丰富越好，你们知道妈妈总是贪心不足，常嫌聪写得粗枝大叶呢！

每次爸爸写信，我还得抄录下来留底，你们的信也要抄下来或打字打下来，以备关心你们的亲友来看。你们看，我不是更忙么，但是我并不抱怨，因为是我乐意做的。

我想你们一定碰到过梁伯伯及林瑾阿姨了，我早已去信通知他们，他们就住在悉尼。我真羡慕那些朋友，他们可以听你的音乐会，到后台去见你；可是我们呢，远隔重洋，哪一天会见面啊！

阿敏二十六日到家了，我得去车站接他，他常问"哥哥他们有信么?"这次能看到你们的长信，真不知如何兴奋呢！他今年暑假毕业，分配工作大概回原校当助教，不久，就要为人师了，可怜他根底浅，各方面常识欠缺，等到做事，就感到贫乏，大大的不够了，还得继续下功夫。他资质差，就是经爸爸点拨，接受的能力有限，也就不够深入。前两个月他曾翻了两篇短文章寄来，爸爸替他仔细校阅，纠正错误，还逐条加以说明，白天没工夫，晚上加班加点。爸爸说，他非尽力帮助不可；为了儿子，做父亲的任何代价都不惜的。你是深知爸爸的那股劲儿，我常常为之感动得流泪。爸爸常说："阿敏我教得太少，心里不免内疚，现在得迎头赶上，可惜见面时间短，帮助也就不透了。"只要他自己努力，我相信他也不会辜负我们的。这次回家，我又要像"填鸭"一样给他吃了。

等你们回伦敦后，我们有一批照片给你们，你们一定高兴，看看爸妈老得还可爱么？告诉弥拉，我从心底里喜欢她，虽然我不能写英文，但我会看英文，所以我与她不会隔膜！匆匆忙忙涂几句算了，祝你们快乐！

一月二十一日［译自英文］

亲爱的女儿：你一定明白，妈妈和我从来不期望聪会因其艺术而致富。但是我们的确不希望他受经理人，唱片公司等的剥削，逼他为了生计非不断演出不可，这样他就完全没有空余的时间去继续学习，保持敏锐，扩充他的演奏曲目了。我不知道聪有没有告诉你，三年以来，我跟他说过多少次，只要经济许可，必须减少演出次数。不错，由于艺术家不善理财，要他在事业刚开始时做到这点并不容易，可是艺术家的妻子成为一个出色的经理人却并无坏处，这就是一年前你写信告诉我，你们一开始共同生活，你就准备储蓄，我感到十分高兴的原因。不过，仅仅撙节用度是不够的，更重要的是学习如何去抗御他人的种种剥削，这种剥削在音乐圈中实在是太普遍了。聪告诉我他在美国巡回演出的酬劳，听了实在叫人寒心。亲爱的弥拉，你一回到英国，也许该向乐坛老前辈请教窍门了。不错这是一场斗争，一场艰苦而令人生厌的斗争，但是你若不学会如何奋斗，迟早就会给人吞掉。开始时聪每次签什么合同，你最好都能从旁提醒他，事先尽量好整以暇的收集多方面的资料。我相信你一定有些可靠的朋友提供意见，聪在这方面太随和，太羞于启齿了，这一点会毁了他的（我是指物质方面）。

二月二十一日夜

今年春节假期中来客特别多，有些已四五年不见面了。雷伯伯也从芜湖回申（他于一九五八年调往安徽皖南大学），听了你最近的唱片，说你的萧邦确有特点，诗意极浓，近于李白的味道。此话与你数年来的感受不谋而合。可见真有艺术家心灵的人总是一拍即合的。雷伯伯远在内地，很少接触音乐的机会，他的提琴亦放弃多年，可是一听到好东西马上会感受。想你听了也高兴。他是你的开蒙钢琴老师，亦是第一个赏识你的人（一九五二年你在兰心演出半场，他事后特意来信，称道你沉浸在音乐内的忘我境界，国内未有前例），至今也仍然是你的知己。

三月二十五日—四月一日

很高兴看到你的中文并不退步，除了个别的词汇。读你的信，声音笑貌历历在目；议论口吻所流露的坦率、真诚、朴素、热情、爱憎分明，正和你在琴上表现出来的一致。孩子，你说过我们的信对你有如一面镜子，其实你的信对我们也是一面镜子。有些地方你我二人太相像了，有些话就像是我自己说的。平时盼望你的信即因为"薰莸同臭"，也因为对人生、艺术，周围可谈之人太少。不过我们很原谅你，你忙成这样，怎么忍心再要你多写呢？此次来信已觉出于望外，原以为你一回英国，演出那么多，不会再动笔了。可是这几年来，我们俩最大的安慰和快乐，的确莫过于定期接读来信。还得告诉你，你写的中等大的字（如此次评论封套上写的）非常好看；近来我的钢笔字已难看得不像话了。你难得写中国字，真难为你了！

三月二十五日

月初看了盖叫天口述、由别人笔录的《粉墨春秋》，倒是解放以来谈艺术最好的书。人生—教育—伦理—艺术，再没有结合得更完满的了。从头至尾都有实例，决不是枯燥的理论。关于学习，他提出"慢就是快"，说明根基不打好，一切都筑在沙上，永久爬不上去。我觉得这一点特别值得我们深思。倘若一开始就猛冲，只求速成，临了非但一无结果，还造成不踏实的坏风气。德国人要不在整个十九世纪的前半期埋头苦干，在每一项学问中用死功夫，哪会在十九世纪末一直到今天，能在科学、考据、文学各方面放异彩？盖叫天对艺术更有深刻的体会。他说学戏必须经过一番“默”的功夫。学会了唱、念、做，不算数；还得坐下来叫自己“魂灵出窍”，就是自己分身出去，把一出戏默默的做一遍、唱一遍；同时自己细细观察，有什么缺点该怎样改，然后站起身来再做、再唱、再念。那时定会发觉刚才思想上修整很好的东西又跑了，做起来同想的完全走了样。那就得再练，再下苦功，再“默”，再做。如此反复做去，一出戏才算真正学会了，拿稳了。你看，这段话说得多透彻，把自我批评贯彻得多好！老艺人的自我批评决不放在嘴边，而是在业务中不断实践。其次，经过一再“默”练，作品必然深深的打进我们心里，与我们的思想感情完全化为一片。此外，盖叫天现身说法，谈了不少艺术家的品德、操守、做人，必须与艺术一致的话。我觉得这部书值得写一长篇书评：不仅学艺术的青年、中年、老年人，不论学的哪一门，应当列为必读书，便是从上到下一切的文艺领导干部也该细读几遍；做教育工作的人读了也有好处。不久我就把这书寄给你，你一定喜欢，看了也一定无限兴奋。

四月一日

七月二十八日聪信

这是傅聪在南美巡回演出期间，于波哥大用七张明信片写就的信。

亲爱的爸爸妈妈：从维也纳回伦敦，两天后就来南美，匆忙得不得了，尤其是因为签证问题，南美国家办事官僚、糊涂，真是叫我走投无路。我十八日到卡拉卡斯是晚上八点半，我从伦敦－阿姆斯特丹－巴黎－马德里－里斯本－卡拉卡斯，共十四个小时。来接我的当地负责人告诉我，音乐会就是当天九点，可是南美给我的所有的日程都是十九日。二十三日来哥伦比亚先到麦德林开独奏会，然后是波哥大弹斯特拉文斯基的《随想曲》。路途又复杂又不准时，实在是劳累之至，但这两个国家真是美，完全是黄宾虹山水画的味道，人也可爱，女孩子美极了，但说英文的少极了，言语不通真是苦，我买了一本西班牙文-英文字典，苦苦挣扎，也许两个月巡回演出完了以后，也能扯几句洋泾浜西文了。所有的音乐会都是大成功，批评都是一致的赞扬，听众热情极了，卡拉卡斯要我九月里再去，波哥大要我下星期二再开一个独奏会。巴拿马也写信来，说无论如何，不惜任何代价要我去开音乐会。我在阿根廷第一场音乐会是八月八日，明天晚上去电视台弹莫扎特的《降B大调钢琴协奏曲》(作品五九五号)。从七月三十一日至八月四日之间，可能还要挤出时间去巴拿马，现在尚未肯定。去阿根廷大约有七个音乐会，细节不得而知。巴西有四五个，然后去特立尼达，卡拉卡斯，牙买加的金斯敦，大约九月十日左右回伦敦。我从八月四日到八月二十五日都在阿根廷，以后就天天一个地方。

今天我有一个意外的收获，在波哥大的一家书店里，买了一套八张唐寅的山水册页，我看一定是真迹，因为实在太好了。据说是以前在中国住了许多年的犹太人卖给他们的，我出了二百美金，我看是大便宜，它是我看到的古画中最精的精品之一。

南美真是令人激动，卡拉卡斯比纽约还要现代化，还要五光十色，可以看得出背后资源丰富，前途不得了，就是人太懒散。卡拉卡斯完全是从一九四八到一九五八十年内建起来的。世界真是大，看不完的新鲜事物，我们的国家假如能把门户开放一点，多吹吹外面的风，也许可以得益不少，智慧是每个民族都有的，为什么我们就这样自大呢？南美虽然大多数的人还是穷得不得了，可是怎么可能十年内建起如此豪华的城市，他们住的地方虽破烂，但出门都是坐汽车，卡拉卡斯汽车之多，连纽约也相形逊色，南美真是一个谜！

再谈了，祝你们好！

儿 聪　一九六二年七月二十八日

波哥大的独奏会不可能了，因为找不到场子。巴拿马三十一日晚的音乐会，已肯定。

七月二十九日 又及

八月十二日

聪，亲爱的孩子：很少这么久不给你写信的。从七月初起你忽而维也纳，忽而南美，行踪飘忽，恐去信落空。弥拉又说南美各处邮政很不可靠，故虽给了我许多通讯处，也不想寄往那儿。七月二十九日用七张风景片写成的信已于八月九日收到。委内瑞拉的城街，智利的河山，前年曾在外国杂志上见过彩色照相，来信所云，颇能想象一二。现代国家的发展太畸形了，尤其像南美那些落后的国家。一方面人民生活穷困，一方面物质的设备享用应有尽有。照我们的理想，当然先得消灭不平等，再来逐步提高。无奈现代史实告诉我们，革命比建设容易，消灭少数人所垄断的享受并不太难，提高多数人的生活却非三五年、八九年所能见效。尤其是精神文明，总是普及易，提高难；而在普及的阶段中往往降低原有的水准，连保持过去的高峰都难以办到。再加老年、中年、青年三代脱节，缺乏接班人，国内外沟通交流几乎停止，恐怕下一辈连什么叫标准，前人达到过怎样的高峰，眼前别人又到了怎样的高峰，都不大能知道；再要迎头赶上也就更谈不到了。这是前途的隐忧。过去十一二年中所造成的偏差与副作用，最近一年正想竭力扭转；可是十年种的果，已有积重难返之势；而中老年知识分子的意气消沉的情形，尚无改变迹象——当然不是从他们口头上，而是从实际行动上观察。人究竟是唯物的，没有相当的客观条件，单单指望知识界凭热情苦干，而且干出成绩来，也是不现实的。我所以能坚守阵地，耕种自己的小园子，也有我特殊优越的条件，不能责望于每个人。何况就以我来说，体力精力的衰退，已经给了我很大的限制，老是感到心有余而力不足！

九月二日

听过你的唱片，更觉得贝多芬是部读不完的大书，他心灵的深度、广度的确代表了日耳曼民族在智力、感情、感觉方面的特点，也显出人格与意志的顽强，飘渺不可名状的幽思，上天下地的幻想，对人生的追求，不知其中有多少深奥的谜。贝多芬实在不仅仅是一个音乐家，无怪罗曼·罗兰要把歌德与贝多芬作为不仅是日耳曼民族并且是全人类的两个近代的高峰。

(……)

我们听你唱片如见真人，此中意义与乐处，非你所能想象。望体念父母思子之心，把唱片源源寄来，以慰悬念于万一！妈妈好想念你！

中国古画赝者居绝大多数，有时连老辈鉴赏家也不易辨别，不妨去大英博物馆，看看中国作品，特别是明代的，可与你所得唐寅，对照一下。你在南美买的唐六如册页，真伪恐有问题，是纸本抑绢本，水墨抑设色，望一一告知，最好拍照片（适当放大）寄来。以后遇有此种大名家的作品，最要小心提防，价高者尤不能随便肯定，若价不过昂，则发现问题后，尚可转让与人，不致太吃亏，我平时不收大名家，宁取“冷名头”，因冷名头不值钱，作假者少，但此等作品亦极难遇，最近看到黄宾虹的画亦有假的。

(……)

想到你们俩的忙碌，不忍心要求多动笔，但除了在外演出，平时你们该反过来想一想：假定我们也住在伦敦，难道每两星期不得上你们家吃一顿饭，你们也得花费一两小时陪我们谈谈话吗？今既相隔万里，则每个月花两小时写封比较详细的信，不也应该而且比同在一地已经省掉你们很多时间吗？要是你们能常常做此想，就会多给我们一些消息了。

九月二十三日

前信已和你建议找个时期休息一下，无论在身心健康或艺术方面都有必要。你与我缺点相同：能张不能弛，能劳不能逸。可是你的艺术生活不比我的闲散，整月整年，天南地北的奔波，一方面体力精力消耗多，一方面所见所闻也需要静下来消化吸收——而这两者又都与你的艺术密切相关。何况你条件比我好，音乐会虽多，也有空隙可利用；随便哪个乡村待上三天五天也有莫大好处。听说你岳父岳母正在筹备于年底年初到巴伐里亚区阿尔卑斯山中休养，照样可以练琴。我觉得对你再好没有：去北美之前正该养精蓄锐。山中去住两三星期一涤尘秽，便是寻常人也会得益。狄阿娜来信常常表示关心你，看来也是出于真情。岳父母想约你一同去山中的好意千万勿辜负了。望勿多所顾虑，早日打定主意，让我们和弥拉一起高兴高兴。真的，我体会得很清楚：不管你怎么说，弥拉始终十二分关怀你的健康和艺术。而我为了休息问题也不知向你提过多少回了，如果是口头说的话，早已舌敝唇焦了。你该知道我这个爸爸不仅是爱孩子，而且热爱艺术；爱你也就是为爱艺术，爱艺术也是为爱你！你千万别学我的样，你我年龄不同，在你的年纪，我也不像你现在足不出户。便是今日，只要物质条件可能，每逢春秋佳日，还是极喜欢徜徉于山巅水涯呢！

爸爸 六二年九月二十三日

亲爱的聪，你为了艺术，为了生活到处奔波，精神身体难免受损。目前年轻力壮，满不在乎，可是中年以后，就要大打折扣，为长远利益计，为调剂一下生活，有空隙的阶段，必须出门旅行休息，同时和弥拉、岳父母同叙一起，无忧无虑，不管世事俗务的逃避短短的一二星期，岂不美！人生很短促，不及早享些清福，等到晚年后悔不及。我和爸爸苦口婆心的劝你，希望你能听话，那我们才高兴呢！希望你多写些笑话给我们听，我们的生活就丰富多彩，心里多快慰啊！

妈妈 附笔

十月二十日

亲爱的孩子：十四日信发出后第二天即接瑞典来信，看了又高兴又激动，本想即复，因日常工作不便打断，延到今天方始提笔。这一回你答复了许多问题，尤其对舒曼的表达解除了我们的疑团。我既没亲耳听你演奏，即使听了也够不上判别是非好坏，只有从评论上略窥一二；评论正确与否完全不知道，便是怀疑人家说的不可靠，也没有别的方法得到真实报道。可见我不是把评论太当真，而是无法可想。现在听你自己分析，当然一切都弄明白了。以后还是跟我们多谈谈这一类的问题，让我们经常对你的艺术有所了解。

文章千古事，得失寸心知，哪一门艺术不如此！真懂是非、识得美丑的，普天之下能有几个？你对艺术上的客观真理很执著，对自己的成绩也能冷静检查，批评精神很强，我早已放心你不会误入歧途；可是单知道这些原则并不能了解你对个别作品的表达，我要多多探听这方面的情形：一方面是关切你，一方面也是关切整个音乐艺术，渴欲知道外面的趋向与潮流。

你常常梦见回来，我和你妈妈也常常有这种梦。除了骨肉的感情，跟乡土的千丝万缕割不断的关系，纯粹出于人类的本能之外，还有一点是真正的知识分子所独有的，就是对祖国文化的热爱。不单是风俗习惯、文学艺术，使我们离不开祖国，便是对大大小小的事情的看法和反应，也随时使身处异乡的人有孤独寂寞之感。但愿早晚能看到你在我们身边！你心情的复杂矛盾，我敢说都体会到，可是一时也无法帮你解决。原则和具体的矛盾，理想和实际的矛盾，生活环境和艺术前途的矛盾，东方人和西方人根本气质的矛盾，还有我们自己内心的许许多多矛盾……如何统一起来呢？何况旧矛盾解决了，又有新矛盾，循环不已，短短一生就在这过程中消磨！幸而你我都有工作寄托，工作上的无数的小矛盾，往往把人生中的大矛盾暂时遮盖了，使我们还有喘息的机会。至于“认真”受人尊重或被人讪笑的问题，事实上并不像你说的那么简单，一切要靠资历与工作成绩的积累。即使在你认为更合理的社会中，认真而受到重视的实例也很少；反之在乌烟瘴气的场合，正义与真理得胜的事情也未始没有。你该记得一九五六至一九五七年间毛主席说过党员若欲坚持真理，必须准备经受折磨等等的话，可见他把事情看得多透彻多深刻。再回想一下罗曼·罗兰写的《名人传》和《约翰·克利斯朵夫》，执著真理一方面要看客观的环境，一方面更在于主观的斗争精神。客观环境较好，个人为斗争付出的代价就比较小，并非完全不要付代价。以我而论，侥幸的是青壮年时代还在五四运动的精神没有消亡，而另一股更进步的力量正在兴起的时期，并且我国解放前的文艺界和出版界还没有被资本主义腐蚀到不可救药的地步。反过来，一百三十年前的法国文坛、报界、出版界，早已腐败得出乎我们意想之外；但法国学术至今尚未完全死亡，至今还有一些认真严肃的学者在钻研：这岂不证明便是在恶劣的形势之下，有骨头，有勇气，能坚持的人，仍旧能撑持下来吗？

十一月二十五日

敏尚在京等待分配，回母校当助教已不可能，就是说一边工作一边跟专家进修的机会没有了。大概在北京当中学教员，单位尚未定。他心情波动，再加女友身体坏极，又多了一个包袱。我们当然去信劝慰。青年初出校门，未经锻炼，经不起挫折。过去的思想训练，未受实际生活陶冶，仍是空的。从小的家庭环境使他重是非，处处认真，倒是害苦了他。在这个年纪上还不懂现实与理想的距离，即使理性上认识到，也未能心甘情愿的接受。只好等社会教育慢慢的再磨练他。

十一月二十五日

本月初弥拉信中谈到理想主义者不会快乐，艺术家看事情与一般人大大不同等等，足见她对人生有了更深的了解。我们很高兴。可见结婚两年，她进步了不少，人总要到婚后才成熟。

父亲与傅敏在寓所小花园（一九六二年）

傅聪与弥拉

十一月二十五日［译自英文］

亲爱的弥拉：你在上封信中提到有关艺术家的孤寂的一番话很有道理，人类有史以来，理想主义者永远属于少数，也永远不会真正快乐，艺术家固然可怜，但是没有他们的努力与痛苦，人类也许会变得更渺小更可悲。你一旦了解这种无可避免的命运，就会发觉生活，尤其是婚姻生活更易忍受，看来你们两人对生活有了进一步了解，这对处理物质生活大有帮助。

一九六三年

三月三日［译自英文］

亲爱的弥拉：得知聪与你父亲一月底合作演出，非常成功，使我深感快慰，尤其高兴的是聪在预演及演奏中，得到很多启发，可以促进他自己的音乐见解。聪时时都对自己批评甚严，这一点使我们非常欣慰。

三月十七日

聪，亲爱的孩子：两个多月没给你提笔了，知道你行踪无定，东奔西走，我们的信未必收到，收到也无心细看。去纽约途中以及在新墨西哥发的信均先后接读；你那股理想主义的热情着实可惊，相形之下，我真是老朽了。一年来心如死水，只有对自己的工作还是一个劲儿死干；对文学艺术的热爱并未稍减，只是常有一种“废然而返”

"怅然若失"的心情。也许是中国人气质太重，尤其是所谓"洒脱"与"超然物外"的消极精神影响了我，也许是童年的阴影与家庭历史的惨痛经验无形中在我心坎里扎了根，年纪越大越容易人格分化，好像不时会置身于另外一个星球来看尘世，也好像自己随时随地会失去知觉，化为物质的元素。天文与地质的宇宙观常常盘踞在我脑子里，像服尔德某些短篇所写的那种境界，使我对现实多多少少带着detached［超然］的态度。可是在工作上，日常生活上，斤斤较量的认真还是老样子，正好和上述的心情相反——可以说人格分化；说不定习惯成了天性，而自己的天性又本来和我理智冲突。intellectually［理智上］我是纯粹东方人，emotionally & instinctively［感情上及天性方面］又是极像西方人。其实也仍然是我们固有的两种人生观：一种是四大皆空的看法，一种是知其不可为而为之的精神。或许人从青少年到壮年到老年，基本上就是从积极到消极的一个过程，只是有的人表现得明显一些，有的人不明显一些。自然界的生物也逃不出这个规律。你将近三十，正是年富力强的时候，好比暮春时节，自应蓬蓬勃勃往发荣滋长的路上趱奔。最近两信的乐观与积极气息，多少也给我一些刺激，接信当天着实兴奋了一下。你的中国人的自豪感使我为你自豪，你善于赏识别的民族与广大人民的优点使我感到宽慰。唯有民族自豪与赏识别人两者结合起来，才不致沦为狭窄的沙文主义，在个人也不致陷于自大狂自溺狂，而且这是爱国主义与国际主义真正的交融。我们的领导对国际形势是看得很清楚的，从未说过美国有爆发国内革命的可能性的话，你前信所云或许是外国记者的揣测和不正确的引申。我们的问题，我觉得主要在于如何建设社会主义，如何在生产关系改变之后发挥个人的积极性，如何从实践上、物质成就上显示我们制度的优越性，如何使口头上的"红"化为事业上的"红"，如何防止集体主义不被官僚主义拖后腿，如何提高上上下下干部的领导水平，如何做到实事求是，如何普及文化而不是降低，如何培养与爱护下一代……

述及与你岳父及 Goldberg［戈尔德贝格］合作的经过，我们看了非常高兴。肯学会学的人到处都有学习的机会，否则“学到老”这句话如何兑现呢？……

六月二日晚

你最近在伦敦的两场音乐会，要不是弥拉来信说明，我们几乎不明白真相。《曼彻斯特导报》的评论似乎有些分析，我是外行，不知其中可有几分说得对的？既然批评界敌意持续至一年之久，还是多分析分析自己，再多问问客观、中立、有高度音乐水平的人的意见。我知道你自我批评很强，但外界的敌意仍应当使我们对自己提高警惕：也许有些不自觉的毛病，自己和相熟的朋友们不曾看出。多探讨一下没有害处。若真正是批评界存心作对，当然不必介意。历史上受莫名其妙的指摘的人不知有多少，连伽利略、服尔德、巴尔扎克辈都不免，何况区区我辈！主要还是以君子之心度人，作为借鉴之助，对自己只有好处。老话说得好：是非自有公论，日子久了自然会黑白分明！

七月二十二日

亲爱的孩子：五十多天不写信了。千言万语，无从下笔；老不写信又心神不安；真是矛盾百出。我和妈妈常常梦见你们，声音笑貌都逼真。梦后总想写信，也写过好几次没写成。我知道你的心情也波动得很。有理想就有苦闷，不随波逐流就到处龃龉。可是能想到易地则皆然，或许会平静一些。生年不满百，常怀千岁忧：此二语可为你我写照。两个多月没有你们消息，但愿身心健康，勿过紧张。你俩体格都不很强壮，平时总要善自保养。劳逸调剂得好，才是久长之计。我们别的不担心，只怕你工作过度，连带弥拉也吃不消。任何耽溺都有流弊，为了耽溺艺术而牺牲人生也不是明智的！

七月二十二日［译自法文］

亲爱的孩子：快三个月了，虽然我一直在想念你，却一个字都没有写给你，对我来说这是绝无仅有的事。也许你可以猜出我久无音讯的原因，这是一种难以言喻的困恼，可能跟聪不愿提笔的理由差不多。人在饱经现实打击，而仍能不受影响去幻想时，理想主义的确可以予人快乐；但是更多时候理想主义会令人忧郁失望，不满现实。我自忖也许庸人多福，我国的古人曾经辛酸地羡慕过无知庸人，但是实际上，我却不相信他们会比别人更无牵无挂，他们难道不会为自私自利的兴趣及家务琐事而饱受折磨吗？总的来说，我的身体还不错，但除了日常工作外，很少提笔，希望你不要见怪才好。

九月一日

亲爱的孩子：很高兴知道你终于彻底休息了一下。瑞士确是避暑最好的地方。三十四年前我在日内瓦的西端，一个小小的法国村子里住过三个月，天天看到白峰（Mont Blanc）上的皑皑积雪，使人在盛暑也感到一股凉意。可惜没有去过瑞士北部的几口湖，听说比日内瓦湖更美更幽。你从南非来的信上本说要去希腊，那儿天气太热，不该在夏季去。你们改变游程倒是聪明的。威尼斯去了没有？其实意大利北部几口湖也风景秀丽，值得小住几天。相信这次旅行定能使你感觉新鲜，精神上洗个痛快的澡。弥拉想来特别快乐。她到底身体怎样？在 Zurich［苏黎士］疗养院检查结果又怎么样？除了此次的明信片以外，她从五月十日起没有来过信，不知中间有没有遗失？我写到 Gstaad 的信，你们收到没有？下次写信来，最好提一笔我信上的编号，别笼笼统统只说“来信都收到”。最好也提一笔你们上一封信的日期，否则丢了信也不知道。七月下旬勃隆斯丹夫人有信来，报告你们二月中会面的情形，简直是排日描写，不仅详细，而且事隔五月，字里行间的感情还是那么强烈，看了真感动。世界上这样真诚，感情这样深的人是不多的！

九月一日［译自法文］

亲爱的孩子：一九二九年夏，我在日内瓦湖的西端，Villeneuve［维勒纳夫］对面，半属法国半属瑞士的小村落 St. Gingolphe［圣·欣高尔夫］住过三个月。天天看到白峰（Mont Blanc）上的皑皑积雪。谁会想到三十四年之后，一个中国人至爱的子女竟会涉足同一地区，甚至遍游更远更壮丽的地方？这岂非巧合？聪在寄来的明信片中说，你准备自己驾车直达意大利，甚至远至威尼斯；但是以一个业余驾车者在山区，尤其是在阿尔卑斯山上驾驶，实在是有点“冒险”，这样你也不能在路上游览沿途景色了。不过，现在已经游览完毕，你们也已平安返抵伦敦了。假如可能的话，又假如你有点时间，我很愿意读到你对旅途的详尽描述，我没法子靠阿聪，他写起信来总是只有三言两语。

十月十四日

亲爱的孩子：你赫辛斯基来信和弥拉伦敦来信都收到。原来她瑞士写过一信，遗失了。她写起长信来可真有意思：报告意大利之行又详细又生动。从此想你对意大利绘画，尤其威尼斯派，领会得一定更深切。瑞士和意大利的湖泊都在高原上，真正是山高水深，非他处所及。再加人工修饰，古迹林立，令人缅怀以往，更加徘徊不忍去。我们的名胜最吃亏的是建筑：先是砖木结构，抵抗不了天灾人祸、风雨侵蚀；其次，建筑也是中国艺术中比较落后的一门。

接弥拉信后，我大查字典，大翻地图和旅行指南。一九三一年去罗马时曾买了一本《蓝色导游》（*Guide Bleu*）中的《意大利》，厚厚一小册，五百多面，好比一部字典。这是法国最完全最详细的指南，包括各国各大城市（每国都是一厚册），竟是一部旅行丛书。你们去过的几口湖，Maggiore，Lugarno，Como，Iseo，Garda［马焦雷湖，卢加诺湖，科莫湖，伊塞奥湖，加尔达湖］，你们歇宿的 Stresa［斯特雷萨］和 Bellagio［贝拉焦］都在图上找到了，并且每个湖各有详图。我们翻了一遍，好比跟着你们"神游"了一次。弥拉一路驾驶，到底是险峻的山路，又常常摸黑，真是多亏她了，不知驾的是不是你们自己的车，还是租的？

此刻江南也已转入暮秋，桂花已谢，菊花即将开放。想不到伦敦已是风啊雨啊雾啊，如此沉闷！我很想下月初去天目山（浙西）赏玩秋色，届时能否如愿，不得而知。一九四八年十一月曾和仑布伯伯同去东西天目，秋色斑斓，江山如锦绣，十余年来常在梦寐中。

《高老头》已改讫，译序也写好寄出。如今写序要有批判，极难下笔。我写了一星期，几乎弄得废寝忘食，紧张得不得了。至于译文，改来改去，总觉得能力已经到了顶，多数不满意的地方明知还可修改，却都无法胜任，受了我个人文笔的限制。这四五年来愈来愈清楚的感觉到自己的limit［局限］，仿佛一道不可超越的鸿沟。

十月十四日［译自法文］

亲爱的弥拉：收到你在九月二十三日与月底之间所写、在十月一日自伦敦发出的长信，真是十分欣慰，得知你们的近况，是我们最大的快乐，而每次收到你们的信，总是家中一件大事。信是看了一遍又一遍，不停的谈论直到收到下一封信为止。这一次，我们亦步亦趋跟着你们神游意大利：我查阅二十世纪的《拉罗斯大字典》里的地图，也不断的翻阅《蓝色导游》（你们旅游时手上是否有这本《导游》），以便查看意大利北部，你们去过的几口湖，例如Maggiore，Lugarno，Como，Iseo，Garda［马焦雷湖，卢加诺湖，科莫湖，伊塞奥湖，加尔达湖］等。你们歇宿的Stresa［斯特雷萨］和Bellagio［贝拉焦］，都在图上找到了。我们还念了Bergamo［贝尔加莫］城的描绘（也在《蓝色导游》中找到）。这城里有一个高镇，一个低镇，还有中古的教堂，你现在该知道我们怎样为你们的快乐而欢欣了！人不是会在不知不觉中，生活在至爱的亲人身上吗？我们这儿没有假期，可是你使我们分享你们所有的乐趣而不必分担你们的疲劳，更令我们为之精神大振！

你俩真幸福，得以遍游优美的国度如瑞士、意大利。我当学生的时候，只于一九二九年在日内瓦湖畔，Villeneuve［维勒纳夫］对面一个小小的村子里度过三个月。此外，我只在一九三一年五月去过罗马、那不勒斯、西西里岛，没能去佛罗伦萨及威尼斯。当时我很年轻，而学生的口袋，你们不难理解，时常是很拮据的。相反的，我反而有机会结识罗马的杰出人士，意大利的作家与教授，尤其是当时的汉学家，还有当地的贵族，其中尤以巴索里尼伯爵夫人（一位七十开外的夫人），以及她那位风度绰约的媳妇Borghese［博尔盖塞］公主，对我特别亲切。由于她们的引荐，我得以在六月份应邀于意大利皇家地理学会及罗马扶轮社演讲，谈论有关现代中国的问题。我那时候才二十三岁，居然在一群不仅杰出而且渊博的听众面前演讲，其中不乏部长将军辈，实在有些不知天高地厚。想起三十年之后，我的儿子，另一个年轻人，以优秀音乐家的身份，而不至于像乃父一般多少有点冒充内行，在意大利同样杰出的听众面前演奏，岂不像一场梦！

（……）看到你描绘参观罗浮宫的片段，我为之激动不已，我曾经在这座伟大的博物馆中，为学习与欣赏而消磨过无数时光。得知往日熏黑蒙尘的蒙娜丽莎像，如今经过科学的清理，已经焕然一新，真是一大喜讯，我多么喜爱从香榭丽舍大道一端的协和广场直达凯旋门的这段全景！我也永远不能忘记桥上的夜色，尤其是电灯光与煤气灯光相互交织，在塞纳河上形成瑰丽的倒影，水中波光粼粼，白色与瑰色相间（电灯光与煤气灯光），我每次坐公共汽车经过桥上，绝不会不尽情游览。告诉我，孩子，当地是否风光依旧？

十一月三日

亲爱的孩子：最近一信使我看了多么兴奋，不知你是否想象得到？真诚而努力的艺术家每隔几年必然会经过一次脱胎换骨，达到一个新的高峰。能够从纯粹的感觉（sensation）转化到观念（idea）当然是迈进一大步，这一步也不是每个艺术家所能办到的，因为同各人的性情气质有关。不过到了观念世界也该提防一个 pitfall［陷阱］：在精神上能跟踪你的人越来越少的时候，难免钻牛角尖，走上太抽象的路，和群众脱离。哗众取宠（就是一味用新奇唬人）和取媚庸俗固然都要不得，太沉醉于自己理想也有它的危险。我这话不大说得清楚，只是具体的例子也可以作为我们的警戒。李赫特某些演奏某些理解很能说明问题。归根结蒂，仍然是“出”和“入”的老话。高远绝俗而不失人间性人情味，才不会叫人感到 cold［冷漠］。像你说的“一切都远了，同时一切也都近了”，正是莫扎特晚年和舒伯特的作品达到的境界。古往今来的最优秀的中国人多半是这个气息，尽管 sublime［崇高］，可不是 mystic［神秘］（西方式的）；尽管超脱，仍是 warm，intimate，human［温馨，亲切，有人情味］到极点！你不但深切了解这些，你的性格也有这种倾向，那就是你的艺术的 safeguard［保障］。基本上我对你的信心始终如一，以上有些话不过是随便提到，作为“闻者足戒”的提示罢了。

我和妈妈特别高兴的是你身体居然不摇摆了：这不仅是给听众的印象问题，也是一个对待艺术的态度，掌握自己的感情，控制表现，能入能出的问题，也具体证明你能化为一个 idea［意念］，而超过了被音乐带着跑，变得不由自主的阶段。只有感情净化，人格升华，从 dramatic［起伏激越］进到 contemplative［凝神沉思］的时候，才能做到。可见这样一个细节也不是单靠注意所能解决的，修养到家了，自会迎刃而解。（胸中的感受不能完全在手上表达出来，自然会身体摇摆，好像无意识的要“手舞足蹈”的帮助表达。我这个分析你说对不对？)

相形之下，我却是愈来愈不行了。也说不出是退步呢，还是本来能力有限，以前对自己的缺点不像现在这样感觉清楚。越是对原作体会深刻，越是欣赏原文的美妙，越觉得心长力绌，越觉得译文远远的传达不出原作的神韵。返工的次数愈来愈多，时间也花得愈来愈多，结果却总是不满意。时时刻刻看到自己的 limit［局限］，运用脑子的 limit［局限］，措辞造句的 limit［局限］，先天的 limit［局限］——例如句子的转弯抹角太生硬，色彩单调，说理强而描绘弱，处处都和我性格的缺陷与偏差有关。自然，我并不因此灰心，照样“知其不可为而为之”，不过要心情愉快也很难了。工作有成绩才是最大的快乐：这一点你我都一样。

另外有一点是肯定的，就是西方人的思想方式同我们距离太大了。不做翻译工作的人恐怕不会体会到这么深切。他们刻画心理和描写感情的时候，有些曲折和细腻的地方，复杂繁琐，简直与我们格格不入。我们对人生琐事往往有许多是认为不值一提而省略的，有许多只是罗列事实而不加分析的，如果要写情就用诗人的态度来写；西方作家却多半用科学家的态度，历史学家的态度（特别巴尔扎克)，像解剖昆虫一般。译的人固然懂得了，也感觉到它的特色、妙处，可是要叫思想方式完全不一样的读者领会就难了。思想方式反映整个的人生观、宇宙观和几千年文化的发展，怎能一下子就能和另一民族的思想沟通呢？你很幸运，音乐不像语言的局限性那么大，你还是用音符表达前人的音符，不是用另一种语言文字，另一种逻辑。

真了解西方的东方人，真了解东方人的西方人，不是没有，只是稀如星凤。对自己的文化遗产彻底消化的人，文化遗产决不会变成包袱，反而养成一种无所不包的胸襟，既明白本民族的长处短处，也明白别的民族的长处短处，进一步会截长补短，吸收新鲜的养料。任何孤独都不怕，只怕文化的孤独，精神思想的孤独。你前信所谓孤独，大概也是指这一点吧？

尽管我们隔得这么远，彼此的心始终在一起，我从来不觉得和你有什么精神上的隔阂。父子两代之间能如此也不容易：我为此很快慰。

十一月三日［译自英文］

亲爱的孩子：聪上次的巡回演奏使他在音乐事业中向前迈了一大步，你一定跟我们一样高兴。并非每一个音乐家，甚至杰出的音乐家，都能进入这样一个理想的精神境界，这样浑然忘我，感到与现实世界既遥远又接近。这不仅要靠高尚的品格，对艺术的热爱，对人类的无限同情，也有赖于艺术家的个性与气质，这种“心灵的境界”绝不神秘，再没有什么比西方的神秘主义与中国的心理状态更格格不入了（我说中国是指中国的优秀分子）。这无非是一种启蒙人文思想的升华，我很高兴聪在道德演变的过程中从未停止进步。人在某一段时间内滞留不进，就表示活力已经耗尽，而假如人自溺于此，那么他的艺术生命也就日暮途穷了。

另一个好消息是现在聪演奏起来身体不摇摆了！这不仅是一个演奏家应有的良好风度，也表示一个人对艺术的态度截然不同了，十年前我就想纠正他身体的摆动，此后又在信中再三提醒他，但是要他在音乐方面更加成熟、更加稳定以求身体的平稳，是需要时间的。你看，我忍不住要跟你讨论这些事，因为你深知其重要，而且这种快乐也应该是阖家分享的。

傅聪与岳父梅纽因一起研究贝多芬和莫扎特奏鸣曲，
为二人的合作演出做准备（一九六〇年代）

傅聪在伦敦（一九六三年）

一九六四年

三月一日

亲爱的孩子：弥拉的信比你从加拿大发的早到四天。我们听到喜讯，都说不出的快乐，妈妈更是坐也不是，立也不是，兴奋几日。她母性强，抱孙心切，已经盼望很久了，常说：怎么聪还没有孩子呢？每次长时期不接弥拉来信，总疑心她有了喜不舒服。我却是担心加重你的负担，也怕你们俩不得自由：总之，同样的爱儿女，不过看问题的角度不同而已。有责任感的人遇到这等大事都不免一则以喜，一则以忧。可是结婚的时候早知道有这么一天，也不必临时慌张。回想三十年前你初出世的一刹那，在医院的产妇科外听见你妈妈呻吟，有一种说不出的"肃然"的感觉，仿佛从那时起才真正体会到做母亲的艰苦与伟大，同时感到自己在人生中又迈了一大步。一个人的成长往往是不自觉的，但你母亲生你的时节，我对自己的长成却是清清楚楚意识到的，至今忘不了。相信你和弥拉到时也都会有类似的经验。

有了孩子，父母双方为了爱孩子，难免不生出许多零星琐碎的争执，应当事先彼此谈谈，让你们俩都有个思想准备：既不要在小地方固执，也不必为了难免的小争执而闹脾气。还有母性特强的妻子，往往会引起丈夫的妒忌，似乎一有孩子，自己在妻子心中的地位缩小了很多——这一点不能不先提醒你。因为大多数的西方女子，母性比东方女子表现得更强——我说"表现"，因为东方人的母爱，正如别的感情一样，不像西方女子那么显著的形诸于外。但过分的形诸于外，就容易惹动丈夫的妒意。

在经济方面，与其为了孩子将临而忧虑，不如切实想办法，好好安排一下。衣、食、住、行的固定开支，每月要多少，零用要多少，以量入为出的原则全面做一个计划，然后严格执行。大多数人的经验，总是零用不易掌握，最需要克制功夫。遇到每一笔非生活必需开支，都得冷静的想一想，是否确实必不可少。我平时看到书画、文物、小玩艺（连价钱稍昂的图书在内），从不敢当场就买，总是左思右想，横考虑竖考虑，还要和妈妈商量再决定；很多就此打消了。凡是小玩艺儿一类，过了十天八天，欲望自然会淡下来的。即使与你研究学问有关的东西，也得考虑一下是否必需，例如唱片，少买几张也未必妨碍你艺术上的进步。只有每一次掏出钱去的时候，都经过一番客观的思索，才能贯彻预算，做到收支平衡而还能有些小小的储蓄。我们在最困难的时候，曾经把每月的每一笔开支，分别装在信封内，写明“伙食”“水电”“图书”等等；一个信封内的钱用完了，决不挪用别的信封内的钱，更不提前用下个月的钱。现在查看账目，便是那几年花费最少。我们此刻还经常检查账目，看上个月哪几样用途是可用不可用的，使我们在本月和以后的几个月内注意节约。我不是要你如法炮制，而是举实例给你看，我们是用什么方法控制开销的。

“理财”，若作为“生财”解，固是一件难事，作为“不亏空而略有储蓄”解，却也容易做到。只要有意志，有决心，不跟自己妥协，有狠心压制自己的 fancy［一时的爱好］！老话说得好：开源不如节流。我们的欲望无穷，所谓“欲壑难填”，若一手来一手去，有多少用多少，即使日进斗金也不会觉得宽裕的。既然要保持清白，保持人格独立，又要养家活口，防旦夕祸福，更只有自己紧缩，将“出口”的关口牢牢把住。“入口”操在人家手中，你不能也不愿奴颜婢膝的乞求；“出口”却完全操诸我手，由我做主。你该记得中国古代的所谓清流，有傲骨的人，都是自甘淡泊的清贫之士。清贫二字为何连在一起，值得我们深思。我的理解是，清则贫，亦惟贫而后能清！我不是要你“贫”，仅仅是约制自己的欲望，做到量入为出，不能说要求太高吧！这些道理你全明白，无须我啰嗦，问题是在于实践。你在艺术上想得到，做得到，所以成功；倘在人生大小事务上也能说能行，只要及到你艺术方面的一半，你的生活烦虑也就十分中去了八分。古往今来，艺术家多半不会生活，这不是他们的光荣，而是他们的失败。失败的原因并非真的对现实生活太笨拙，而是不去注意，不下决心。因为我所谓“会生活”不是指发财、剥削人或是啬刻，做守财奴，而是指生活有条理，收支相抵而略有剩余。要做到这两点，只消把对付艺术的注意力和决心拿出一小部分来应用一下就绰乎有余了！(……)

至于弥拉，记得你结婚以前有过培养她的意思，即使结果与你的理想仍有距离，（哪个人的理想能与现实一致呢?）也不能说三年来没有成绩。首先，你近两年来信中不止一次的提到，你和她的感情融洽多了；证明你们互相的了解是在增进，不是停滞。这便是夫妇之爱的最重要的基础。其次，她对我们的感情，即使在海外娶的中国媳妇，也未必及得上她。很多朋友的儿子在外结婚多年，媳妇（还是中国人）仍像外人一般，也难得写信，哪像弥拉和我们这么亲切！最后，她对孩子的教育（最近已和我们谈了），明明是接受了你的理想。她本人也想学中文，不论将来效果如何，总是“其志可嘉”。对中国文化的仰慕爱好，间接表示她对你的赏识。固然她很多孩子气，许多地方还不成熟，但孩子气的优点是天真无邪。她对你的艺术的理解与感受，恐怕在西方女子中也不一定很多。她至少不是冒充风雅的时髦女子，她对艺术的态度是真诚的。五九年八月以前的弥拉和六四年一月的弥拉，有多少差别，只有你衡量得出。我相信你对她做的工作并没有白费。就算是她走得慢一些，至少在跟着你前进。

再说，做一个艺术家的妻子，本来很难，做你的妻子，尤其不容易。一般的艺术家都少不了仆仆风尘。可不见得像你我这样喜欢闭户不出，过修院生活。这是西方女子很难适应的。而经常奔波，视家庭如传舍（即驿站、逆旅）的方式，也需要 Penelope［珀涅罗珀］对待 Ulysses［尤利西斯］那样坚贞的耐性才行——要是在这些方面，弥拉多少已经习惯，便是很大的成功，值得你高兴的了。我们还得有自知之明：你脾气和我一样不好，即使略好，也不过五十步与百步。想到这个，夫妇之间的小小争执，也许责任是一半一半，也许我这方面还要多担一些责任——我国虽然有过五四运动，新女性运动（一九二〇年前后），夫权还是比西方重，西方妇女可不容易接受这一点。我特别提出，希望你注意。至于持家之道，你也不能以身作则的训练人家；你自己行事就很难做到有规律有条理，经常旅行也使你有很大困难：只能两人同时学习，多多商量。我相信你们俩在相忍相让上面已有不少成就。只是艺术家的心情容易波动，常有些莫名其妙的骚扰、烦闷、苦恼，影响家庭生活。平时不妨多冷静的想到这些，免得为了小龃龉而动摇根本。你信中的话，我们并不太当真。两个年轻人相处，本来要摸索多年。我以上的话，你思想中大半都有，我不过像在舞台上做一番“提示”工作。特别想提醒你的是信念，对两人的前途的信念。若存了“将来讲究如何，不得而知”的心，对方早晚体会得到，那就动了根本，一切不好办了。往往会无事变小事，小事变大事；反之，信念坚定，就会大事化小，小事化无。再过一二十年，你们回顾三十岁前后的生活，想起两人之间的无数小争执，定会哑然失笑。你不是说你已经会把事情推远去看么？这便是一个实例。预先体会十年二十年以后的感想，往往能够使人把眼前的艰苦看淡。

总之，你的生活艺术固然不及你的音乐艺术，可也不是没有进步，没有收获。安德烈·莫洛阿说过：夫妇之间往往是智力较差，意志较弱的一个把较高较强的一个往下拉，很少较高较强的一个能把较差较弱的对方往上提。三年来你至少是把她往上提，这也足以使你感到安慰了。

弥拉要学中文，最好先进“东方语言学校”之类开蒙。我即将寄一本《汉英合璧》给她，其中注音字母，你可以先教她。这是外国传教士编的，很不错。China Inland Missiom 中文名叫“内地会”，解放后当然没有了。当年在牯岭，有许多房子便是那个团体的。他们做学问确实下了一番苦功。教弥拉要非常耐性，西方人学东方语言，比东方人学西方语言难得多。先是西方语言是分析的，东方语言是综合的、暗示的、含蓄的。并且我们从小有学西方语言的环境。你对弥拉要多鼓励，少批评，否则很容易使她知难而退。一切慢慢来，不要急。记住盖叫天的话：慢就是快！你也得告诉她这个道理。开头根基打得扎实，以后就好办。

孩子的教育，眼前不必多想。将来看形势再商量。我们没有不愿意帮你们解决的。名字待我慢慢想，也需要 inspiration［灵感］。弥拉怀孕期间，更要让她神经安静，心情愉快。定期检查等等，你们有的是医生，不必我们多说。她说胃口不好，胖得 like a cow［像头母牛］，这倒要小心，劝她克制一些。母体太胖，婴儿也跟着太胖，分娩的时候，大人和小孩都要吃苦的！故有孕时不宜过分劳动，却也不宜太不劳动。(……)

像我们这种人，从来不以恋爱为至上，不以家庭为至上，而是把艺术、学问放在第一位，作为人生目标的人，对物质方面的烦恼还是容易摆脱的，可是为了免得后顾之忧，更好的从事艺术与学问，也不能不好好的安排物质生活；光是瞧不起金钱，一切取消极态度，早晚要影响你的人生最高目标——艺术的！希望克日下决心，在这方面采取行动！一切保重！

四月十二日

前天偶尔想起，你们要是生女孩子的话，外文名字不妨叫 Gracia［葛拉齐亚］①，此字来历想你一定记得。意大利字读音好听，grace［雅致］一字的意义也可爱。弥拉不喜欢名字太普通，大概可以合乎她的条件。阴历今年是甲辰，辰年出生的人肖龙，龙从云，风从虎，我们提议女孩子叫“凌云”（Lin Yun），男孩子叫“凌霄”（Lin Sio）。你看如何？男孩的外文名没有 inspiration［灵感］，或者你们决定，或者我想到了以后再告。这些我都另外去信讲给弥拉听了。（凌云 = to tower over the clouds，凌霄 = to tower over the sky，我和 Mira［弥拉］就是这样解释的。）

四月十二日 *

亲爱的聪：自接喜讯以来，我快乐的心情无法抑制，老在计算生产的日期，弥拉说医生估计在八月里的上两星期，那时正是天气很热的阶段，想来伦敦医院设备好，不用担心，必有冷气，那产妇就不怎么辛苦了。最近一个月来，陆陆续续打了几件毛线衣，另外买了一件小斗篷、小被头，作为做祖母的一番心意，不日就要去寄了，怕你们

① 《约翰·克利斯朵夫》中人物。

都不在，还是由你岳父转的。我也不知对你们合适否？衣服尺寸都是望空做的，好在穿绒线衣时要九十月才用得着，将来需要，不妨来信告知，我可以经常代你们打。孩子的名字，我们俩常在商量，因为今年是龙年，就根据龙的特性来想，前两星期去新城隍庙看看花草，有一种叫凌霄的花，据周朝桢先生说，此花开在初夏，色带火黄，非常艳丽，我们就买了一棵回来，后来我灵机一动，“凌霄”作为男孩子的名字不是很好么？声音也好听，意义有高翔的意思；传说龙在云中，那么女孩子叫“凌云”再贴切没有了，我们就这么决定了。再有我们姓傅的，三代都是单名（你祖父叫傅鹏，父雷，你聪），来一个双名也挺有意思。你觉得怎样？

四月二十四日

亲爱的孩子：昨天才寄出一封长信，今日即收到四月十四日信，却未提及我四月十二日由你岳家转的信，不知曾否收到，挂念得很！

孤独的感觉，彼此差不多，只是程度不同，次数多少有异而已。我们并未离乡背井，生活也稳定，比绝大多数人都过得好；无奈人总是思想太多，不免常受空虚感的侵袭。唯一的安慰是骨肉之间推心置腹，所以不论你来信多么稀少，我总尽量多给你写信，但愿能消解一些你的苦闷与寂寞。只是心愿是一件事，写信的心情是另一件事：往往极想提笔而精神不平静，提不起笔来；或是勉强写了，写得十分枯燥，好像说话的声音口吻僵得很，自己听了也不痛快。

一方面狂热、执著，一方面洒脱、旷达、怀疑，甚至于消极：这个性格大概是我遗传给你的。妈妈没有这种矛盾，她从来不这么极端。弥拉常说你跟我真像，可见你在她面前提到我的次数不可胜计，所以她虽未见过我一面，也像多年相识一样。

你们夫妇关系，我们从来不真正担心过。你的精神波动，我们知之有素，千句并一句，只要基本信心不动摇，任何小争执大争执都会跟着时间淡忘的。我三月二日（No. 59）信中的结论就是这话。人生的每个阶段都是一边学一边过的，从来没有一个人具备了所有的（理论上的）条件才结婚，才生儿育女的。你为了孩子而惶惶然，表示你对人生态度严肃，却也不必想得太多。一点不想是不负责任，当然不好；想得过分也徒然自苦，问题是彻底考虑一番，下决心把每个阶段的事情做好，想好办法实行就是了。

人不知而不愠是人生最高修养，自非一时所能达到。对批评家的话我过去并非不加保留，只是增加了我的警惕。即是人言藉藉，自当格外反躬自省，多征求真正内行而善意的师友的意见。你的自我批评精神，我完全信得过；可是艺术家有时会钻牛角尖而自以为走的是独创而正确的路。要避免这一点，需要经常保持冷静和客观的态度。所谓艺术上的 illusion［幻觉］，有时会蒙蔽一个人到几年之久的。至于批评界的黑幕，我近三年译巴尔扎克的《幻灭》，得到不少知识。一世纪前尚且如此，何况今日！二月号《音乐与音乐家》杂志上有一篇 Karaian［卡拉扬］的访问记，说他对于批评只认为是某先生的意见，如此而已。他对所钦佩的学者，则自会倾听，或者竟自动去请教。这个态度大致与你相仿。

（……）

认真的人很少会满意自己的成绩，我的主要苦闷即在于此。所不同的，你是天天在变，能变出新体会、新境界、新表演，我则是眼光不断提高而能力始终停滞在老地方。每次听你的唱片总心上想：不知他现在弹这个曲子又是怎么一个样子了。

你老是怕对父母不尽心，我老是怕成为你的包袱，尤其从六一年以后，愈了解艺术劳动艰苦，愈不忍多花你的钱。说来说去，是大家顾着大家。

十月三十一日

亲爱的孩子：几次三番动笔写你的信都没有写成，而几个月的保持沉默也使我魂不守舍，坐立不安。① 我们从八月到今的心境简直无法形容。你的处境，你的为难（我猜想你采取行动之前，并没和国际公法或私法的专家商量过。其实那是必要的），你的迫不得已的苦衷，我们都深深的体会到，怎么能责怪你呢？可是再彻底的谅解也减除不了我们沉重的心情。民族自尊心受了伤害，非短时期内所能平复；因为这不是一个“小我”的、个人的荣辱得失问题。便是万事随和处处乐观的你的妈妈，也耿耿于怀，伤感不能自已。不经过这次考验，我也不知道自己在这方面的感觉有这样强。一九五九年你最初两信中说的话，以及你对记者发表的话，自然而然的，不断的回到我们脑子里来，你想，这是多大的刺激！我们知道一切官方的文件只是一种形式，任何法律手续约束不了一个人的心——在这一点上我们始终相信你；我们也知道，文件可以单方面的取消，只是这样的一天遥远得望不见罢了。何况理性是理性，感情是感情，理性悟透的事情，不一定能叫感情接受。不知你是否理解我们几个月沉默的原因，能否想象我们这一回痛苦的深度？不论工作的时候或是休息的时候，精神

---

① 五月间傅聪为了在世界各地演出的生计，无奈入了英国籍，傅雷知道后，整天闷闷不乐，民族自尊心受了伤害，难以平复沉重的心情。

上老罩着一道阴影，心坎里老压着一块石头，左一个譬解，右一个譬解，总是丢不下，放不开。我们比什么时候都更想念你，可是我和妈妈都不敢谈到你：大家都怕碰到双方的伤口，从而加剧自己的伤口。我还暗暗的提心吊胆，深怕国外的报纸、评论，以及今后的唱片说明提到你这件事。……孩子出生的电报来了，我们的心情更复杂了。这样一件喜事发生在这么一个时期，我们的感觉竟说不出是什么滋味，百感交集，乱糟糟的一团，叫我们说什么好呢？怎么表示呢？所有这一切，你岳父都不能理解。他有他的民族性，他有他民族的悲剧式的命运（这个命运，他们两千年来已经习为故常，不以为悲剧了），看法当然和我们不一样。然而我决不承认我们的看法是民族自大，是顽固，他的一套是开明、是正确。他把国籍看做一个侨民对东道国应有的感激的表示，这是我绝对不同意的！至于说弥拉万一来到中国，也必须入中国籍，所以你的行动可以说是有往有来等等，那完全是他毫不了解中国国情所作的猜测。我们的国家从来没有一条法律，要外国人入了中国籍才能久居！接到你岳父那样的信以后，我并不作复，为的是不愿和他争辩；可是我和他的意见分歧点应当让你知道。

孩子不足两个月，长得如此老成，足见弥拉成绩不错。大概她全部精力花在孩子身上了吧？家里是否有女工帮忙，减少一部分弥拉的劳累？做父母是人生第二大关，你们俩的性情脾气，连人生观等等恐怕都会受到影响。但愿责任加重以后，你们支配经济会更合理，更想到将来（谁敢担保你们会有几个儿女呢？），更能克制一些随心所欲的冲动，减少一些不必要的开支。孩子初生（一星期）的模样的确像襁褓中的你。后来几次的相片，尤其七星期的一张，眼睛与鼻梁距离较大，明明有了外家的影子——弥拉也更像她父亲了。不过婴儿的变化将来还多着呢。

国内阶级斗争形势尖锐，我们要防止以后几代走修正主义的路。干部、学生、知识分子，分批下乡下厂，为期一年至两年，用劳动锻炼来巩固永久革命的意志。许多考不上大学的青年还在农村落户。电影、戏剧、史学、哲学方面有些错误的有毒的作品和理论，陆续受到严正的批判。目前文艺界、音乐家都以本国的、现代的为主；过去不重视为工农兵服务的方向必须纠正过来。介绍外国文学当然更要着重批判，不能单单因为是古典名著，就无原则的照搬，对青年发生坏影响。因此我的工作也得重新考虑。巴尔扎克和别的古典作家一样，他的作品跟我们眼前的情况和要求相距太远了，考虑了好几个月，挑不出合适的东西可译。至于批判，既要对原作有相当深刻的认识和研究，又要相当的马列主义修养，两相结合，才能写出一篇不犯大错的译序：真是谈何容易！工作不定局，一颗心老挂在空中，不知怎么办。当然，研究巴尔扎克的工作大有可为，一辈子也做不完，无奈光是研究，等于坐吃，岂是长久之计。—— 形势如此，这方面的烦恼看来一时难望解决。

爸爸 六四年十月三十一日

凌霄出生的那天，中国旧历正是七月初七，叫做七巧，是神话中牛郎织女一年一度相会的一天，因为天上有两颗星，一叫牛郎，一叫织女（constellation of the Herd - boy and the star Vega），一年只有七月七日才同时在天空出现。你不妨跟弥拉谈谈，能知道牛郎织女的故事更有意思！我给凌霄打的毛线是否可穿？恐怕太小了，看孩子的样子很老练。我不时要看看孩子的照片，你们真不知我心里多快乐！孩子的照片，不论好坏，一有马上寄来，让我们在寂寞的生活中多添一些温暖！

妈妈 附笔

父母在书房（一九六四年）

一九六五年

一月二十八日

亲爱的孩子：将近六个月没有你的消息，我甚至要怀疑十月三十一日发的信你是否收到。上月二十日左右，几乎想打电报：如今跟以往更是不同，除了你们两人以外，又多了一个娃娃增加我们的忧虑。大人怎么样呢？孩子怎么样呢？是不是有谁闹病了？……毕竟你妈妈会体贴，说你长期的沉默恐怕不仅为了忙，主要还是心绪。对啦，她一定猜准了。你生活方面思想方面的烦恼，虽然我们不知道具体内容，总还想象得出一个大概。总而言之，以你的气质，任何环境都不会使你快乐的。你自己也知道。既然如此，还不如对人生多放弃一些理想；理想只能在你的艺术领域中去追求，那当然也永远追求不到，至少能逐渐接近，并且学术方面的苦闷也不致损害我们的心理健康。即使在排遣不开的时候，也希望你的心绪不要太影响家庭生活。归根到底，你现在不是单身汉，而是负着三口之家的责任。用老话来说，你和弥拉要相依为命。外面的不如意事固然无法避免，家庭的小风波总还可以由自己掌握。客观的困难已经够多了，何必再加上主观的困难呢？当然这需要双方共同的努力，但自己总该竭尽所能的做去。处处克制些，冷静些，多些宽恕，少些苛求，多想自己的缺点，多想别人的长处。生活——尤其夫妇生活——之难，在于同弹琴一样，要时时刻刻警惕，才能不出乱子，或少出乱子。总要存着风雨同舟的思想，求一个和睦相处相忍相让的局面，挨过人生这个艰难困苦的关。这是我们做父母的愿望。能同艺术家做伴而日子过得和平顺适的女子，古往今来都寥寥无几。千句并一句，尽量缩小一个我字，也许是解除烦闷、减少纠纷的唯一的秘诀。久久得不到你们俩的信，我们总要担心你们俩的感情，当然也担心你们俩的健康，但对你们的感情更关切，因为你们找不到一个医生来治这种病，而且这是骨肉之间出于本能的忧虑。就算你把恶劣的心情瞒着也没用。我们不但同样焦急，还因为不知底细而胡乱猜测，急这个，急那个，弄得寝食不安。假如以上劝告你认为毫无根据，那更证明长期的沉默，会引起我们焦急到什么程度。你也不能忘记，你爸爸所以在这些事情上经常和你唠叨，因为他是过来人，不愿意上一代犯的错误在下一代身上重演。我和你说这一类的话永远抱着自责的沉痛的心情的！

从你南美回来以后，九个多月中的演出，我们一无所知；弥拉提到一言半语又叫我们摸不着头脑。那个时期到目前为止的演出表，可不可以补一份来？（以前已经提过好几回了！）在你只要花半小时翻翻记事本，抄一抄。这种惠而不费的，一举手之劳的事能给我们多少喜悦，恐怕你还不能完全体会。还有你在艺术上的摸索、进展、困难、心得、自己的感受、经验、外界的反应，我们都想知道而近来知道得太少了。——萧邦的《练习曲》是否仍排作日课？巴赫练得怎样了？一九六四年练出了哪些新作品？你过的日子变化多，事情多，即或心情不快，单是提供一些艺术方面的流水账，也不愁没有写信的材料；不比我的工作和生活，三百六十五天如一日，同十年以前谈不上有何分别。

说到我断断续续的小毛病，不必絮烦，只要不躺在床上打断工作，就很高兴了。睡眠老是很坏，脑子停不下来，说不上是神经衰弱还是什么。幸而妈妈身体健旺，样样都能照顾。我脑子一年不如一年，不用说每天七八百字的译文苦不堪言，要换二三道稿子，便是给你写信也非常吃力。只怕身体再坏下去，变为真正的老弱残兵。眼前还是能整天整年——除了闹病——的干，除了翻书，同时也做些研究工作，多亏巴黎不断有材料寄来。最苦的是我不会休息，睡时脑子停不下来，醒时更停不住了。失眠的主要的原因大概就在于此。

你公寓的室内的照片盼望了四年，终于弥拉寄来了几张，高兴得很。孩子的照片，妈妈不知翻来覆去，拿出拿进，看过多少遍了。她母性之强，你是知道的。伦敦必有中文录音带出售，不妨买来让孩子在摇篮里就开始听起来。

一月二十九日 *

亲爱的聪：提起笔来真不知千言万语何从说起！你这样长时期的不给我们信，真不知我们思念你的痛苦，爸爸晚上的辗转不能入睡，大一半也在你身上，我们因为想你想得厉害，反怕提到你，可是我们的内心一样焦虑；我常常半夜惊醒，百感交集，忧心如焚这四个字，就可以说明父母思念儿子的心情。你现在有了孩子，应该体会得到。这半年来幸而弥拉有信来，还有凌霄可爱的照片，给了我们不少安慰，我真是万分的感谢她。你的行动多少还知道一鳞半爪，弥拉还很有趣的描写孩子的喜怒，我们真是从心底里欢喜。孩子越长越漂亮，朋友们看了，都说鼻子面型像你，额角眼睛有些像他母亲，如今快六个月了，恐怕又变了样，望多拍些照，经常寄来，让我们枯寂的生活中，多一些光彩，多一些温暖。

你的唱片至今未寄来，难道伦敦的唱片公司不能向美国去订，再由伦敦航空寄来吗？你真不知道我们对你唱片的重视，放你的片子，好像与你的距离近了，更亲切了。我们远隔万里，见面当然谈不上，可是总该有权利听你的唱片，总不至于办不到吧，望百忙中来信，让我们快乐一下吧！

敏年假又不回来，他工作很辛苦，生活也朴素，环境也能适应，总还使我们安心。

没有几天就要过春节了，孩子不在身边，虽然寂寞单调的生活过惯了，总有空虚之感。不写了，再见！

二月二十日

亲爱的聪：半年来你唯一的一封信不知给我们多少快慰。看了日程表，照例跟着你天南地北的神游了一趟，做了半天白日梦。人就有这点儿奇妙，足不出户，身不离斗室，照样能把万里外的世界、各地的风光、听众的反应、游子的情怀，一样一样的体验过来。你说在南美仿佛回到了波兰和苏联，单凭这句话，我就咂摸到你当时的喜悦和激动；拉丁民族和斯拉夫民族的热情奔放的表现也历历如在目前。

照片则是给我们另一种兴奋，虎着脸的神气最像你。大概照相机离得太近了，孩子看见那怪东西对准着他，不免有些惊恐，有些提防。可惜带笑的两张都模糊了（神态也最不像你），下回拍动作，光圈要放大到 F.2 或 F.3.5，时间用 1/100 或 1/150 秒。若用闪光（即 flash）则用 F.11，时间 1/100 或 1/150 秒。望着你弹琴的一张最好玩，最美；应当把你们俩作为特写放大，左手的空白完全不要；放大要五或六英寸才看得清，因原片实在太小了。另外一张不知坐的是椅子是车子？地下一张装中国画（谁的？）的玻璃框，我们猜来猜去猜不出是怎么回事，望说明！

你父性特别强是像你妈，不过还是得节制些，第一勿妨碍你的日常工作，第二勿宠坏了凌霄——小孩儿经常有人跟他玩，成了习惯，就非时时刻刻抓住你不可，不但苦了弥拉，而且对孩子也不好。耐得住寂寞是人生一大武器，而耐寂寞也要自幼训练的！疼孩子固然要紧，养成纪律同样要紧；几个月大的时候不注意，到两三岁时再收紧，大人小儿都要痛苦的。

你的心绪我完全能体会。你说的不错，知子莫若父，因为父母子女的性情脾气总很相像，我不是常说你是我的一面镜子吗？且不说你我的感觉一样敏锐，便是变化无常的情绪，忽而高潮忽而低潮，忽而兴奋若狂，忽而消沉丧气等等的艺术家气质，你我也相差无几。不幸这些遗传（或者说后天的感染）对你的实际生活弊多利少。凡是有利于艺术的，往往不利于生活；因为艺术家两脚踏在地下，头脑却在天上，这种姿态当然不适应现实的世界。我们常常觉得弥拉总算不容易了，你切勿用你妈的性情脾气去衡量弥拉。你得随时提醒自己，你的苦闷没有理由发泄在第三者身上。况且她的童年也并不幸福，你们俩正该同病相怜才对。我一辈子没有做到克己的功夫，你要能比我成绩强，收效早，那我和妈妈不知要多么快活呢！

二月二十日＊

亲爱的聪、弥拉：接到你们来信前三四天，我梦见了你们，我暗忖不久该有你的信来了，果然不出所料，对我们来说真是大大的收获。我常有预感，屡次都应验。凌霄的照片真是太美了，一次比一次好看。我托萧伯母寄来一种不用贴照相角的日本货照相簿，专放孩子的照片。凌霄坐在沙发上听你弹琴的一张暂时放在我房内五斗柜上，另外一张（下面有中国画的）放在床头小桌上，我不时可满怀高兴的看着他！我们虽然离得那么远，可是我会譬解，很达观。现在有多少青年不是踊跃去农村落户，就是去新疆参加建设，还不是一样不大容易见面？同时也有不少人家的儿女远在异国。我们可以通信，交换照片，还不是一样心连着心！

你说马上把唱片寄来，我们快活极了，但愿不要开了支票不兑现！

凌霄已过了六个月，该会格格的笑出声了，会咿咿哑哑的逗人乐了，我们何尝不望着他做梦呢！我打的毛衣恐怕太小，早已不能穿了吧，说来惭愧，我真不知如何表示我做祖母的心意！

此信我本想要爸爸翻成英文让弥拉高兴一下。我的外文，看是没有问题，弥拉每次来信，我总要反复看几遍，可以说是完全理解她的。可惜我不会动笔，有时很想叫爸爸翻译，无奈爸爸他太忙，我也不愿浪费他的时间，所以你一定要为我做这件事，耐心的讲给弥拉听，我才高兴。婆婆（爸爸的乳母）你不会忘记吧！你小时候，她抱着你从楼梯上摔下来，手臂半年多不能动。她今年七十八岁，还相当健，最近知道你有了孩子，特意赶来看了凌霄的照片，欢喜得尽笑。她说孩子像你，还再三叫我问你和弥拉好。祖姑母年迈孤独，每逢星期日来我家玩，你们的信她都能看，她的英文水平还不错呢！今年过冬一点不冷，我们都没有伤风，爸爸除了埋头工作，难得出门，偶尔我陪他逛逛古玩市场。

五月十六日夜

香港的长途电话给我们的兴奋，简直没法形容。五月四日整整一天我和你妈妈魂不守舍，吃饭做事都有些飘飘然，好像在做梦；我也根本定不下心来工作。尤其四日清晨妈妈告诉我说她梦见你还是小娃娃的模样，喂了你奶，你睡着了，她把你放在床上。她这话说过以后半小时，就来了电话！怪不得好些人要迷信梦！萧伯母①的信又使我们兴奋了大半日，她把你过港二十三小时的情形详详细细写下来了，连你点的上海菜都一样一样报了出来，多有意思。信、照片，我们翻来覆去看了又看，电话中听到你的声音，今天看到你打电话前夜的人，这才合起来，成为一个完整的你！（我不是说你声音有些变了吗？过后想明白了，你和我一生通电话的次数最少，经过电话机变质以后的你的声音，我一向不熟悉；一九五六年你在北京打来长途电话，当时也觉得你声音异样。）看你五月三日晚刚下飞机的神态，知道你尽管风尘仆仆，身心照样健康，我们快慰之至。你能练出不怕紧张的神经，吃得起劳苦的身体，能应付二十世纪演奏家的生活，归根到底也是得天独厚。我和你妈妈年纪大了，越来越神经脆弱，一点儿小事就会使我们紧张得没有办法。一方面是性格生就，另一方面是多少年安静的生活越发叫我们没法适应天旋地转的现代 tempo［节奏］。

五月十八日聪信

此信根据不久前发现的傅聪原信，并参考了父亲寄给萧芳芳母亲的抄件。抄件第一页右上角有父亲批注：“新西兰五月二十日邮戳，上海五月二十七日到。”

亲爱的爸爸妈妈：真想不到能在香港和你们通电话，你们的声音口气，和以前一点没有分别，我好像见到你们一样。当时我心里的激动、辛酸，是欢喜又是悲伤，真是非言语所能表达。另一方面，人生真是不可捉摸，悲欢离合都是不可预料的。谁知道不久也许我们也会

---

① 即傅雷夫妇挚友成家和，香港著名导演和影星萧芳芳的母亲。

有见面的机会呢？你们也应该看看孙子了，我做了父亲是从来没有过的自傲。

这一次出来感想不少，到东南亚来虽然不是回国，但东方的风俗人情多多少少给我一种家乡感。我的东方人的根真是深，好像越是对西方文化钻得深，越发现蕴藏在我内心里的东方气质。西方的物质文明尽管惊人，上流社会尽管空谈文化，谈得天花乱坠，我宁可在东方的街头听嘈杂的人声，看人们的笑容，感受到一股亲切的人情味，心里就化了，因为东方自有一种和谐，人和人的和谐，人和大自然的和谐。

我在艺术上能够不断进步，不仅在于我自觉的追求，更重要的是我无形中时时刻刻都在化，那是我们东方人特有的才能。尽管我常在艺术的理想天地中神游，尽管我对实际事务常常不大经意，我却从来没有脱离生活，可以说没有一分钟我是虚度了的，没有一分温暖——无论是阳光带来的，还是街上天真无邪的儿童的笑容带来的，不在我心里引起回响。因为这样，我才能每次上台都像有说不尽的话，新鲜的话，从心里奔放出来。

我一天比一天体会到小时候爸爸说的“第一做人，第二做艺术家……”我在艺术上的成绩、缺点，和我做人的成绩、缺点是分不开的；也有的是做人的缺点，在艺术上倒是好处，譬如“不失赤子之心”。其实我自己认为尽管用到做人上面难些，常常上当，我也宁可如此。

我在东南亚有我特有的听众，许多都是从来没有听过西方音乐的，可是我可以清清楚楚的感觉到，他们尽管是门外汉，可是他们的感受力和直觉强得很，我敢说我的音乐透入他们的内心比西方一般最世故的听众更加深。我这次最强烈的印象就是这一点。我觉得我有特殊的任务，有几个西方艺术家有这种心心相印（与听众的精神沟通）的体会呢？这并不是我的天才，而是要归功于我的东方的根。西方人的整个人生观是对抗性的，人和自然对抗，人和人对抗，艺术家和听众也对抗。最成功的也只有用一种个性去强迫群众接受他所给的东西。我们的观点完全相反，我们是要化的，因为化了所以能忘我，忘我所以能合一，和音乐合一，和听众合一，音乐、音乐家、听众都合一。换句话说一切都是水平式的，音乐是水平式的，不知从何处流出来，也不知流向何处去，“黄河之水天上来，奔流到海不复回”，在艺术家和听众之间也是水平式的关系①。听众好比孙悟空变出来的几千几万个自己的化身。我对莫扎特、舒伯特、柏辽兹、萧邦、德彪西等的特别接近，也是因为这些作曲家都属于水平式型。西方人对深度的看法和他们的基本上垂直的（自上而下的）观点有关，难怪他们总是觉得巴赫、贝多芬、勃拉姆斯是就深度而言已登峰造极。

而我们的诗词、绘画，甚至建筑，或者章回小说，哪一样不是水平式呢，总而言之，不是要形似，不是要把眼前的弄得好像显微镜里照着那么清楚，而是要看到远处，看到那无穷无尽的远景②，不是死的，局部的，完全的；而是活的，发展的，永远不完全，所以才是真完全。

这些杂乱的感想不知能否表达我心里想说的。有一天能和你们见面，促膝长谈，才能倾诉一个痛快，我心里感悟的东西，岂是我一支笔所能写出来的。

现在给你们报告一点风俗人情：我先在意大利，在佩鲁贾和米兰

① 按聪所谓“水平式的”，大概是“横的、纵的”意思，就是说中国文化都出以不知不觉的渗透。就是从水平面流出来，而不是自上而下的。——傅雷注

② 原意是地平线。——傅雷注

附近一个小城市布斯托·阿西齐奥开两场音乐会。我在意大利很成功，以后会常去那里开音乐会了。在雅典只有匆匆两天，没有机会去看看名胜古迹，音乐会很成功，听众热烈得不得了，希腊人真可爱，已经是东方的味道了。阿富汗没有去成，在飞机上，上上下下了三天，中间停到苏联塔什干一天，在那里发了一封信，不知为何你们会没有收到。然后在曼谷住了一星期，住在以前在英国的好朋友王安士家里。泰国的政治腐败，简直不可设想，我入境他们又想要敲我竹杠，我不让，他们就刁难，结果弄到一个本地的英国大公司的总经理来签保单才了事。要他以价值一千万英镑以上的全部资本作保，我从来没有想到自己的身价会这样高！听说泰国政府对中国人处处刁难，最坏的是中国人改了名字的变了的泰国人。泰国因为国家富，人口少，所以尽管政府腐败，人民似乎还很安乐，他们是温文尔雅的人，很随和，老堆着笑脸，真是大自然的孩子。那里天气却真热，我在的时候是一年中最热的季节，热得真是什么事也没做已经累死了，音乐会的钢琴却是出人意外的好，我所弹过的最好的钢琴之一，音乐会是一个欧洲的音乐团体主持的，还带一种他们特权的俱乐部的气味。我很生气——起初他们不大相信会有中国人真能弹琴的，后来音乐会大成功，他们要我再开一场，我拒绝了。以后在东南亚开音乐会，要由华侨来办，不然就是这些中间人渔利，而且听众范围也比较狭隘。后来，在马尼拉的经验更证实了这一点。马尼拉的华侨热情得不得了，什么事都是他们做的，钱都是他们出的（虽然他们并没亏本，因为三场都客满），可是中间的经理人骗他们说要给我每场一千美金，实际上只给我每场三百，你们想气不气死人！可是我的伦敦经理人不了解当地的情况，我更无从知道，签了合同，当然只好拿三百了。这些都是经验，以后不上当就好了，以后去马尼拉可和当地华侨直接联系。顺便一提，我遇见林伯母的弟弟，他也是音乐会主办人之一，和林伯母很像的。华侨的热情你们真是不可想象得到。马尼拉的音乐水平不错，菲律宾人很有音乐感。

在新加坡四天，头两天给当地的音乐比赛做评判（钢琴和唱），除了一个十一岁的男孩子，其余都平平，尤其是唱的，简直不堪入耳。后两天是音乐会，所以忙得没有多少时间看朋友，刘抗伯伯和他的表兄弟陈……（记不清了）见了两次，请了两次饭，又来机场送行，和以前一样热心得不得了。

在香港半天就见了萧伯母，她和以前一样，我是看不出多少分别，十七年了，恍如昨日。芳芳长得很高大，很像萧伯伯。萧伯母和她一个朋友乔治沈送我上飞机，因为飞机机器出毛病，陪着我在机场等了一个下午。

我六月四日将在香港一天开两场音乐会，你们大概已经听说了。我在新西兰最后一场是六月二日，所以三日才能走，这样反而好，到了就弹，弹完第二天就走，就不给新闻记者来纠缠了。

新西兰可是大大的出乎意料，我一直想象这样偏僻的地方一定没有什么文化可谈。我发觉不论好、坏两方面，都很像英国，食物跟英国最差的一般坏。可是很多有文化修养的人。在惠灵顿我遇到一位音乐院教授佩奇教授，他和他的夫人（画家）都到中国去过，是个真正的学者，而且阅历很广，他对中国人、中国文化的了解很深刻。新西兰和澳洲完全不一样，澳洲是个美国和维多利亚式英国的混合种，一股暴发户气味，又因为是个大陆，自然就自高自大，同时又洋洋自得，新西兰像英国，是个岛国，面积不够大，够不上自高自大、自鸣得意，但是与外界隔绝，远离一切，那儿有更多的空闲，更多的空间，人似乎思索得更多。思索才能真正给人文化。

我五日离香港去英前，还可以和你们通话，你们看怎么样？可以让萧伯母转告你们的意思，或者给一封信在她那里。

我一路收的评论，等弄齐了，给你们寄去。再谈了，祝你们安好！

儿 聪上　一九六五年五月十八日

五月二十七日

你谈到中国民族能“化”的特点，以及其他关于艺术方面的感想，我都彻底明白，那也是我的想法。多少年来常对妈妈说：越研究西方文化，越感到中国文化之美，而且更适合我的个性。我最早爱上中国画，也是在二十一二岁在巴黎罗浮宫钻研西洋画的时候开始的。这些问题以后再和你长谈。妙的是你每次这一类的议论都和我的不谋而合，信中有些话就像是我写的。不知是你从小受的影响太深了呢，还是你我二人中国人的根一样深？大概这个根是主要原因。

一个艺术家只有永远保持心胸的开朗和感觉的新鲜，才永远有新鲜的内容表白，才永远不会对自己的艺术厌倦，甚至像有些人那样觉得是做苦工。你能做到这一步——老是有无穷无尽的话从心坎里涌出来，我真是说不出的高兴，也替你欣幸不置！

六月十四日

亲爱的孩子：这一回一天两场的演出，我很替你担心，好姆妈说你事后喊手筋痛，不知是否马上就过去？到伦敦后在巴斯登台是否跟平时一样？那么重的节目，舒曼的 *Toccata* ［《托卡塔》］ 和 *Kreisleri-*

ana [《克莱斯勒偶记》] 都相当别扭，最容易使手指疲劳；每次听见国内弹琴的人坏了手，都暗暗为你发愁。当然主要是方法问题，但过度疲劳也有关系，望千万注意！你从新西兰最后阶段起，前后紧张了一星期，回家后可曾完全松下来，恢复正常？可惜你的神经质也太像我们了！看书兴奋了睡不好，听音乐兴奋了睡不好，想着一星半点的事也睡不着……简直跟你爸爸妈妈一模一样！但愿你每年暑期都能彻底 relax [放松，休憩]，下月去德国就希望能好好休息。年轻力壮的时候不要太逞强，过了四十五岁样样要走下坡路：最要紧及早留些余地，精力、体力、感情，要想法做到细水长流！孩子，千万记住这话：你干的这一行最伤人，做父母的时时刻刻挂念你的健康——不仅眼前的健康，而且是十年二十年后的健康！你在立身处世方面能够洁身自爱，我们完全放心；在节约精力、护养神经方面也要能自爱才好！

你此次两过香港，想必对于我一九六一年春天竭力劝你取消在港的约会的理由，了解得更清楚了，沈先生也来了信，有些情形和我预料的差不多。幸亏他和好姆妈事事谨慎，处处小心，总算平安度过，总的客观反应，目前还不得而知。明年的事第一要看东南亚大局，如越南战事扩大，一切都谈不到。目前对此不能多存奢望。你岳丈想来也会周密考虑的。

此外，你这一回最大的收获恐怕还是在感情方面，和我们三次通话，美中不足的是五月四日、六月五日早上两次电话中你没有叫我，大概你太紧张，当然不是争规矩，而是少听见一声“爸爸”好像大有损失。妈妈听你每次叫她，才高兴呢！好姆妈和好好爹爹[①]那份慈母般的爱护与深情，多少消解了你思乡怀国的饥渴。昨天同时收到他们俩的长信，妈妈一面念信一面止不住流泪。这样的热情、激动，真是人生最宝贵的东西。我们有这样的朋友（李先生六月四日从下午六时起到晚上九时，心里就想着你的演出。上月二十三日就得到朋友报告，知道你大概的节目），你有这样的亲长（十多年来天舅舅一直关心你，好姆妈五月底以前的几封信，他都看了，看得眼睛也湿了，你知道天舅舅从不大流露感情的），把你当做自己的孩子一般，也够幸福了。他们把你四十多小时的生活行动描写得详详细细，自从你一九五三年离家以后，你的实际生活我们从来没有知道得这么多的。他们的信，二十四小时内，我们已看了四遍，每看一遍都好像和你团聚一回。可是孩子，你回英后可曾去信向他们道谢？当然他们会原谅你忙乱，也不计较礼数，只是你不能不表示你的心意。信短一些不要紧，却绝对不能杳无消息。人家给了你那么多，怎么能不回报一星半点呢？何况你只消抽出半小时的时间写几行字，人家就够快慰了！刘抗和陈人浩伯伯处唱片一定要送，张数不拘，也是心意为重。此事本月底以前一定要办，否则一出门，一拖就是几个月。

（……）

你新西兰信中提到 horizontal［横（水平式）的］与 vertical［纵（垂直式）的］两个字，不知是不是近来西方知识界流行的用语？还是你自己创造的？据我的理解，你说的水平的（或平面的，水平式的），是指从平等地位出发，不像垂直的是自上而下的；换言之，

---

① “好姆妈”即成家和；“好好爹爹”，父亲挚友成家榴，我和哥哥这样称呼她们。

"水平的"是取的渗透的方式，不知不觉流入人的心坎里；垂直的是带强制性质的灌输方式，硬要人家接受。以客观的效果来说，前者是潜移默化，后者是被动的（或是被迫的）接受。不知我这个解释对不对。一个民族的文化假如取的渗透方式，它的力量就大而持久。个人对待新事物或外来的文化艺术采取"化"的态度，才可以达到融会贯通、彼为我用的境界，而不至于生搬硬套，削足适履。受也罢，与也罢，从"化"字出发（我消化人家的，让人家消化我的），方始有真正的新文化。"化"不是没有斗争，不过并非表面化的短时期的猛烈的斗争，而是潜在的长期的比较缓和的斗争。谁能说"化"不包括"批判的接受"呢？

六月十四日［译自法文］

亲爱的孩子：根据中国的习惯，孩子的命名常常都有一套方式，我们一经选择两个字作为孩子的名字后，例如"凌霄"（"聪"是单名），就得保留其中一个字，时常是一个动词或形容词，作为下一个孩子的名字的一部分。譬如说，我们给凌霄命名时已经决定他的弟弟叫凌云，假如是个妹妹，则叫"凌波"，凌波的意思是"凌于水上"，在中国的神话之中，也有一个出于水中的仙子，正如希腊神话中的"爱神"或罗马神话中的"维纳斯"一般，你一定知道 Botticelli［波提切利］的名画《维纳斯的诞生》，是吗？可是并没有严格规定，两个字中的哪一个要保留下来作为家中其他孩子的名字，我们可以用第一字，也可以用第二个字，然而，我们既已为我们的孙儿、孙女选定"凌"字命名（敏将来的孩子也会用"凌"字排，凌什么，凌什么，你明白吗），那么"凌霄"的小名用"霄"字就比用"凌"字更合乎逻辑。假如你将来生个女孩子，就用“波”作为小名，“凌”是兄弟姐妹共用的名字。就这样，我们很容易分辨两个用同一个字作为名字的人，是否是出自同一个家庭。你会说这一切都太复杂了。这倒是真的，但是怎么说呢？每个民族都有自己的习俗，对别的民族来说，或多或少都是很玄妙的，你也许会问我取单名的孩子如聪、敏，我们又怎么办？哎！这两个字是同义词，但两者之间，有很明显的区别。“聪”的意思是“听觉灵敏”“高度智慧”，敏的意思是“分辨力强”“灵活”，两个字放在一起“聪敏”，就是常见的词，用以说智慧、灵敏，即“clever”的意思，我希望，好孩子，念了这一段，你不会把我当做个老冬烘才好！

聪一定跟你提起过，他在一个月之内跟我们通过三次电话，是多么高兴的事，每次我们都谈二十分钟！你可以想象得到妈妈听到聪的声音时，是怎样强忍住眼泪的。你现在自己当妈妈了，一定更可以体会到做母亲的对流浪在外已经八年的孩子的爱，是多么深切！聪一定也告诉你，他在香港演奏时，我们的几位老朋友对他照拂得如何无微不至，她们几乎是看着他出世的，聪叫她们两位“好好姆妈”，她们把他当做亲生儿子一般，她们从五月五日起给我们写了这些感情洋溢的信，我们看了不由得热泪盈眶，没有什么比母爱更美更伟大的了，可惜我没有时间把她们的信翻译几段给你看，信中详细描绘了她们做了什么菜给聪吃，又怎么样在演奏会前后悉心的照顾聪。这次演奏会可真叫人气闷。（同一个晚上演奏两场，岂不是疯了？幸亏这种傻事他永远不会再干。没有什么比想起这件事更令我们不快了！）

六月十四日 *

亲爱的聪、弥拉：五月四日到现在，我的心情始终激动得无法平静。这期间好姆妈与我们之间不知来往了多少信，她为了要我们快乐，知道我们热切期待着你的消息，情愿牺牲了睡眠的时间，把你两次逗留香港的行动，不厌其烦的把生活细节都告诉我们（譬如说：六月四日下午我们通话，原来你满身肥皂，在浴缸里跟我们讲话，怪不得你说："明天再谈了，我要穿衣服。"我们满以为你要穿礼服过海，准备上台！我们为之大笑。还有你两口三口的吃掉一只粽子，很有滋味的样子），满足了做父母的贪得无厌的欲望，使我们真的感觉到和你生活在一起。这是多么伟大的深厚的友情！我们衷心感激，永远不会忘记的。我们一生中所能交往的朋友，没有一个不是忠诚老实，处处帮助我们的，总算下来，我们受之于人的大大超过了我们给人的，虽然难免内疚，毕竟也引以自傲。你在各地奔波，只要一碰到我们的知己好友，非但热诚的招待你，还百般的爱护你，好姆妈就是最显著的一个，她来信说，她"对你的热爱是无法形容的"，她爱你的造诣，更爱你的品德。这次在港演出，都是她的关系，给你介绍沈：一个品质高尚难能可贵的知友。为你样样安排得谨密周详，无微不至，代替了我们应做的事，而且比我们做得更好。你真要当她母亲一般看待，这种至情至意，在世态炎凉的社会中，哪里找得到呢！好好爹爹也有信来，她与往年一样充满了热情，因为你说还常记得她，使她更喜欢得如醉若狂，都在字里行间奔放出来，怎不令人兴奋！我一面流泪一面看他们的信，是欢乐、是辛酸，我无法抑制我的感情。

弥拉最近又寄来了好几张凌霄的照片，孩子一天一天都在变，他的表情也越来越丰富，他的面相有时很像你，有时不十分像，似乎舅家的气息多起来了，眼睛像弥拉的成分多，你看对不对？

给凌霄过周岁的衣包，大概一星期内可寄出，收到后千万告诉我尺寸合适否？也许大了些，那么慢慢或明年穿，或者需要哪一类式样的，叫弥拉老老实实告诉我，不必客气，要说的话爸爸都已详细谈了，我也不啰嗦了，望你们保重身体！

九月十二日［译自英文］

亲爱的弥拉：我在阅读查理·卓别林一本卷帙浩繁的自传，这本书很精彩，不论以美学观点来说或从人生目标来说都内容翔实，发人深省。我跟这位伟大的艺术家，在许多方面都气质相投，他甚至在飞黄腾达、声誉隆盛之后，还感到孤独，我的生活比他平凡得多，也恬静得多（而且也没有得到真正的成功），我也非常孤独，不慕世俗虚荣，包括虚名在内。我的童年很不愉快，生成悲观的性格，虽然从未忍饥挨饿——人真是无可救药，因为人的痛苦从不局限于物质上的匮缺。也许聪在遗传上深受影响，正如受到家庭背景的影响一般。卓别林的书，在我的内心勾起无尽忧思，一个人到了相当年纪，阅读好书之余，对人事自然会兴起万端感慨，你看过这本书吗？假如还没有，我郑重的推荐给你，这本书虽然很叫人伤感，但你看了一定会喜欢的。

九月二十三日＊

亲爱的聪，弥拉：凌霄生日的照片收到了，给了我们不知多少欢喜，孩子一天一天的长大，我们虽远隔万里，可是也跟着你们一起生活，让我们多些幻想、梦境。恐怕孩子已开始学步，会叫爸爸妈妈了吧！你说他整天笑，多好玩！但是寄来的照片，笑的不多，给孩子照相，笑的镜头不易捉住。以后再寄时，遇到表情十足的，一定要放大，而且要重复几份，马伯伯他们不知要了多少回，可我们又不肯割爱，真叫为难。今天寄你的几张我们的照片，假期里发个狠，不管好坏，让你们看看比没有好。

凌霄的保姆走了，弥拉怎么忙得过来？我一点忙都帮不上，心里说不出的内疚。希望能早日找个新保姆，否则长期下来，我担心弥拉会吃不消的。你看怎么办呢？有没有临时工可找，至少粗活可以分去一部分。有空多写信来，我们太孤独了，需要孩子的温暖！

十月四日

聪：九月二十九日起眼睛忽然大花，专科医生查不出原因，只说目力疲劳过度，且休息一个时期再看。其实近来工作不多，不能说用眼过度，这几日停下来，连书都不能看，枯坐无聊，沉闷之极。但还想在你离英以前给你一信，也就勉强提起笔来。

两周前看完《卓别林自传》，对一九一〇至一九五四年间的美国有了一个初步认识。那种物质文明给人的影响，确非我们意料所及。一般大富翁的穷奢极欲，我实在体会不出有什么乐趣而言。那种哄闹取乐的玩艺儿，宛如五花八门、光怪陆离的万花筒，在书本上看看已经头晕目迷，更不用说亲身经历了。像我这样，简直一天都受不了；不仅心理上憎厌，生理上神经上也吃不消。东方人的气质和他们相差太大了。听说近来英国学术界也有一场论战，有人认为要消灭贫困必须工业高度发展，有的人说不是这么回事。记得一九三〇年我在巴黎时，也有许多文章讨论过类似的题目。改善生活固大不容易；有了物质享受而不受物质奴役，弄得身不由主，无穷无尽的追求奢侈，恐怕更不容易。过惯淡泊生活的东方旧知识分子，也难以想象二十世纪西方人对物质要求的胃口。其实人类是最会生活的动物，也是最不会生活的动物；我看关键是在于自我克制。以往总觉得奇怪，为什么结婚离婚在美国会那么随便。《卓别林自传》中提到他最后一个（也是至今和好的一个）妻子乌娜时，有两句话：As I got to know Oona I was constantly surprised by her sense of humor and tolerance；she could always see the other person's point of view...［我认识乌娜后，发觉她既幽默，又有耐性，常令我惊喜不已；她总是能设身处地，善解人意……］从反面一想，就知道一般美国女子的性格，就可部分的说明美国婚姻生活不稳固的原因。总的印象：美国的民族太年轻，年轻人的好处坏处全有；再加工业高度发展，个人受着整个社会机器的疯狂般的 tempo［节奏］推动，越发盲目，越发身不由主，越来越身心不平衡。这等人所要求的精神调剂，也只能是粗暴、猛烈、简单、原始的娱乐；长此以往，恐怕谈不上真正的文化了。

二次大战前后卓别林在美的遭遇，以及那次大审案，都非我们所能想象。过去只听说法西斯蒂在美国抬头，到此才看到具体的事例。可见在那个国家，所谓言论自由、司法独立等等的好听话，全是骗骗人的。你在那边演出，说话还得谨慎小心，犯不上以一个青年艺术家而招来不必要的麻烦。于事无补，于己有害的一言一语，一举一动，都得避免。当然你早领会这些，不过你有时仍旧太天真，太轻信人（便是小城镇的记者或居民也难免没有 spy［密探］注意你），所以不能不再提醒你！

十一月二十六日 *

亲爱的聪：前几天爸爸才有过信给你，本来不需要我马上动笔，可是有些心事已经考虑了几个月，但等你回伦敦商量。今年六月底爸爸工作时头脑发热，空洞好似一张白纸，觉得再硬撑下去有危险了，自动停止。八月初恢复工作，到九月底忽然眼睛发花，每分钟都有云雾在眼前飘动，不得不又放下工作。你知道爸爸是闲不住的人，要他不做事并且不能看书，真是难上又难，此次自动停止，我深深体会到问题严重。经过眼科医生检查，眼睛本身除了水晶体浑浊，无其他毛病，还是脑力视力用得太多，疲劳过度所致，但无什么特效药可治，只有彻底休息，不用目力，长期休养。现在一面休息，一面服中药，着重肝肾两补，把整个身体的健康恢复起来，据说慢慢可能复原的。爸爸近年来体弱多病，像机器一样，各部分生锈不灵活，需要大大整修。可是爸爸为了将来生计，前途茫茫，不免焦急。专业作家不像大学教授，有固定薪金，体弱或年迈时可享受退职退休待遇，他只能活一天做一天，为此不容易安心养病。回想今年五月初与你通话时，你再三问我要不要多汇些钱，我再三说不用，你已经为我们花费了不少，同时满以为爸爸这副老骨头还能工作，生活不成问题。谁料事隔数月，忽然大有变化，真叫人生什么事都不能单凭主观愿望。除了健康衰退，生产又少又慢之外，稿酬办法又有改变，版税只在初版时拿一次，再版稿酬全部取消，总的说来，不及过去的三分之一。爸爸以前每年可译二十万字，最近一年来只有十万字光景，要依靠稿费过活，的确很难。即使眼睛不出毛病，即使稿费维持老标准，因为体力脑力衰退而减产，收入也大受影响。何况现在各方面都有了问题。我们一九五八年以来的生活，都是靠当时在平明出版的书归入人民文学出版社时多得了一笔稿费，陆续贴补的。目前积存无几，更使我忧虑。故上月底爸爸排开重重顾虑，向中央做了汇报。本月下旬接“人文”来信，说经各方领导商榷后，今后决定由“人文”按月津贴固定生活费一百二十元。领导对爸爸如此关怀照顾，不用说我们都十分感激。不过事实上我们的房租五十五元，加上水电、电话、煤气以及工资已经要花到九十余元，吃用还不在内，如今又加上一笔长期的医药费。当然我们不愿意把这副重担加在你身上，你终年在外奔波，成家立业全靠千辛万苦的劳动得来，有了孩子，开支更大。怎么忍心再要你为父母多开几次音乐会呢？再说，暂时我们还不到山穷水尽的地步，手头的积存尚可逐月贴补。但若你能分去一部分，我们自己贴补的钱就好多拖一个时期。但我们对你的经济情况不了解，决不能，也不愿意，给你定什么具体的数目。希望你冷静的思考一下，不要单从感情出发，按照你的实际能力，每月酌汇多少（我看至多也不要超过“人文”的数字）。若有困难，再少些也行。只要我们少量的积存可以支持得更久一些，而且也可以作为应付万一的准备金，我们也就放心了！人老了，总不能不想到意外之事。孩子，你深知你父母的为人，不到万不得已决不肯在这方面开口的。这种矛盾的心理，想必你很理解。同时我们自己也想法节省用途，不过省了这样又多了那样（例如最近药费忽然增加），实在解决不了多少问题。

几个月来我们对培养月季有了兴趣，护理栽培，既能消磨时间，又解除了爸爸不工作的苦闷，人家又送了好多品种，于是浇水、施肥、杀虫、整枝，忙个不了，虽然他腰酸背痛，不能多做，到底有了寄托，闲得发慌的痛苦也好消除一部分。我也学会了扦插接芽等等的技术，今秋开的花最大的有六英寸。劳动有了成果，心情也愉快了一些。

父母坐在寓所前栽满月季花的小花园（一九六五年）

孩子有了新的照片，望源源不断寄来，能在其中挑一两张寄双份最好，马伯伯马伯母讨了不止一回了。凌霄快十六个月了，你回家时，孩子一定又学乖了许多，恐怕也会说些简单的话了，可惜你常常要出门，不能教他中国话。此次英国遭遇严寒袭击，凌霄可曾受冻？虽然不能目睹他长大，但能看到从小到大的照片，对我们来说也一样亲近，一样快乐。

一九六六年

一月四日

聪，亲爱的孩子：为了急于要你知道收到你们俩来信的快乐，也为了要你去瑞典以前看到此信，故赶紧写此短札。昨天中午一连接到你、弥拉和你岳母的信，还有一包照片，好像你们特意约齐有心给我们大大快慰一下似的，更难得的是同一邮班送上门！你的信使我们非常感动，我们有你这样的儿子也不算白活一世，更不算过去的播种白费气力。我们的话，原来你并没当做耳边风，而是在适当的时间都能一一记起，跟你眼前的经验和感想作参证。凌霄一天天长大，你从他身上得到的教育只会一天天加多；人便是这样：活到老，学到老，学到老，学不了！可是你我都不会接下去想：学不了，不学了！相反，我们都是天生的求知欲强于一切。即如种月季，我也决不甘心以玩好为限，而是当做一门科学来研究；养病期间就做这方面的考据。

提到莫扎特，不禁想起你在李阿姨（蕙芳）处学到最后阶段时弹的 *Romance*［《浪漫曲》］和 *Fantasy*［《幻想曲》］，谱子是我抄的，用中国式装裱；后来弹给百器听（第一次去见他），他说这是 artist

［音乐家］弹的，不是小学生弹的。这些事，这些话，在我还恍如昨日，大概你也记得很清楚，是不是？

关于柏辽兹和李斯特，很有感想，只是今天眼睛脑子都已不大行，不写了。我每次听柏辽兹，总感到他比德彪西更男性、更雄强、更健康，应当是创作我们中国音乐的好范本。据罗曼·罗兰的看法，法国史上真正的天才（罗曼·罗兰在此对天才另有一个定义，大约是指天生的像潮水般涌出来的才能，而非后天刻苦用功来的）作曲家只有比才和他两个人。

你每月寄二十五镑，以目前而论还嫌多了些；不过既然常有税款支出，也好借此挹注。但愿此数真的不至于使你为难！我们尽管收了你的钱，心里总是摆脱不开许许多多矛盾。弥拉这回的信，感情特别重，话也说得真体贴，有此好媳妇，我们也是几生修得！希望你也知足，以此自豪，能有这样的配偶也是你的大幸，千万别得福不知。家里有了年轻的保姆，处处更得小心谨慎，别闹误会。

你们俩描写凌霄的行动笑貌，好玩极了。你小时也很少哭，一哭即停，嘴唇抖动未已，已经抑制下来：大概凌霄就像你。你说的对：天真纯洁的儿童反映父母的成分总是优点居多；教育主要在于留神他以后的发展，只要他有我们的缺点露出苗头来，就该想法防止。他躺在你琴底下的情景，真像小克利斯朵夫，你以前曾以克利斯朵夫自居，如今又出了一个小克利斯朵夫了，可是他比你幸运，因为有着一个更开明更慈爱的父亲！（你信上说他 completely transferred，dreaming［完全转移了，像做梦似的入神］，应该说 transported［欣喜若狂］；“transferred［转移］”一词只用于物，不用于人。我提醒你，免得平日说话时犯错误。）三月中你将在琴上指挥，我们听了和你一样 excited［兴奋］。望事前多作思想准备，万勿紧张！

四月十三日

亲爱的孩子：一百多天不接来信，在你不出远门长期巡回演出的期间，这是很少有的情况。不知今年各处音乐会的成绩如何？李斯特的奏鸣曲练出了没有？三月十八日自己指挥的效果满意不满意？一月底曾否特意去美和董氏合作？即使忙得定不下心来，单是报道一下具体事总不至于太费力吧？我们这多少年来和你争的主要是书信问题，我们并不苛求，能经常每隔两个月听到你的消息已经满足了。我总感觉为日无多，别说聚首，便是和你通讯的乐趣，尤其读你来信的快慰，也不知我还能享受多久。

(……)

两目白内障依然如故，据说一般进展很慢，也有到了某个阶段就停滞的，也有进展慢得觉察不到的：但愿我能有此幸运。不然的话，几年以后等白内障硬化时动手术，但开刀后的视力万万不能与以前相比，无论看远看近，都要限制在一个严格而极小的范围之内。此外，从一月起又并发慢性结膜炎，医生说经常昏花即由结膜炎分泌物沾染水晶体之故。此病又是牵丝得厉害，有拖到几年之久的。大家劝我养身养心，无奈思想总不能空白，不空白，神经就不能安静，身体也好不起来！一闲下来更是上下古今的乱想，甚至置身于地球以外：不是陀思妥耶夫斯基式的胡思乱想，而是在无垠的时间与空间中凭一些历史知识发生许多幻想，许多感慨。总而言之是知识分子好高骛远的通病，用现代语说就是犯了客观主义，没有阶级观点……其实这类幻想中间，也搀杂不少人类的原始苦闷，对生老病死以及生命的目的等等的感触与怀疑。我们从五四运动中成长起来的一辈，多少是怀疑主义者，正如文艺复兴时代和十八世纪法国大革命前的人一样，可是怀疑主义又是现社会的思想敌人，怪不得我无论怎样也改造不了多少。假定说中国的读书人自古以来就偏向于生死的慨叹，那又中了士大夫地主阶级的毒素（因为不劳而获才会有此空想的余暇）。说来说去自己的毛病全知道，而永远改不掉，难道真的是所谓“彻底检讨，坚决不改”吗？我想不是的。主要是我们的时间观念，或者说 time sense［时间观念］和 space sense［空间观念］比别人强，人生一世不过如白驹过隙的话，在我们的确是极真切的感觉，所以把生命看得格外渺小，把有知觉的几十年看做电光一闪似的快而不足道，一切非现实的幻想都是从此来的，你说是不是？明知浮生如寄的念头是违反时代的，无奈越老越是不期然而然的有此想法。当然这类言论我从来不在人前流露，便在阿敏小蓉之前也绝口不提，一则年轻人自有一番志气和热情，我不该加以打击或者泄他们的气；二则任何不合时代的思想绝对不能影响下一代。因为你在国外，而且气质上与我有不少相似之处，故随便谈及。你要没有这一类的思想根源，恐怕对 Schubert［舒伯特］某些晚期的作品也不会有那么深的感受。

六六年四月十三日

近一个多月妈妈常梦见你，有时在指挥，有时在弹 concerto［协奏曲］。也梦见弥拉和凌霄在我们家里。她每次醒来又喜欢又伤感。昨晚她说现在觉得睡眠是桩乐事，可以让自己化为两个人，过两种生活：每夜入睡前都有一个希望——不仅能与骨肉团聚，也能和一二十年隔绝的亲友会面。我也常梦见你，你琴上的音乐在梦中非常清楚。

六月三日

国内“文化大革命”闹得轰轰烈烈，反党集团事谅你在英亦有所闻。我们在家也为之惊心动魄，万万想不到建国十七年，还有残余资产阶级混进党内的分子敢如此猖狂向党进攻。大概我们这般从旧社会来的人对阶级斗争太麻痹了。愈写眼愈花，下回再谈。一切保重！问弥拉好！妈妈正在为凌霄打毛线衣呢！

六六年六月三日

五月底来信及孩子照片都收到。你的心情我全体会到。工作不顺手是常事，顺手是例外，彼此都一样。我身心交疲，工作的苦闷（过去）比你更厉害得多。

八月十二日［译自英文］

原信无日期，但根据信之内容判断，此信写于一九六六年八月十二日，离凌霄两周岁生日仅二天；离他们走上不归路，也不过三周左右的时间。这是父母亲给儿子儿媳的最后一封信。

……有关凌霄的点点滴滴都叫我们兴奋不已。尤其是妈妈，她自从七月初就不停数日子。“一个月后凌霄就过生日了；三星期后凌霄就过生日了”；昨晚她说：“现在只剩下三天了”。那语气，简直像小宝宝就跟她在身边似的。

你们眼看着自己的孩子一天天成长，真是赏心乐事！想象我们的孙儿在你们的客厅及厨房里望着我们的照片，从而认识了远方的爷爷奶奶，这情景，又是多么叫人感动！

尽管如此，对于能否有一天亲眼看见他，拥抱他，把他搂在怀里，我可一点都不抱希望……妈妈相信有这种可能，我可不信。

收到毛线衣可别道谢，妈妈这么爱你们及宝宝，但只能藉此聊表心意，她常常因此而耿耿于怀……

我们在等凌霄两周岁的照片，假如能寄一张他的正面照片，我们一定会很高兴。

……

生活中困难重重，我们必须不断自我“改造”，向一切传统的、资本主义的、非马克思主义的思想、感情与习俗作斗争，我们必须抛弃所有旧的人生观和旧的社会准则。

对于一个在旧社会中生活逾四十年、满脑子“西方资本主义民主反动思潮”的人来说，他（毛）的“自我改造”自然是一项十分艰巨的任务。我们正在竭尽所能、出尽全力去满足当前“无产阶级文化大革命”加诸身上的种种要求……

我每次只能看五分钟书，报上的长文都是妈妈念给我听的。这封信是由我口述由她打出来的……

挚爱你们的 爸爸、妈妈

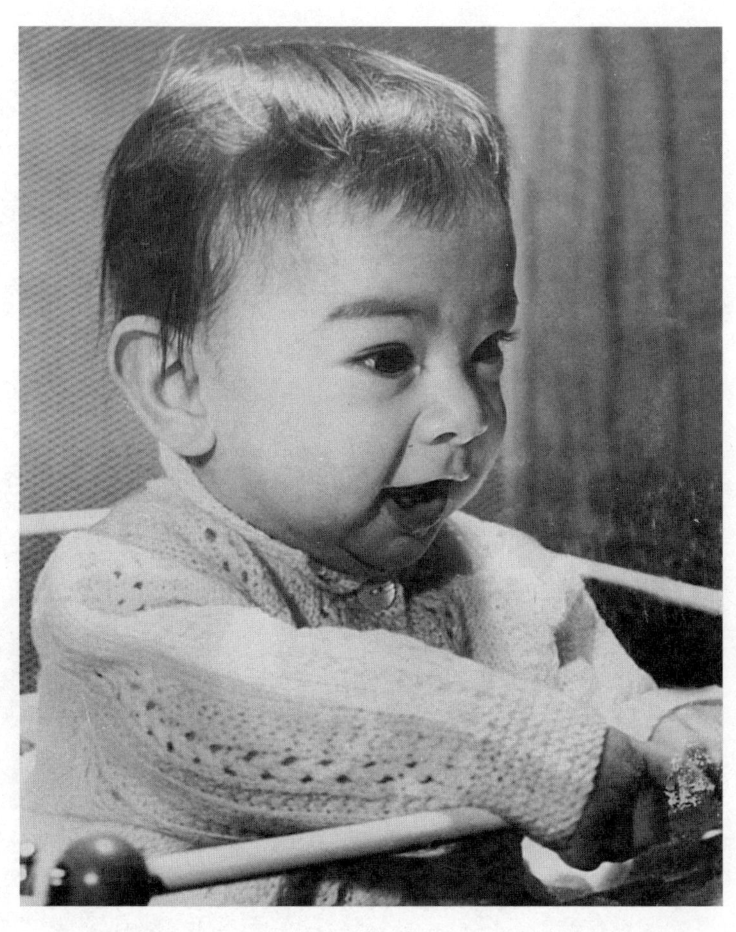

凌霄一岁半，穿着奶奶编织的毛衣。——“对于能否有一天亲眼看见他，拥抱他，把他搂在怀里，我可一点都不抱希望……妈妈相信有这种可能，我可不信。”

你们这些生在今日的人，你们这些青年，现在要轮到你们了！踏在我们的身体上面向前吧。但愿你们比我们更伟大、更幸福。

我自己也和我过去的灵魂告别了；我把它当做空壳似的扔掉了。生命是连续不断的死亡与复活。克利斯朵夫，咱们一齐死去，预备再生吧！

罗曼·罗兰 语

傅雷 译

附录　致成家榴

榴：①

读八月二十五日信，觉得我和你的教育主张颇有差别。

第一，我认为教育当以人格为主，知识其次。孩子品德高尚，为人正直；学问欠缺一些没有关系。

第二，民族观念是立身处世的根本，只有真正的民族主义者才是真有骨气的人，而不是狭隘的国家主义者或沙文主义者，也不会变做盲目崇外主义者。只有真正懂得，而且能欣赏、热爱本国传统的道德、人生观、文化、艺术的特点，才能真正吸收外来文化的精华，而弃其糟粕。

第三，求学的目的应该是“化”，而不是死吞知识，变成字典或书架。我最讨厌有些专家，除了他本身学科以外，一窍不通，更谈不到阔大的胸襟，高远的理想。也有科学家在实际生活中毫不科学；也有文学家艺术家骨子里俗不可耐。这都是读书不化，知识是知识，我是我，两不相关之故。

第四，在具体的学习方面，我一向不大重视学校的分数，分数同

① 成家榴（1914—2000年），傅雷夫妇挚友，成家和之妹。通信时寓居香港，从事教育工作。

真正的成绩往往不一致。学校的高材生，年年名列前茅，在社会上混了一二年而默默无闻的人，不知有多少！反之，真正杰出之士倒在求学时期平平常常，并不出色。为什么？因为得高分的多半是死读书的机械头脑，而有独立思考的人常常不肯，也不屑随波逐流，在一般的标准上与人争长短。

总之，求知主要是认识客观世界与主观世界。客观世界包括上下古今的历史和千百年人类累积下来的经验，以及物质的空间；主观世界是指自我的精神领域和内心活动。这两种认识的基础都在于养成一个客观冷静的头脑、严密的逻辑、敏锐的感觉和正确的判断。再从大处远处看，青年时代仅仅是人生的一个阶段，智、愚、贤、不肖的程度还有待以后的发展。年轻时绝顶聪明的，不一定将来就成大器，所谓“小时了了，大未必佳”。年轻时不大出色的，也不一定一辈子没出息，所谓“大器晚成”的例子多的是。所以便是孩子念完了中学大学，做了几年事，不论成绩如何，也不能以成败去衡量，一时的利害得失如何能断定一生呢？你读过卓别林的自传没有？以他十九岁前的情形（包括他的家世、教育、才具）来说，谁敢预言他是二十世纪最了不起的艺术家之一呢？因为来信提到咪咪①的考试成绩，不知不觉引起我许多感想，也是我几十年来经常思索的结果，写出来给老友做一个参考。

安②

一九六五年九月八日灯下

---

① 系成家榴之女。

② 傅雷字怒安，故署名“安”。

编后记

爸爸一生工作严谨，就是来往书信也整理的有条不紊。每次给哥哥的信都编号，记下发信日期，同时由妈妈抄录留底；哥哥的来信，也都编号，按内容分门别类，由妈妈整理成册。可惜在十年浩劫期间，爸爸书信所剩无几。今天，如果能把父亲和哥哥两人的通信一起编录，对照阅读，必定更有教益。

爸爸妈妈给我们写信，略有分工，妈妈侧重于生活琐事，爸爸侧重于启发教育。一九五四年到一九六六年爸爸给哥哥的中文信件共一百九十封，妈妈的信也有百余封。哥哥在外二十余年，几经搬迁，信件有所失散。这本家书集选自哥哥保存的一百二十五封中文信和我仅有的两封信。家书集虽然只收录了一封妈妈的信，但她永远值得怀念；妈妈是个默默无闻，却给爸爸做了大量工作的好助手。爸爸一生的业绩是同妈妈的辛劳分不开的。

今年九月三日是爸爸妈妈饮恨去世十五周年，为了纪念一生刚直不阿的爸爸和一生善良贤淑的妈妈，编录了这本家书集，寄托我们的哀思，并献给一切“又热烈又恬静，又深刻又朴素，又温柔又高傲，又微妙又率直”的人们。

傅　敏

一九八一年四月二十六日

《傅雷家书》初版刊行三十五载，其间时有新发现，根据目前整理的父母生前信账，以邮寄日期计算，给傅聪的信函应有346通（中文信255通，英文信91通），目前尚存307通（中文信230通，英法文信77通；加上仅存的父母给傅敏信3通，及父母最后的遗书，尚存家信311通。英法文信主要写给儿媳弥拉看的，大部分内容与中文信相重，故金圣华仅摘译24通。《傅雷家书全编》共辑录家信255通，是目前最为完整的家信集。

在全编本的基础上，我又摘编父母给傅聪及儿媳弥拉的家信159通（含外文信24通），其中父信123通，母信36通；同时收入与之呼应的傅聪家信38通，共计197通，编成傅雷家人之间来往家信精选，更便于读者阅读。

自从二〇〇四年中学语文课本收入“傅雷家书两则”后，各种侵权版本的所谓“中学生新课标”傅雷家书层出不穷，我对那些寻章摘句的拼凑以及五花八门的解读很不以为然，认为是“见树不见林”。其实，父母的家信不是为发表而创作，只是普通的家信，写在纸上的家常话。一九八一年我将这些家信辑集成书，公诸于众，是为了纪念自己的父母，寄托我们的哀思。家书广泛传播的溢出效应，全面展示傅雷家风，再现我和聪哥成长的家教背景，其底色是东西方文化的融合，底线是“先做人”。我以为这才是家书的要旨，望读者朋友们通览全书，深自领悟。

今年是先父母逝世五十周年，为年轻读者专门选编家书精选本以志纪念。

二〇一六年新春又记

经典译林

Yilin Classics

书名	单价	ISBN 号
钢铁是怎样炼成的	26.00 元	9787544762519
鲁滨孙飘流记	21.00 元	9787544760775
基度山恩仇记	45.00 元	9787544711661
简·爱	28.00 元	9787544760843
傲慢与偏见	25.00 元	9787544761697
飘（上、下）	68.00 元	9787544768504
少年维特的烦恼	18.00 元	9787544762502
羊脂球	25.00 元	9787544760904
麦田里的守望者	28.00 元	9787544749398
希腊古典神话	36.00 元	9787544768597
格列佛游记	21.00 元	9787544760782
海底两万里	26.00 元	9787544760874
小王子	18.00 元	9787544761857
老人与海	20.00 元	9787544761680
名人传	25.00 元	9787544760850
昆虫记	28.00 元	9787544768559
伊索寓言全集	26.00 元	9787544768757
童年·在人间·我的大学	29.80 元	9787544711050
汤姆·索亚历险记	20.00 元	9787544761017
巴黎圣母院	27.00 元	9787544761024
纪伯伦散文诗经典	29.80 元	9787544710756
美妙的新世界	18.00 元	9787544710787
猎人笔记	28.00 元	9787544768795
被侮辱与被损害的人	22.00 元	9787544711685
飞鸟集	25.00 元	9787544761031
一九八四	19.50 元	9787544711647
天方夜谭	29.80 元	9787544711692

变形记城堡	22.00 元	9787544712200
尤利西斯	58.00 元	9787544712736
荆棘鸟	45.00 元	9787544768818
莎士比亚喜剧悲剧集	38.00 元	9787544768726
福尔摩斯探案	29.80 元	9787544768719
呼啸山庄	24.00 元	9787544762540
耻	20.00 元	9787544713771
苔丝	28.00 元	9787544714426
爱的教育	32.00 元	9787544768580
最后一课	18.50 元	9787544714419
静静的顿河	98.00 元	9787544713917
地心游记	23.00 元	9787544761598
安徒生童话选集	29.80 元	9787544768689
雾都孤儿	35.00 元	9787544768696
罗马神话	16.80 元	9787544711722
变色龙	29.80 元	9787544768733
安娜·卡列尼娜	49.00 元	9787544740883
格林童话全集	36.00 元	9787544768573
绿山墙的安妮	24.00 元	9787544761048
十日谈	38.00 元	9787544714280
罗生门	23.80 元	9787544714440
汤姆叔叔的小屋	29.80 元	9787544768740
悲惨世界（上、下）	68.00 元	9787544714334
约翰·克利斯朵夫（上、下）	65.00 元	9787544714891
战争与和平（上、下）	78.00 元	9787544768702
我是猫	29.80 元	9787544768771
红与黑	35.00 元	9787544768566
欧·亨利短篇小说选	23.00 元	9787544760867
圣经故事	35.00 元	9787544768825
八十天环游地球	20.00 元	9787544760881
神曲（共三册）	68.00 元	9787544714853
茶花女	26.00 元	9787544768542

百万英镑	28.00 元	9787544760898
堂吉诃德	62.00 元	9787544714877
瓦尔登湖	28.00 元	9787544768764
培根随笔全集	28.00 元	9787544768788
古希腊悲剧喜剧集（上、下）	69.80 元	9787544711708
大卫·科波菲尔（上、下）	65.00 元	9787544769068
牛虻	28.00 元	9787544717359
假如给我三天光明	25.00 元	9787544768511
高老头	29.80 元	9787544768856
三剑客	38.00 元	9787544731560
复活	29.80 元	9787544740555
呐喊	23.00 元	9787544768528
朝花夕拾	22.00 元	9787544768535
城南旧事	23.00 元	9787544768801
背影	19.00 元	9787544735575
菊与刀	24.00 元	9787544750707
富兰克林自传	25.00 元	9787544750691
理想国	29.00 元	9787544750684
热爱生命·海狼	28.00 元	9787544754729
繁星·春水	18.00 元	9787544757409
边城	25.00 元	9787544757416
包法利夫人	28.00 元	9787544755627
沉思录	22.00 元	9787544759649
林肯传	28.00 元	9787544759960
人性的弱点	28.00 元	9787544759977
宽容	32.00 元	9787544760492
查拉图斯特拉如是说	38.00 元	9787544759793
拿破仑传	38.00 元	9787544759809
物种起源	42.00 元	9787544765022
欧也妮·葛朗台	22.00 元	9787544768238
小妇人	45.00 元	9787544766784
人类群星闪耀时	29.80 元	9787544766906

骆驼祥子	22.00 元	9787544764254
镜花缘	39.00 元	9787544771603
谈美	26.00 元	9787544772013
谈美书简	28.00 元	9787544772006
白洋淀纪事	32.00 元	9787544772617
童年	38.00 元	9787544762168
中国哲学简史	48.00 元	9787544771580
傅雷家书	49.00 元	9787544771627